KB119559

부자들은 이런 주식을 삽니다

부자들은 이런 주식을 삽니다

초판 1쇄 인쇄 2021년 2월 18일 **초판 8쇄 발행** 2024년 3월 6일

지은이 김현준
펴낸이 이승현

출판1 본부장 한수미
와이즈 팀장 장보라
책임편집 임경은
디자인 신나은

펴낸곳 ㈜위즈덤하우스 **출판등록** 2000년 5월 23일 제13-1071호
주소 서울특별시 마포구 양화로 19 합정오피스빌딩 17층
전화 02) 2179-5600 **홈페이지** www.wisdomhouse.co.kr

ⓒ 김현준, 2021

ISBN 979-11-91425-60-4 03320

||| 861% 수익을 올린 |||

젊은 투자자 김현준의 실전 투자법

부자들은 이런 주식을 삽니다

김현준 지음

위즈덤하우스

차례

무턱대고 삼성전자 주식만
사고 있는 당신을 위해

〈유 퀴즈 온 더 블럭〉을 촬영한 지 벌써 1년이 넘게 지났다. 그동안 유튜브에서는 내가 출연한 편의 영상 클립이 300만 회 이상 재생되었다. 조금 과장을 보태면 2030세대 중에서 나를 안 본 사람이 없을 정도다. 그 중 가장 화제가 된 부분은 "그럼 이럴 때(주식시장이 좋지 않은 때)는 어떻게 해야 됩니까?"라는 유느님의 질문에 "쉬어야죠. 올라갈 때까지"라고 답한 것이다. 많은 이들은 그 답변에 '저 세상 쿨함'이라며 박장대소했지만 정작 나는 매.우. 진심이었다. 펀드매니저라고 하면 모든 경제 뉴스를 꿰고 있고, 업무 시간에는 복잡한 차트가 펼쳐진 여러 대의 모니터 앞에서 매의 눈을 번뜩이며 수없이 클릭을 하는 것으로 생각하는 사람들이 많다. 가끔은 고객들도 매매가 너무 없으면 '내 돈 열심히 안 굴리고 노는 것이냐?'는 눈총을 주기도 한다.

(사실 수익률이 같다면 매매가 적은 것이 수수료와 세금 측면에서 유리한 데도 그렇다.) 나는 그런 오해를 깨고 싶었다.

주식투자는 기업과 동행하는 것이다. 한두 걸음 걷다가 다른 길을 가는 사이를 '동행'이라고 하지는 않는다. 순례자의 길을 걷는 것처럼 힘들 때는 묵묵히 배낭 아래 손을 넣어 도와주고, 잠시 쉬어가는 곳에서 시원한 맥주를 들이킬 때는 함께 즐거워하고, 가끔은 지나치는 다른 순례자들을 보며 열성적으로 하이파이브를 나누는 것이 주식투자다. 그런데 좋은 기업을 고르고 나면 '나는 아무것도 하는 일이 없어. 그런데 내가 그들의 월급보다 많이 벌어도 될까?'같은 약간의 죄책감(?)을 느낄 정도로 정말 '쉬는 것' 외에는 할 일이 없다.

코로나19 이후 1400포인트까지 폭락했던 종합주가지수가 어느덧 전인미답(前人未踏)의 경지인 3000포인트까지 올라서며 '동학개미운동'은 성공을 거뒀다. 계좌 인증(타인에게 자신의 재산 등을 자랑하기 위해 온라인상에서 스스로를 드러내는 행위)에 바쁜 그들 앞에 수십 퍼센트 수익률은 초등학생도 가능한 우스운 수준에 불과하다. 그런데 속살을 들여다보면 삼성전자를 비롯한 대형 우량주만 따라 사기에 급급하다. 어디에서 누구와 인터뷰를 하던 "삼성전자, 지금이라도 살까요?"라는 질문은 빠지지 않는 것이 이를 증명한다.

투자를 시작한 시점에서 근사한 수익률을 올렸다는 것은 매우 긍정적인 신호다. 2008년부터 2020년까지 12년간 박스피를 벗어나지 못하고, 항상 외국인들의 현금지급기 역할만 했던 우리나라가 K-방역을 계기로 우뚝 서면서 전 세계를 리드하고 있다. 주식투자의 저변이 확대되고 투자자들의 마음이 '우리는 뭘 해도 안 돼'라는 패배주의에서 '뭐든지 할 수 있다'는 자신감으로 바뀌어가는 지금, 놓쳐서는 안 될 전환점에 우리는 서 있다.

그런데 만일 삼성전자가 '고평가되는' 날이 온다면 당신은 어떻게 할 것인가? 제아무리 좋은 기업이라도 주가가 기업의 가치 그 이상으로 매겨지면 좋은 주식이 아니게 된다. 그때는 삼성전자의 주식을 포기하고 당신의 돈을 쉬게 할 것인가? 주식투자의 가장 큰 장점은 생업에 종사할 때도, 잠을 잘 때도, 심지어는 휴양지 선베드에 누워 맥주를 들이켤 때도 나를 대신해 그 회사의 임직원들이 열심히 내 돈을 굴려준다는 데 있다. 삼성전자 이재용 부회장이나 페이스북의 마크 저커버그와 아무런 인연이 없는 우리도 그들과 같은 속도로 동행할 수 있다. 삼성전자 주식만 산다는 건 삼성전자가 충분히 오른 다음에는 부자가 되는 다른 길은 포기한다는 뜻인가?

나는 두 배가 되는 주식들을 매년 찾아냈다. 주가가 오르든 떨어지든 나는 소비자의 지갑을 여는 기업을 찾는다. 어려운 일은 아니다. 주변을 관심 있게 돌아보고 그것을 계산하는 습관을 가진 것이 전부다. 친구 네 명을 모아서 넷플릭스를 결제하고, 허니버터칩이 있는 편의점을 찾아 헤맨 경험은 누구에게나 있다. 이것을 나는 모두 돈으로 바꾸었다. 일 년에 두 배짜리 주식 하나만 찾아도 10년이 지나면 1,024배가 된다. 그러면 넷플릭스 대신 골드클래스(리클라이너 좌석, 웰컴 드링크, 개인용품 수납 서비스 등이 제공되는 프리미엄 영화 상영관)를, 편의점 대신 호텔 뷔페를 선택할 수 있다. 나는 지금 그 길을 걷고 있다.

충분한 준비와 공부 없이 그냥 무턱대고 삼성전자만을 사서는 절대 부자가 될 수 없다. 당신이 유튜브에서 듣고 있는 경제상식은 제대로 된 투자 공부가 아니다. 일정한 투자 수익을 지키고, 주식시장이나 경제가 좋지 않을 때도 기업을 응원하고, 기업들이 그 응원을 바탕으로 안 좋은 사이클을 지나 다시 호황기를 맞이하고, 다시 투자자들에게 수익을 가져다주는 선순환 구조를 만들기 위해서는 지금 진짜 투자 공부를 시작해야 한다. 특히 등락을 거듭하는 주식시장에서 꾸준히 돈을 벌기 위해서는 자신이 투자하는 기업이 어떤 제품과 서비스를 만드는지, 그 제품과 서비스로 어떻게 매출과 이익을 내는지, 최종적으로 그 매출과 이익을 늘리기 위해 어떤 전략을 세우는지 충분히 알고 있어야 한다. 그것이 이 책에서 당신에게 알려주고자 하는, 개미들은 몰랐던 부자들의 종목 고르는 비법이다.

이런 주식으로 이런 수익을 얻었다

연번	거래시장	종목명	투자 시작	투자 종료	투자 기간(월)	수익률	연환산 수익률
1	코스닥	에머슨퍼시픽 (현 아난티)	2015. 01.08	2015. 05.14	4	152%	1,360%
2	코스피	크라운제과 (현 크라운해태홀딩스 +크라운제과)	2015. 01.09	2015. 05.27	5	111%	619%
3	코스피	더존비즈온	2015. 01.15	2020. 05.28	64	1,024%	57%
4	코스피	삼양식품	2016. 09.27	2018. 01.15	16	118%	82%
5	코스피	JW생명과학	2016. 12.20	2018. 04.23	16	130%	86%
6	코스피	티웨이홀딩스	2017. 04.24	2018. 02.05	9	106%	151%
7	IPO (코스닥)	스튜디오드래곤	2017. 11.24	2018. 01.23	2	127%	14,719%
8	코스피	아세아제지	2018. 03.16	2018. 09.18	6	90%	252%
9	네덜란드 암스테르담 거래소	Takeaway.com (현 JUST EAT Takeaway.com)	2018. 04.18	2019. 08.27	16	83%	56%
10	미국 나스닥 거래소	Qudian	2018. 11.07	2019. 09.10	10	80%	101%
11	코넥스	명진홀딩스	2018. 12.21	2019. 03.14	3	77%	1,129%
12	코스피	종근당바이오	2019. 02.22	2020. 03.06	12	42%	40%
13	코스피	종근당홀딩스	2019. 03.04	2020. 07.30	17	85%	55%
14	코스닥	이지바이오 (현 이지홀딩스 +이지바이오)	2020. 03.26	2020. 06.24	3	160%	4,697%
15	미국 뉴욕 거래소	Carnival Corporation	2020. 04.08	2020. 12.11	8	149%	286%
16	코스닥	에스엠	2020. 07.24	2021. 08.04	12	127%	122%
17	코스닥	사람인에이치알	2017. 09.01	2021. 08.02	47	189%	31%
18	코스피	덴티움	2020. 10.23	2022. 08.11	22	177%	76%
19	그리스 아테네 거래소	Aegean Airlines	2021. 11.7	2023. 7.21	20	142%	68%
20	미국 뉴욕 거래소	Bank of Hawaii	2023. 5.26	2023. 12.15	7	90%	216%

투자 아이디어
경기도 가평군, 부산광역시 기장군의 신규 리조트 개발
신제품 허니버터칩 흥행
Smart-A 등 기존 제품의 클라우드 소프트웨어 전환
불닭볶음면 중국 및 동남아 수출 호조
고부가가치 영양수액 시장 성장
① 저가항공사 시장 점유율 증가 ② 관리종목 지정에 따른 저평가
① 온라인 동영상 서비스(넷플릭스와 같이 인터넷을 통해 방송·미디어 콘텐츠를 제공하는 서비스 플랫폼) 등장으로 드라마 제작사 몸값 상승 ② K-드라마 열풍으로 수출 증가
중국의 재활용 쓰레기 수입 중단에 따른 폐지 가격 폭락 → 골판지 생산업체 원재료 부담 하락
① 전 세계적 음식 배달 시장 활성화 ② 시장 점유율 고착화 이후 마케팅비 감소 기대
중국 인터넷 소액 대출 시장의 성장
참치, 연어 등 횟감 배달 시장의 성장
관계회사 종근당건강 락토핏용 OEM 제품 생산
① 유산균 락토핏(건강보조식품) 흥행 ② 비상장사인 자회사 종근당건강에 우회 투자
지주회사, 사업자회사 간 인적분할(하나의 기업을 두 개 이상으로 분할하되, 기존의 주주들이 지분율대로 신설 법인의 주식을 나눠 갖는 분할 방식) 이벤트에 따른 차익거래
① 코로나19 종식 후 크루즈 여행에 대한 수요 회복 ② 감염병 해결 불능, 기업 도산에 대한 시장의 과도한 우려를 이용한 역발상 투자
① 코로나19 종식 후 공연 시장 개화 ② 지배구조 불확실성 관련 동종업계 대비 저평가 ③ 비욘드 라이브(온라인 콘서트), 버블(유료 팬덤 커뮤니티) 등 신규 플랫폼 사업
구인구직 플랫폼 경쟁 완화 후 가격 인상기 도래
① 코로나19 이후 경제 재개 시 이연되었던 임플란트 식립 수요 집중 ② 임플란트 식립 침투 초기인 중국 시장에서의 높은 시장 점유율
리오프닝 후 항공권 가격 폭등세 속 전 세계에서 가장 저평가된 항공사
실리콘밸리은행 등 미국 지방은행 뱅크런 사태로 무차별적인 주가 하락 중 관광업 활성화로 본질가치 개선 중인 기업

||| 제1장 |||

부자들은
투자 마인드부터
다르다

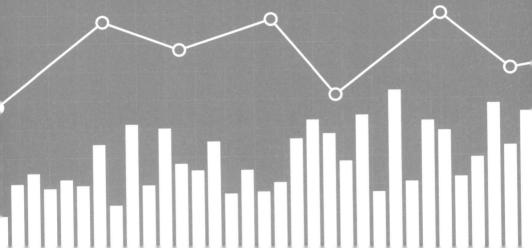

부자들은
돈이 일하게 한다

많은 이들이 "삼성전자는 망할 위험이 없다"고 말한다. (물론 나는 그 말에 동의하지 않지만) 만일 그 말이 사실이라면 주식투자로 당신이 망할 일은 없다. 그런데 왜 주식을 하면 패가망신한다는 것일까? 단언컨대 틀린 말이다. 잘 알지 못하는 기업에 잘못된 방식으로 '투기'했기 때문이다. 가치투자의 창시자 벤저민 그레이엄은 "투자란 철저한 분석 하에서 원금의 안전성과 적절한 수익을 기대하는 일이며, 그 외의 것은 모두 투기다"라고 정의했다. 개인 투자자들을 만나보면 철저한 분석은 하지 않으면서도 막연히 가진 주식이 몇 배씩 오를 것이라 기대하는, 이른바 '몰빵' '레버리지'를 일삼는다. 당연히 원금의 안전성은 저 멀리 사라진다. 투자의 기본을 모른 채 한 번 손실을 입게 되면 '운이 나빴다'라는 생각으로 다시 도박장으로 입장하고, 이번에는 더

15

큰 무리를 하고 더 큰 손실을 입는다.

부자들은 어떨까? 투자회사 경영자로서 큰손들을 만나면서 크게 놀란 점이 두 가지 있다. 첫 번째는 그들도 투자에 대해서 무지한 경우가 많다는 것이다. 단, '직접투자'에 한해서만. 강남의 부자들은 금융자산이 많다. 그들에게는 돈이 얼마나 많은지, 내가 그들과 함께 사업을 하는 동안에 다른 투자회사와 손님의 돈을 뺏고 빼앗는 경쟁은 신경 쓰지 않기로 마음먹을 정도다. 두 번째는 그 금융자산은 쉬지 않고 일하고 있다. 그들은 입이 닳도록 원금의 안전성을 강조한다. 속으로 '이 정도는 잃어도 괜찮을 것 같은데?' 하는 수준의 자산도 아까워하고 소중하게 여긴다. 그리고 기대수익률이 낮다. 지키는 게 더 중요하며 채권 이상의 수익만을 꾸준히 내달라고 주문한다. 가난한 사람들이 하루 벌어 하루 먹고살기 바쁘거나, 그러한 일상을 벗어나고자 일확천금의 꿈을 꾸는 동안 부자들은 사업체를 키우고, 스스로의 몸값을 올리는 데 주력한다. 그들이 일하는 낮에도, 잠들어 있는 밤에도 부자들의 돈은 바쁘게 일하기에 가능한 일이다.

부자가 되는 데에는 네 가지 능력이 필요하다. 돈을 버는 능력, 돈을 모으는 능력, 돈을 굴리는 능력, 돈을 유지하는 능력이다. 아무것도 하지 않아도 날 때부터 부자인 사람도 있다. 돈을 많이 버는 사람 역시 부자가 된다. 이것은 당장 노력해서 해결될 문제가 아니다. 그러나 돈을 모을 의지와 돈을 굴리는 능력만 갖춘다면 금방 재산이 늘어날 수 있다. 꾸준히 직장을 다니면서 종잣돈을 모으고 열심히 모은 돈으로 투자에 성공하면 부자가 될 수 있다는 이야기다. 굉장히 어려운 일처럼 느껴지지만 꾸준히 공부해 제대로 투자한다면 불가능한 일도 아니다. "주식을 하면 패가망신한다"는 말은 부자의 사다리 치우기용 괴담인지도 모른다.

투자에는 감이 아닌 계획이 필요하다

일반 투자자들에 비해 나는 비교적 순탄한 길을 걸어왔다. 등록금에 대한 걱정 없이 대학까지 마치고, 많은 이들이 선망하는 직장에서 펀드매니저로서 사회생활을 시작했다. 이렇게 된 배경에는 1세대 '펀드매니저였다던' 아버지 덕이 컸던 것 같다. '였다던'이라는 이상한 문법을 쓴 데에는 이유가 있다. 나는 대학교 2학년 때까지 주식의 '주' 자도 몰랐고, 당연히 아버지가 어떤 일을 하셨는지는 더더욱 알 길이 없었다. 내가 아버지 일터에 대해 가지고 있는 기억은 어머니와 함께 지금은 사라진 대형 서점 '을지서적'에 가는 날 가족끼리 함께 외식을 한다는 정도다. (아버지는 을지로입구역 근처에서 일하셨다.)

아버지와 나는 우리나라의 많은 부자지간처럼 데면데면하기 일쑤였다. 첫 직장에 취직이 결정되기까지 아버지와는 한 번도 상의한 적이 없었다. 그러나 왠지 첫 출근하기 전에는 말씀을 드려야 할 것 같은 의무감이 있었다. 투자자문사에 다니기로 했다고 하자 아무 말씀 없이 종이 한 장과 펜을 가져오시고는 간단한 회계 문제를 내셨다. 벌써 수년간 대학 투자학회 활동을 한 나에게는 말 그대로 '식은 죽 먹기' 수준이었다. 간단히 풀고 나자 "열심히 해라"라고 짧게 격려하셨다. 아마도 당신께서 일하실 적 생각에 흔히 말하는 '그래프'만 보고 하는 투자를 하는 게 아닌가 걱정되셨던 듯싶다.

또 한 가지 기억나는 일은 초등학생 때다. 나의 가장 큰 취미는 집 앞에 있던 몇 백 원짜리 덤블링(지역에 따라 퐁퐁, 방방 등으로도 불리우는 트램펄린)에서 뛰어노는 것이었다. 어느 날 아버지께서 "덤블링이 그렇게 좋으면 그 장사를 해보는 것은 어떠냐?"고 하셨다. 아버지께서 저런 말씀을 하셨다는 것은 농담이 아닌 게 분명했다. 진지하게 임하지 않으면 불호령이 떨어질 것이 불 보듯 뻔했다. 그 이후 아마 1~2주 정도는 머리를 싸고 고민했던 것 같다. 덤블링 놀이기구를 운영하는 아주머니께 기구의 가격을 물어보기도 하고 내가 한 달에 몇 번을 방문하는지 헤아려 보기도 했다. 그때는 인터넷은커녕 PC가 없는 집도 많던 시절이었다. 백미(白眉)는 기상청에 전화한 것이다. 제아무리 아이들에게 인기를 끄는 놀이기구라 해도 비가 올 때는 문을 닫을 수밖에 없었다. 나는 그때 이미 우리나라가 일 년에 삼분의 일은 비가 오는 나라라는 것을 알게 되었다. 지금 생각해보면 '내 질문에 답하던 기상청 직원은 얼마나 황당했을까?' 싶기도 하다.

　마치 투자자로서 엘리트 코스를 밟아온 것만 같은 이 일화들은 사실 내가 일반인 투자자에게 강조하는 '좋아하는 제품과 서비스에 대한 호기심'과 그것을 '숫자로 바꿀 수 있는 회계 지식' 그 자체다. 코로나19로 인한 주식시장의 급락을 이겨낸 동학개미들은 승리에 취할 때가 아니다. 월급만으로는 평생 뼈빠지게 일해도 서울에 전셋집 하나 마련하기 어렵고, 예금금리는 1%대에 불과하며, 마지막으로 희망을 걸었던 비트코인마저 급락해 낙담해 있을 즈음 운 좋게 주식시장이 폭락해 들어갈 기회가 생긴 것뿐이다. 하지만 삼성전자 '존버' 만으로는 절대 다음 위기에서 살아남기 힘들다. 자본시장은 심리 게임과도 같아서 모두가 잘 된다고 생각해 투자를 거듭하면 그 자산 가격은 계속해서 우상향하고, 반대로 안 된다고 생각해 누가 먼저라고 할 것 없이 팔아 치우기 시작하면 그 자산 가격은 절대 오르지 못한다. 돈 버는 데 있어서 항상 실패만 하여 패배주의가 팽배한 우리나라 투자자들에게 이번 기회는 반드시 성공 공식을 써야 할 때다.

　그렇다면 어떻게 성공 공식을 써야 할까? 남이 좋다는 주식을 무작정 사서 피같이 모은 몇 년 치 혹은 몇 달 치 월급을 날리는 경우를 주변에서 정말 많이 보았다. 배우자 혹은 주거지는 그렇게 신중하

게 고르는 사람들이 주식 사는 일은 마트에서 장보는 것처럼 쉽게 생
각한다. 아마 잘못되면 쉽게 팔아버릴 수 있다는 생각과 어차피 너무
어려워서 공부해도 소용없다는 생각이 주식을 가벼이 여기게 하는
것 같다.

주식투자는 가볍지 않다. 그러나 기본만 잘 닦아 두면 누구나 할
수 있다. 주식투자의 4단계 의사 결정 과정은 다음과 같다. 1단계는
재무설계다. 주식투자를 할 수 있는 자금의 규모와 예상 투자 기간,
기대수익률을 설정해야 한다. 당장 수중(手中)에 있는 돈을 모두 끌어
'따블'을 만들겠다는 조급함에서 벗어나 장기적인 관점에서 자산 증
식의 목표를 세워야 한다. 2단계는 투자 마인드 정립이다. 교회에 가
면 성경을 읽고, 바둑 학원에 가면 정석을 외우듯이 투자에도 당연히
알아야 하는 개념과 원칙들이 있다. 주식 하면 그래프밖에 떠오르지
않는 초심자들은 가치투자의 대가들이 쓴 성경과도 같은 책들을 읽
으면서 '마음의 근육'을 키워야 한다. 그리고 세상의 변화에 대해 호
기심을 가지고 둘러보는 것이 3단계다. 주식투자 대상을 결정할 때
종목명부터 시작하는 것은 세상에 없는 지름길을 찾는 것과 같다. 그
지름길의 끝은 낭떠러지다. 아직 주식시장이 찾아내지 못한 변화의
틈에서 수익이 창출된다. '아이폰'이 등장하거나 미국에 여행 가면
'테슬라'를 많이 볼 수 있다든가 젊은이들은 인터넷뱅킹이 아닌 '토
스'를 쓴다는 등의 이야기는 모두 돈이 되었다. 내가 좋아하는 제품

이나 소비자가 쉽게 지갑을 여는 서비스들을 눈여겨봐야 한다. 4단계는 회계 공부와 연습이다. 외국에 가서 친구를 사귀려면 그 나라의 말을 알아야 하는 것처럼 투자를 하려면 모든 것을 숫자로 얘기할 수 있어야 한다. 제아무리 세상의 변화를 빨리 눈치챈다 하더라도 그것을 돈의 가치로 해석할 수 없다면 기회는 날아가버리고 만다.

우량주 장기 투자의
거짓말

'동학개미운동'에서 개미들이 가장 많이 산 주식은 무엇일까? 조선비즈에 따르면 역시나 삼성전자다. 우선주까지 합하면 '언택트'의 대표주자인 카카오와 네이버 두 종목을 합친 것보다 30% 가까이 많은 수준이다. 왜 개인 투자자들은 '주식' 하면 삼성전자를 가장 먼저 떠올릴까? 아마도 우리나라에서 가장 큰 기업이자 대표 종목으로서 최소한 '망하지는 않을 것이다'라는 생각이 팽배하기 때문이다. 재테크 전문가라는 사람들도 삼성전자로 대표되는 우량주를 오랫동안 투자하면 반드시 성공한다고 강변한다.

그러나 이것은 아주 또는 완전히 틀린 생각이다. 일반적으로 우량주라고 하면 대기업이나 시가총액 상위 종목들을 이야기하는데, 그리스트는 시간에 따라 바뀐다. 2010년 6월 시가총액 상위 종목 10개 중 10년이 지난 2020년까지 그 리스트에 존재하는 기업은 3개뿐이다. 심지어 순위가 오른 기업은 하나도 없다. 전 세계를 호령했던 조선업의 대장 현대중공업은 온데간데없이 사라졌고, 대신 대형 바이오 기업들과 인터넷 기업들이 그 자리를 꿰차고 있다. 수익률로 말하자면 현대중공업은 10년간 주가가 삼분의 일이 되었고, 그 시절 순위

개인투자자 유가증권시장 순매수 상위 종목

종목	순매수액	3월 20일 대비 6월 5일 종가 등락률
삼성전자	9,032억	29.22%
카카오	5,841억	87.31%
네이버	5,690억	60.42%
삼성전자우	5,689억	34.70%
삼성SDI	4,390억	103.01%
SK	3,308억	140.19%
현대차	3,048억	68.44%
한국전력	2,624억	37.23%
KB금융	2,493억	46.07%
삼성생명	2,098억	57.99%

• 출처: 한국거래소, 조선비즈
• • 2020년 3월 19일부터 2020년 6월 5일까지

에도 없었던 네이버는 다섯 배가 올랐다. 그렇다면 지금 네이버에 투자하고 10년을 묻어두면 반드시 큰 돈이 된다고 자신할 수 있을까?

항상 현재 기준에서 우량주를 골라내고 그 주식들의 과거를 돌아보면 아쉽기 그지없을 것이다. 이것은 대표적인 생존편향의 오류다. 생존편향의 오류란 살아남지 못한 사례들을 수집하기 어려운 탓에 해당 시점에 생존해 있는 사례만을 대상으로 분석하여 성공사례를 일반화해 낙관적으로 전망하게 되는 것을 말한다. 장롱 속에서 수십년 전에 넣어뒀던 삼성전자 주권을 발견하고 수십 배의 수익률을 기록했다는 일화는 그저 억세게 운 좋은 사람의 이야기일 뿐이다. 장롱 속에서 발견한 것이 5,000원도 맞지 않은 로또 영수증이었다면 과연

유가증권시장 시가총액 상위 10종목의 10년간 변화

	2010.06.07	2020.06.07
1	삼성전자	삼성전자
2	포스코	SK하이닉스
3	현대차	삼성바이오로직스
4	현대중공업(현 한국조선해양)	네이버
5	현대모비스	셀트리온
6	LG화학	LG화학
7	신한지주	삼성SDI
8	KB금융	카카오
9	삼성생명	현대차
10	기아차	LG생활건강

• 출처: 프라임경제

기자들이 관심이나 보였을까? tvN의 인기 드라마 〈응답하라 1988〉
에서 성동일 씨는 김성균 씨가 주식을 추천하자 예금이나 하라며 손
사래를 친다. 그때 김성균 씨가 추천한 종목이 삼성전자, 한미약품,
태평양화학(현 아모레퍼시픽과 아모레G)이었다는 점을 알게 되면서 시청
자들은 마치 본인의 일인 양 안타까워했다. 이 또한 1988년 이전에
상장해 현재까지 남아 있는 주식을 찾다 보니 범하게 된 생존편향의
오류다.

'우량하다'는 표현은 성장성이 뛰어나고, 재무건전성이 안정적이
며, 브랜드 가치나 경영진의 능력이 훌륭하다는 정도로 해석할 수 있
겠다. 그런데 모든 기업은 어떤 특정한 산업에 속해 있게 마련이고,
그 산업은 기업의 역량과 무관하게 흥망성쇠의 길을 걷게 된다. 중국
이 경제대국으로서 태동하면서 훌륭한 인력과 저렴한 생산비로 선박
을 건조하던 현대중공업은 전 세계적인 과잉 생산설비로 10년 넘게
몸살을 앓아야 했다. 아마 소비자로서 삼성전자를 아는 사람들은 스
마트폰을 가장 먼저 떠올리겠지만, 실제로 삼성전자가 돈을 버는 아
이템은 반도체다. 그런데 삼성그룹의 시작은 현재의 CJ제일제당이
영위하고 있는 설탕이었고, 그 뒤 섬유와 비료를 거쳐 가전제품 회사
가 되었다. 스마트폰과 반도체를 파는 회사로서의 삼성전자는 그리
오래되지 않았다. 이렇게 수십 년 동안 우리나라의 경제구조 성장에
발맞춰 변화해왔기 때문에 현재까지 국내 최대 기업 집단이자 시가

총액 1위의 종목이 된 것이다. 우량주라는 미명 하에 삼성전자가 아니라 현대전자나 대우전자를 투자했던 이들의 돈은 휴지조각이 되었다.

반대로 그때에는 존재하지도 않았던 카카오톡은 지금은 전 국민의 손과 눈을 사로잡아 카카오라는 신흥 재벌을 길러냈다. 나는 향후 10년 뒤 우리나라 시가총액 상위 종목에 새로운 이름이 자리잡고, 또다시 그 기업들은 마치 그 이후 10년 동안 세상을 지배할 것처럼 많은 이들의 입에 오르내릴 것이라고 확신한다. 그러나 제2의 네이버나 카카오, 제2의 삼성바이오로직스나 셀트리온을 찾아낼 자신이 없다면 우량주를 투자하는 것도 좋은 방법 중의 하나다. 다만 그냥 믿고 묻어두는 것이 아니라, 그 기업이 삼성전자처럼 시류의 변화에 잘 적응하고 경쟁력을 유지해 나가는지, 아니면 현실에 안주해 뒤처지거나 너무 과욕을 부려 탈이 나지는 않는지 계속해서 지켜봐야 한다. 가장 쉬운 방법은 분기마다 나오는 회사의 사업보고서를 꾸준히 읽는 것이다. 사업보고서에는 회사가 지금은 어떻게 돈을 벌고 있고, 앞으로는 어떻게 벌 계획인지 자세한 설명과 공인회계사들의 검토를 받은 재무제표가 함께 실려 있다. 그 내용을 기반으로 회사의 미래를 그려보고, 또 과거에 내가 생각했거나 회사가 발표했던 계획이 현재는 이루어져 있는지를 추적·관찰해야 한다. 이 작업을 하느냐 하지 않느냐가 개미와 부자의 차이라고 볼 수 있다.

한편 회사의 뼈대를 알지 못하거나 재무제표를 읽을 능력이 없는 투자자는 추적·관찰에서도 이따금 회사와 사랑에 빠지는 실수를 한다. 대형 반도체 회사와 사랑에 빠진 지인이 있는데, 그분은 만날 때마다 그 회사의 전망에 대해 묻는다. 그리고 모르겠다고 답할 때마다 본인이 그 기업에 대해 조사한 내용을 쭉 읊으며 다시 한 번 전망에 대해 묻는다. 지인이 늘어놓는 정보는 검색 포털에도, 애널리스트 리포트에도 나오지 않는 수준이다. 한번은 대체 어떻게 이것을 알아냈으며 어떻게 기억하고 있는지 되물은 적이 있는데, 그때 사모님께서 "이이는 하루 종일 그것만 보고 있다니까"라고 타박했다. 눈치챘겠지만 지인은 그 회사로 돈을 벌지 못했다. 이처럼 회사의 비즈니스 모델이 어떤 것이고, 그 변화의 핵심이 무엇인지 꿰뚫어보는 눈이 없다면 마치 시사 프로그램에 나오는 쓰레기더미 속 저장강박증(사용 여부에 관계없이 어떤 물건이든지 버리지 못하고 저장해두는 행동장애) 환자처럼 뉴스만 모으다 수익은 못 낼 수도 있다.

좋은 기업과
좋은 주식은 다르다

기업과 주식은 엄연히 다르다. 주식투자를 한다는 것은 당연히 주식회사에 투자를 한다는 것이다. 기업의 형태가 주식회사, 유한회사, 합자회사 등으로 나뉜다는 이야기를 하려는 것은 아니다. 굳이 꼬집자면 '좋다'라는 표현에 대해서 정의하고자 한다.

　좋은 기업은 규모가 커진다는 뜻일 수도 있고, 내실이 튼튼하다는 얘기일 수도 있다. 또는 사회적 의무를 다한다는 것일 수도 있다. 우선 기업을 둘러싸고 있는 구성원들로 나누어서 생각해보자. 기업의 이해관계자는 경영자, 노동자, 고객, 정부, 주주로 나눌 수 있다. 그리고 이들은 각각의 입장에서 '좋다'는 뜻을 다르게 해석한다. 경영자는 자신의 부와 명예를 드높이는 것을 중요시한다. 노동자는 안정적이면서도 자아성취가 가능한 직장생활, 높은 급여를 바란다. 정부는 기업이 많은 일자리를 창출하고 지속적인 세금 납부를 원할 것이다.

그렇다면 주주는 어떨까? 주주는 뭐니 뭐니 해도 수익률이다. 투자한 자금의 안전성은 담보하면서도 짧은 시간 안에 큰 수익을 올리는 것만이 지상 과제다. 그런데 여기에서 문제가 발생한다. 같은 시간과 노력을 들여 일한다고 가정할 때, 경영자나 노동자는 보다 많은 수입을 원할 것이 분명하다. 그런데 같은 제품과 서비스를 판매하고 지불해야 하는 급여가 높다면 주주들이 가져갈 수 있는, 즉 남는 돈이 줄어든다. 여기서 매우 강력한 이해상충이 발생한다.

한 가지 더 예를 들어보자. 가끔 다국적 기업들이 본국으로 배당금을 많이 가져간다든가, 인터넷 공룡기업들이 조세회피처에 법인을 세워놓고 세금은 하나도 내지 않는다든가 하는 뉴스를 접해본 적 있을 것이다. 이러한 경우 우리 정부는 그 기업들에 한국에 투자를 더 늘려달라 요청하거나 세금을 더 내라는 주문을 할 것이다. 인터넷 뉴스 댓글창에는 그들에게 강력하게 요구해 우리나라의 고용이나 복지에 힘쓰자는 댓글들도 심심치 않게 볼 수 있다. 그런데 만약 내가 그 기업들의 주주라면 어떨까? 장기적인 우리나라 경제 상황은 둘째 치고, 당장 내 증권계좌에 영향을 미칠까 노심초사하거나 혹은 분통을 터뜨릴 수도 있다.

이쯤 되면 좋은 기업과 좋은 주식이 차이가 있다는 것은 충분히 이해했다고 생각할 수 있다. 하지만 더 있다. 주주가 나누어 가질 수 있는 자본이나 이익이 늘어나는 기업을 좋은 기업이면서 동시에 좋은 주식이라고 단언할 수는 없다. 조각 케이크로 예를 들어보면, 좋은 재료로 맛있고 예쁘게 만든 조각 케이크는 좋은 기업에 빗댈 수 있다. 그런데 똑같은 조각 케이크를 하루는 할인 받아 5,000원에 살 수 있고, 다른 날에는 정가인 1만 원에 살 수 있다면 구매자가 느끼는 효용은 같다고 할 수 없다. 주식도 마찬가지다. 아무리 성장을 잘하고 내실이 튼튼하다고 하더라도 주가가 비싸면 기대할 수 있는 수익률도 상대적으로 떨어진다. 같은 조각 케이크로 다른 설명을 할 수도 있다. 역시 똑같은 재료와 똑같은 맛, 똑같은 모양의 조각 케이크가 있다. 이번에는 가격도 1만 원으로 같다고 하자. 다른 점은 하루는 큰 케이크를 4등분해 팔고, 다른 하루는 같은 케이크를 8등분해 판다는 것이다. 아마 이번에도 구매자가 느끼는 효용은 분명히 다르다.

같은 크기의 케이크를 4등분할 때와 8등분할 때 한 조각의 크기는?

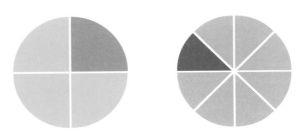

사분의 일 조각 케이크는 1만 원, 팔분의 일 조각 케이크는 5,000원. 어느 것이 더 싼가?

주주가치가 뛰어나고 우상향하는 기업이라 할지라도 발행한 주식의 수가 얼마나 되냐에 따라서 좋은 주식이 아닐 수도 있다. 이렇듯 기업의 매출액과 이익이 늘어났음에도 불구하고 유상증자 등으로 주식 수가 늘어나 주가는 오르지 않는 일을 경험하기도 한다. 주식시장에서는 이를 소금물에 물을 더 타서 농도가 옅어진 것에 비유해 '희석되었다'고 표현한다.

한번은 어린 친구가 난생 처음으로 주식을 사봤다고 자랑하기에 "왜 그 주식을 골랐니?"라고 물은 적이 있다. 주식 초보자였기에 대단한 답을 기대한 것은 아니었지만 "이 주식이 제일 싸서요"라는 답을 듣고 웃음이 터졌었다. 기업분석이나 가치평가는 할 줄 모를 것이 분명했으므로 한 주당 가격이 낮다는 의미였을 것이라 짐작했다. "싼 주식을 사면 왜 좋은데?"라고 묻자 "같은 돈이면 여러 개를 가지는 것이 좋잖아요"라고 했다. 이것이 어떻게 보면 정답이다. 기왕 어느 주식에 투자하기로 마음먹었다면 당연히 좀더 싸게 사는 것이 좋다. 그러나 다른 기업, 다른 주식을 주가만 보고 매매하는 것은 서로 다른 빵집의 서로 다른 크기의 케이크를 보고 무조건 낮은 가격표의 상품을 구매하는 것과 같다.

쉽게 돈 벌려는
마음을 버려라

주식투자에는 정도가 있다. 역사 속에서 투자의 대가들이 증명한 방법은 결국 하나였다. 좋은 기업을 찾고, 재무제표에 기반해 그 기업의 가치를 추정한 후, 적정 주가보다 낮아지기를 기다려서 샀다가 높아진 이후 파는 것이다. 이 방법 외의 다른 방법으로 지속적으로 수익을 내고 큰 돈을 번 사람의 이야기는 들어본 적 없다.

그런데 일반 투자자들은 정도보다는 지름길이나 만능 열쇠를 찾는 데 노력을 기울이는 것 같다. 이렇게 된 이유가 투자의 대가들이 솔직한 비법을 알려주지 않아서인지, 그들이 공개한 방법이 습득하기 어려워서인지는 잘 모르겠다. 물론 바쁜 일상 속에서 주식투자를 할 기업을 찾고, 재무제표를 공부하고, 마지막에 가서는 '쉽고 빠르게 돈을 벌고 싶고, 일시적인 자산의 등락에 마음 졸이는' 인간의 본성을 거스르면서까지 매수와 매도를 해야 한다는 것은 어려운 일이다. 때문에 농담 삼아 투자는 이러한 작업을 즐기는 1%만이 할 수 있고, 그러한 사람은 태어날 때 이미 정해져 있다고 말하기도 한다.

그렇다고 해서 차트 분석, 정보 매매 등 사도(邪道)에 빠지는 것은 정말 바보 같은 일이다. 여기에서 바보 같은 일이란 테마주, 상한가 따라잡기, 증권방송의 전문가, 유료 대화방 등등 앞서 얘기한 '좋은 기업을 찾고… 주가가 오르면 파는 것'에 해당하지 않는 모든 일을 통칭한다. 투자가 어려우면 안 하면 그만이다. 또는 검증된 전문가에게 맡기는 방법도 있다. 그럼에도 불구하고 쉬운 길을 간다? 이것은 쉽게 망하는 길이다. 돈을 안 버는 것까지는 괜찮다. 그런데 왜 돈을 잃으려고 하는가?

제도권의 펀드매니저라고 나머지 방법들을 싸잡아 비난하는 것 아니냐고 반문할 수도 있다. 그러나 누구나 검증 가능하다. 차트 분석이나 정보 매매 등의 방법으로 자신의 돈을 크게 불린 사람을 본 적 있는가? 기법을 가르쳐주거나 정보를 팔거나 투자자를 많이 모은 것이 아니라, 자신의 돈을 자신의 기법을 통해 불린 사람 말이다. 아마 없을 것이다. 그런 비법을 담고 있는 책은 많다. 하지만 그들이 그 방법을 통해 얼마를 벌었다고 솔직하게 얘기하는가? 하물며 시리즈로 2편을 출간하는 적을 본 적 있는가? 이 또한 없다.

주식투자에서는 그 기업이 돈을 버는 방법, 즉 비즈니스 모델을 잘 이해하는 것이 중요하다. 또 대주주나 CEO가 '어떤 생각을 가지고 행동할까?'를 역지사지로 생각해보면 그 기업의 다음 행보가 보인다. 책을 쓰고, TV에 출연하고, 대강연회를 여는 사람들은 왜 그럴까? 그들이 돈을 버는 방법은 무엇일까? 책을 팔아서 인세를 받고, TV에 출연해서 유명세를 얻은 다음 투자자나 유료 회원을 유치해 정보료와 강의료를 받는다. 그렇다. 그들은 자신의 돈을 굴릴 필요가 없다. 그래서 외제차와 고급 아파트를 사고, 그 사실을 또 홍보의 일환으로 자랑하는 것이다.

여의도를 거닐다 보면 증권방송에 출연하여 공신력을 확보하고 매일 유료 회원들에게 어떤 주식을 어떻게 매매해야 하는지 알려주는 분들을 가끔 만날 수 있다. 그들은 오전 9시부터 오후 3시 30분까지 매우 바쁘다. 하지만 그 이후에는 그들이 자랑하는 차트를 분석하는 것이 아니라 담배를 물고 해지를 요청하는 고객들의 아우성을 받아줄 뿐이다. 그들은 투자 전문가가 아니라 마케터이자 콜센터 직원이다. 나에게도 투자 전문가들이 광고전화나 스팸문자를 보낼 때가 있는데, 하루는 너무 궁금해 그들의 추천 종목을 눈여겨본 적이 있다. "A 주식 강력 추천" 곧이어 "B 주식 상승 임박!" 아마도 내 전화번

호는 두 번 해킹당했던 것 같다. 다음 날 그 두 주식 중 하나는 급등했고, 하나는 그렇지 못했다. 그리고 오후에 다시 온 문자. "전일 추천했던 A 주식 상한가 달성. 추가로 보고 싶다면…" 전날 온 문자에 혹해서 주식을 매수한 사람들은 사실 고급 정보를 받은 것이 아니라 정보를 파는 사람들의 도구가 된 셈이다. 그리고 그들은 메시지를 보낸 대상의 절반에게 족집게로 거듭나고 있었다.

물론 이런 속임수에 넘어가는 일반 투자자들에게도 잘못이 있다. 그 잘못은 바로 욕심이다. 보통 사람들은 SNS에 도배되어 있는 광고들을 보며 "누가 저런 광고에 넘어가?"라거나, 보이스피싱에 당한 피해자들에게 "멍청하게 저런 데 속는 사람도 있네"라고 할 수 있다. 하지만 광고는 노출되는 사람 수의 1%만 구매로 이어지더라도 성공이라 한다. 마침 그 제품을 찾고 있던 사람들을 대상으로 하는 것이라 그 외 사람들에게는 큰 영향을 주지 못한다. 보이스피싱도 한 번 당해본 사람들의 인터뷰를 보면 꼭 급전(急錢)이 필요한 사람들인 경우가 많다.

일반 투자자들이 쉽고 빠른 수익을 좇는 것도 이와 다를 바 없다. 여기에서 빠져나오는 가장 쉬운 방법은 기대수익률을 낮추는 것이다. 주가는 장기적으로 기업의 가치를 따라간다. 그리고 기업의 가치는 속한 산업을, 산업이라는 것은 해당 국가의 경제성장률을 크게 넘

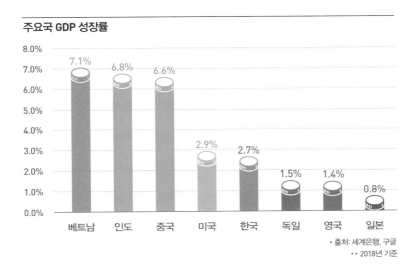

주요국 GDP 성장률

- 베트남 7.1%
- 인도 6.8%
- 중국 6.6%
- 미국 2.9%
- 한국 2.7%
- 독일 1.5%
- 영국 1.4%
- 일본 0.8%

• 출처: 세계은행, 구글
•• 2018년 기준

어서기 어렵다. 누구나 아는 우리나라의 경제성장률은 3% 남짓, 고성장한다는 신흥국들의 경제성장률도 10%를 넘기기 어렵다.

그런데 일반 투자자들은 '주식' 하면 속된 말로 '따블'은 당연한 것으로 여긴다. 이 '따블'이 5년, 10년 후 달성할 목표라면 얼마나 좋겠는가? 하지만 보통은 보유기간(개인 투자자들은 한 종목을 6개월 이상 보유하고 싶어하지 않는다.) 내의 100% 수익률을 의미한다. 이 때문에 1,000만원 언저리의 투자 원금을 가지고도 매월 수십만 원짜리 유료정보를 구독하는 것이다. 실상은 투자의 귀재라는 워런 버핏도 연평균 수익률이 20%에 미치지 못한다.

한편 부자들은 이 사실을 정확히 알고 있다. 우리 회사에 자산을

원금이 두 배가 되는 데 필요한 시간, 72 법칙

연 수익률	72 법칙 (년)
1%	72
2%	36
3%	24
4%	18
6%	12
8%	9
9%	8
12%	6
24%	3
36%	2
72%	1

위탁하는 고객들의 경우 평균 계약 금액은 2억 원, 부동산을 포함한 총자산은 60억 원 수준이다. 그야말로 대한민국 1% 부자다. 이들의 기대수익률은 5~10% 수준으로 짐작된다. 오히려 높은 수익률을 내겠다고 하면 걱정부터 한다. 또 최고급 금융 서비스를 받으면서도 수수료 1%조차 그렇게 아까워할 수가 없다. 그들이 부자가 되기 전에는 달랐을까? 아니다. 복리의 마술은 깨지지 않는 데 있다는 것을 알고, 지키는 것을 더 중요시했기에 지금의 부자가 된 것이다.

아주 가끔 졸저를 가지고 와 사인을 부탁하는 분들이 있다. 그때마다 쓰는 말이 있다. "한 건에 맛을 들이면 암수(暗手)의 유혹에 쉽게 빠져들게 된다. 정수(正手)가 오히려 따분해질 수 있다. 줄기차게 이

복리의 마법(연간 수익률별 경과년수에 따른 누적 수익률)

		1년 후	5년 후	10년 후	15년 후	20년 후	25년 후	30년 후
	3%	3%	16%	34%	56%	81%	109%	143%
	6%	6%	34%	79%	140%	221%	329%	474%
연 수익률	9%	9%	54%	137%	264%	460%	762%	1227%
	12%	12%	76%	211%	447%	865%	1,600%	2,896%
	18%	18%	129%	423%	1,097%	2,639%	6,167%	14,237%
	24%	24%	193%	759%	2,420%	7,286%	21,554%	63,382%

기려면 괴롭지만 정수가 최선이다." 이창호 9단이 한 말이다. 세상을 엿보는 창이라는 점에서 바둑과 주식은 참 많이 닮아 있다. 바둑 대회에서 우승을 하려면 줄기차게 이겨야 하듯, 주식시장에서 자산을 불리려면 꾸준히 수익을 내야 한다.

부자는 수익률을 따르고, 개미는 마음을 따른다

단기 투자, 차트 매매를 하는 초보 투자자들은 해당 기법의 실패 가능성에 대해 알려주면 고개를 갸우뚱한다. 계좌에 마이너스를 기록하고 있는 종목을 팔지 않으면 손실을 확정하지 않는 것이라는 판단 때문이다. 반대로 조금이라도 플러스가 난 종목은 매도해 수익을 확정하고 자신의 평소 습관보다 더 과한 소비를 하는 데 사용한다. 이러한 생각은 증권사와 국세청만 배불린다. 매매를 할 때마다 수수료와 증권거래세가 부과되고, 처분이익이 발생한 경우 양도소득세도 발생할 수 있다. 양도소득세의 경우 대주주 요건에 해당하지 않은 국내 상장주식은 예외이나, 현재 기획재정부가 추진 중인 금융투자소득세 법안이 통과될 경우 국내 상장주식도 피해갈 수 없다. 이 책을 읽는 어떤 사람보다 부자인 '오마하의 현인' 워런 버핏조차 이같은 이유로 주식의 처분을 꺼리며, 주식의 희망 보유 기간을 묻는 질문에는 "영원(Forever)"이라고 답하기도 했다.

거래비용을 제외하더라도 주식 매매를 빈번히 하지 않아야 할 이유는 더 있다. '산책하는 개' 이야기를 들어본 적 있는가? 기업과 주가에 대해 가장 잘 표현한 비유 중 하나다. 반려견과 함께 산책을 나가면 반려견은 부지런히 뛰어다니고 냄새를 맡고 영역 표시를 한다. 하지만 결국 반려견이 움직일 수 있는 범위는 주인이 쥐고 있는 리드줄의 길이에 한한다. 멀리서 보면 산책하는 주인의 동선을 앞서거니 뒤서거니 할 뿐이다. 여기에서 주인은 기업의 내재가치이고, 반려견은 주가다. 주가는 등락이 있지만 결국 기업의 내재가치에 수렴한다는 뜻이다. 그리고 이는 주식의 처분 및 손익의 확정과는 무관하다. 내가 팔지 않더라도 똑똑한 시장은 '보이지 않는 손'을 이용해서 적정한 가격에 옮겨 놓는다.

조금만 올라도 팔고 싶은 것은 그 내재가치를 계산할 수 없기에 마음이 불안해지기 때문이다. 그런데 비이성적이게도 평가손실 상황의 주식을 보면서는 '언젠가는 오르겠지' 하면서 무작정 기다린다. 하지만 그런 일은 일어나지 않는다. 이러한 상황이 반복되면 그 투자자의 자산은 쪼그라들기 일쑤다. 조금 올라서 팔아버린 주식은 계속 올라서 땅을 치고 후회하고, 많이 떨어져서 다시 오르길 기다리던 주식은 반등하기는커녕 계속 하락하다 못해 결국 마음 속에서 지워버린다. 분명 처분 손익은 플러스였지만 계좌 잔고는 줄어 있다. 더구나 조금 올라서 팔아버린 주식의 이익금은 이미 호프집에서 무용담과 함께 사라졌다.

이런 실수를 하는 이유는 두 가지다. 첫 번째는 심적 회계(Mental Accounting)다. 올라서 팔고 은행 계좌에 옮겼든 떨어져서 팔지 않고 보유하고 있든 내 자산의 크기는 변하지 않는다. 만약 은행 계좌에 옮긴 후 그 돈으로 소고기 파티를 했다면 오히려 자산은 줄어든다. 그런데 초보 투자자들은 오른 주식을 팔아 수익을 확정하면 향후 그 주식이 더 올라 놓치게 될 잠재이익은 신경 쓰지 않고 부자가 된 듯한 착각을 한다. 반대로 하락한 주식을 팔지 않으면 아직 잃지 않은 돈인 것처럼 생각한다. 더 나아가 손실이 발생해 '빨간불'이 들어온 주식을 팔고 나면 손실이 사라진 것처럼 생각하기도 한다. 이렇듯 사실은 내 지갑과 계좌에 들어 있는 돈은 모두 같은 돈이고 합산해서 계산해야 함에도 불구하고, 마음 속으로 번 돈과 잃은 돈, 써도 되는 돈과 끝까지 보유해야 하는 돈을 나눠 생각하는 것을 '심적 회계'라고 한다.

심적 회계의 또 다른 종류로 앵커링(Anchoring, 닻을 내리다.) 효과를 들 수 있다. 투자자들에게 가끔 이런 질문을 받는다. "A 종목 물타기

(평가손실 구간인 주식을 추가로 매수해 평균 매입단가를 낮추는 일) 해도 될까요?" "B 종목이 유상증자를 한다는데 청약을 해야 할까요?" 이러한 질문들의 전제는 '나는 손실 본 주식은 절대 팔지 않을 거야. 이 주식이 플러스가 될 수 있다면 무슨 일이든 할 거고, 언제까지라도 기다릴 수 있어'다. 내 대답은 항상 같다. "꼭 그 주식으로 돈을 벌어야 하는 이유가 있나요? 주식과 돈에는 꼬리표가 없어요. 벌기만 하면 되는 것 아닌가요?" 여유자금이 있다면, 아니 현재 손실을 입고 있는 자금까지도 포함해 투자라는 것은 항상 최근 시점에서 위험 대비 가장 수익이 높을 곳에 재분배해야 한다. 그런데 초보 투자자들은 특별한 이유도 없고, 별다른 분석도 없음에도 불구하고 한 번 투자한 곳에서 마치 커다란 배가 닻을 내리고 정박하듯 움직이려 하지 않는다.

개인 투자자들이 오르는 주식을 놓치고, 떨어지는 주식을 꼭 꺼안고 있는 실수를 저지르는 두 번째 이유는 시장이 효율적이어서다. 가치투자의 창시자 벤저민 그레이엄은 주식시장을 조울증에 걸린 천재에 빗대어 설명했다. 그는 주식시장을 미스터 마켓(Mr. Market)이라 칭했는데, 미스터 마켓은 IQ가 5만(500이 아니다!)이기 때문에 기업의 가치를 정확히 평가할 수 있지만, 성격이 변덕스러워 매일 기업의 내재가치와 무관한 주가를 제시한다고 말했다. 같은 종목이라 하더라도 미스터 마켓의 기분이 좋을 때는 매우 높은 주가를 제시하는가 하면, 기분이 나쁠 때는 갑자기 매우 낮은 주가를 제시하는 것이다. 여기에서 여러분들이 주목해야 할 것은 '천재'라는 단어다. 이를 조금 어려운 말로 효율적 시장 가설이라고 한다. 경영학자들은 몇 가지 (매우 달성되기 어려운) 조건이 충족되면 어떤 투자자도 주식시장보다 높은 초과수익을 올릴 수 없을 정도로 모든 경제, 산업, 기업의 변화가 주가에 빠르게 반영된다고 했다. 어떤 정보를 가지고 투자하든 주식시장 전체의 수익률보다 높은 수익을 기록할 수 없다는 뜻이다. 마이크로소프트 창업자 빌 게이츠가 길바닥에 떨어진 100달러를 보면 줍는 시간이 아까워 그냥 지나치고, 효율적 시장 가설을 주장한 유진 파마 교수가 길바닥에 떨어진 100달러를 보면 위조지폐라고 믿고 그냥 지나친다는 이야기도 여기에서 나온 것이다.

벤저민 그레이엄의 후계자인 가치투자자들은 효율적 시장 가설을 믿지 않고, 그렇기에 시장의 평균을 훨씬 뛰어넘는 초과 수익을 기록해왔다. 그런데 투자자들이 점점 현명해지고, 투자자들이 접근할 수 있는 정보의 양과 질이 늘어나면서 시장의 효율성이 점점 강화되고 있다. 대강 투자해서는 돈을 벌기 어려워지고 있다는 뜻이다. 하물며 별다른 분석 없이 무작정 기다리기만 해서 돈을 벌 수 있겠는가? 아마도 팔아버린 주식은 더 오르고, 꾸역꾸역 보유하고 있는 주식은 더 떨어진다고 보는 것이 합리적이다.

부자라고 어찌 심리가 다른 사람들과 다르겠는가? 또 부자라 해서 꼭 투자 기법이나 금융상품에 대단한 지식을 가지고 있는 것은 아니다. 다만 몇 가지의 원칙을 세워놓고 투자 대상을 선별한다. 그 원칙들은 같은 시기에 여러 상품을 가입하고 특정 기간 동안의 수익률을 비교해 자산 배분을 한다든가, 흔히 손절매라고 하는 기준을 정해서 일정 수준 이상의 손실을 기록하면 가차없이 팔아버린다든가, 펀드매니저는 꼭 결혼을 한 사람이어야 한다든가 하는 이론적으로는 설명할 수 없는 것들이다. 그래서 초기에는 나도 그들을 무시하고 코웃음 치기 일쑤였다. 하지만 이제는 그것이 부자들이 스스로의 마음을 다스려 감정적인 실수를 범하지 않게 하는 것이라는 생각을 한다. 아마도 반복적인 경험을 통해 익힌 본능 같은 것이리라.

그러한 부자들이 공통적으로 지키는 것이 하나 있다. '잡초는 뽑고 꽃은 심는다'는 점이다. 주식으로 부자가 된 사람들을 보면 대부분 속칭 물타기가 아니라 불타기(물타기의 반대말로 자산 가격이 상승할 때 추가 매입해 절대 수익금을 높이는 행위를 이르는 신조어)로 돈을 번다. 처음에는 나도 의아했다. 기업의 가치보다 낮은 가격에 많이 사는 것이 이로운 일 아닌가? 그러나 투자가 시간과의 싸움이라는 것을 깨닫는 순간 생각이 달라졌다. 워런 버핏은 투자한 기업들이 벌어들이는 돈이 곧 자신의 돈과 같다고 했다. 대주주이기 때문이다. 그러나 우리는 적극적인 투자를 통해 자산을 불려야 하는 '개미'다. 같은 수익률이라면 수익금이 큰 것이 좋고, 같은 수익금이라면 빨리 버는 편이 낫다.

부자들은 주가의 상승을 투자 아이디어의 실현으로 본다. (물론 남은 상승 여력이 충분하다는 가정 하에서) 주가가 오르면 확신을 갖고 주식을 더 많이 매입한다. 떨어지는 주식을 사는 것도 강심장을 필요로 하지만, 오르는 주식을 사는 것은 생각보다 더 어려운 일이다. 하지만 많은 이들이 어려워하는 일을 해야만 다른 이들과 다른 부를 거머쥘 수 있다.

부자들의 이러한 행태는 직접투자만이 아니라 간접투자에서도 똑같다. 이유를 막론하고 못하는 놈에게는 채찍을 들고 잘하는 놈에게는 떡 하나를 더 준다. '나는 알 수 없지만 펀드매니저가 또는 그 상장기업의 경영자가 잘 할 것이다' '오르는 데는 이유가 있다'고 생각하는 듯하다.

물타기와 불타기의 평균단가와 기회비용

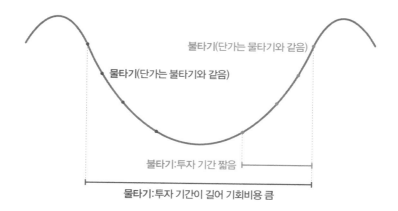

그렇다면 '물타기'는 필패(必敗)인가? 그렇지 않다. 왜 떨어지는 때에 사야만 매입단가를 낮출 수 있다고 생각하는가? 콜럼버스의 달걀처럼 간단히 뒤집어보자. 저점을 지나고 나서 반등할 때 사더라도 매입단가를 낮출 수 있는 것은 마찬가지다. 더욱이 돈을 미리 투입할 필요가 없어 시간의 가치를 따진다면 기회비용도 더 적다.

사실 개인 투자자들의 '물타기' 행태는 앞의 그림과 판이하다. 보통 5%, 10%만 하락해도 또는 하루, 이틀만 지나도 주식을 더 사기 시작한다. 그리고 일주일 정도만 지나면 더 투자할 여력이 없을 정도로 이미 그 주식에 깊이 몸을 담고 있다. 종목당 수십, 수백 억을 사야 할 기관투자자를 논외로 한다면 기계적인 분할 매수와 분할 매도는 투자에 별다른 도움이 되지 못한다. 사고 나서 꼭 빠지라는 법이 있는가? 팔고 나서 무조건 더 오르라는 법도 없다. 단기적으로 주가가 어떻게 변할지는 아무도 모른다. 그것을 맞출 수 있는 사람에게는 이 책이 필요 없을 것이고, 맞출 수 없는 대부분의 독자들은 매수나 매도에 시간 쓰지 말고 기업 분석에 매진하라. 실제로 나는 시세에 큰 영향을 주지 않는 매매는 하루에, 그것도 시장가 주문으로 체결한다. 사고 나서 떨어져도 고민, 팔고 나서 올라도 고민이라면 매매라는 잡무에 시간을 뺏기지 말자는 주의다. 사실 투자 아이디어가 옳았다는 가정 하에 행동하지 않아서 놓치는 수익이 훨씬 더 마음을 쓰리게 하기도 한다.

주가가 떨어지는 데도 이유가 있는 것처럼 주가가 오르는 데도 무언가 변곡점이 필요하다. 어차피 하락한 주식이라면 무작정 더 사지 말고 떨어진 이유에 대해 생각해보자. 그리고 투자 아이디어가 유효하다면 시장 참여자들의 생각이 바뀔 때까지 천천히 기다리면 된다. 변곡점을 찾기 어렵거나 단숨에 주식을 매입하고 나면 왠지 모르게 불안하고 주가에 휘둘릴 것 같은 초보 투자자들은 가격이 아닌 기간으로 분할 매매를 하는 것도 하나의 방법이다. 기간은 적어도 3개월, 6개월로 길게 잡고 한 달에 한 번 정도 매수해보라. 적립식으로 투자하는 개념이다. 사고 나서 주가가 떨어져도 아직 한 달이 지나지 않았으면 꾹 참아보는 것이다. 목표한 금액보다 덜 투자한 상황에서 주가가 급하게 오르면 '내 몫이 아니다' '또 다른 주식을 찾아야지' 하는 생각으로 놓아준다. 그러다 혹시 다시 원하는 가격대로 내려오면 또 조금 사보자. 그렇게 훈련하는 동안 마음의 근육도 좀더 단단해지고, 각자의 투자 스타일과 주식시장의 바이오리듬도 조율이 될 것이다.

부자들은 분산투자를
하지 않는다

투자에 대해서는 낫 놓고 기역자도 모를 일반인조차 들어봤을 법한 투자 격언 중 "달걀을 한 바구니에 담지 말라"가 있다. 특정 종목에 개인 자산의 많은 비율을 투자하면 그 기업이 문제가 생겼을 때 전체 자산에 악영향을 미칠 수 있다는 뜻이다.

그런데 우리 회사의 투자 원칙 중 하나는 열 종목 이내에만 투자하는 집중투자다. 집중투자를 해야 하는 이유는 두 가지다. 첫째, 좋은 기업에 투자하기 위함이다. 일반적으로 펀드에 가입하면 적게는 수십 개, 많게는 100개도 넘는 종목에 투자한다. 이렇게 생각해보자. 열심히 분석해 투자하는 전문가라는 가정 하에 열 개의 기업에 투자하면 우리나라 상장기업 중 투자 매력도가 높은 순으로 1등에서 10등까지 투자하게 된다. 그 이유가 어떻든 간에 만일 100개의 기업에 투자하면 어쩔 수 없이 11등에서 100등까지의 기업에도 투자를 하게 되는 셈이다. 내 소중한 돈을 굳이 100등 기업에 투자할 필요가 있을까?

둘째, 깊이 분석하고 면밀히 추적하기 위함이다. 크리스토퍼 브라운의 《가치투자의 비밀》에는 "한 기업 주가 상승의 92%는 보유기간의 8%에 발생한다"는 말이 나온다. 주식이라는 것은 살아 있는 생물과도 같아서 해당 기업에 대해 깊은 이해와 인내심을 가진 몇몇의 투자자 외에는 수익을 주지 않는다. 초보 투자자라면 누구나 내가 가지고 있을 때에는 하나도 오르지 않다가 팔기만 하면 오르기 시작하는 경험을 해본 적이 있을 것이다.

주식투자의 메커니즘을 간소하게 얘기하자면 파는 사람보다 사는 사람이 많으면 오르고, 반대 상황이라면 떨어지는 수요와 공급의 논리로 설명할 수 있다. 따라서 조금만 올라도 파는 사람들이 있는 상황에서는 주가가 많이 오르지 못한다. 그러다가 장기적이고 높은 상승 여력을 염두에 두는 주주들만 남게 되면 주가가 제법 오르더라도 매도하는 공급자가 적기 때문에 급격히, 그리고 많이 상승하게 되는 것이다. 당신은 어떤 주주가 되겠는가? 당연히 후자(後者)를 선택하리라 믿는다. 그렇다면 조금 떨어지는 것에 전전긍긍하지 않고, 조금 오르는 것에 조급하지 않아야 한다. 그러려면 그 종목에 대해 누구보다도 잘 알아야 한다. 어떤 사건이 기업의 가치를 어떻게 변화시키는지, 시장 참여자들이 그 기업에 대해 어떻게 평가하는지 말 그대로 '숟가락 개수'까지 꿰고 있어야 한다. 워런 버핏이 "달걀을 한 바구니에 담고 잘 지켜보라"고 말한 것도 같은 맥락이다. 단, 경험적으로 볼 때 직업 펀드매니저의 경우에도 한 번에 대여섯 종목 이상을 추적하려면 힘에 부친다. 그러니 수십 종목씩 투자한다는 것은 "나는 이 종목들에 대해 잘 모르니 대충만 분석하겠습니다"라는 고백과도 같다. 각자 스스로 투자에 쏟을 수 있는 시간을 감안해서 포트폴리오 종목 수를 결정해보자.

이쯤 되면 애당초 왜 분산투자를 하라고 권했는지가 의문이 들 수 있다. 경영학 교수들은 효율적 시장 가설의 신봉자들이다. 실제로 투자의 대가들이 역사 속에서 효율적 시장 가설이 동작하지 않음을 증명해왔음에도 그렇다. 믿을 수 없겠지만 경영학자들과 공인회계사들은 일반적으로 주식투자에 소질이 없다. 상상 속에서만 존재하는 완벽한 시장에서는 아무리 노력해봐야 시장의 평균과 똑같은 수익률을 올리는 데 그친다. 그렇다면 남은 과제는 무엇일까? 어차피 똑같은 수익률을 기록할 바에는 변동성이라도 줄여서 마음이라도 편한 것이 더 낫다. 그래서 경영학에서 위험은 자산의 변동성으로 측정한다. 이때 자산의 변동성을 축소하기 위해서는 투자 바구니에 서로 상관관계가 낮아서 특정 이벤트에 대해 주가가 서로 다른 방향으로 움직일 수 있는 종목군들을 담는 것이 중요하다. 또한 재무학자들은 종목이 열 개를 넘어가면 분산투자에 따른 변동성 축소 효과가 현저히 낮아진다고 이야기한다. 이것이 우리 회사가 열 개의 종목에 나눠 투자하는 이유다.

그러나 실제로 공부하고 노력한 만큼 수익률이 더 좋아질 수 있는 곳이 주식시장이다. 그렇다면 변동성은 우리의 친구다. 조금이라도 더 싸게 매수할 수 있도록 또 조금이라도 더 비싸게 매도할 수 있도록 돕기 때문이다. 우리가 걱정해야 할 것은 자산의 변동성이 아니라 영구적인 자본 훼손이다. 다시 말해 기업의 가치가 크게 하락하거나, 기업의 가치는 하락하지 않더라도 내가 기업의 내재가치보다 훨씬 비싸게 주식을 매수하는 것이 위험이다.

그렇다고 한두 종목에 이른바 '몰빵' 투자를 하라는 말은 아니다. 회사의 내부자나 그에 준하는 대규모 투자자가 아니라면 우리는 어쩔 수 없이 대리인 리스크에 노출될 수밖에 없다. 상장회사는 투자자들에게 적시에 공정한 정보를 제공할 의무가 있지만, 그 의무를 충실히 지키는 회사는 그리 많지 않다. 또한 코로나19와 같이 아무도 예상하지 못한 일들이 기업들을 괴롭히기도 한다. 공장에 큰 불이 나서 수년간 영업에 지장을 받는 경우도 왕왕 있다. 이처럼 최선을 다해 분석한다고 하더라도 이같은 불의의 일격을 당할 위험은 언제나 우리 주변에 도사리고 있다. 이것이 우리 회사가 한 종목당 편입비율을 30% 미만으로 가져가는 이유다.

부자들은
빚을 사랑한다

주식회사는 법적으로 유한책임회사의 한 종류다. 주식회사의 주주는 회사가 망하더라도 보유한 주권이 휴지조각이 될지언정 빚쟁이들에게 쫓길 필요는 없다는 뜻이다. 여윳돈만 없어졌을 뿐인데 왜 주식투자로 패가망신한다는 말이 생긴 것일까? 아마 여윳돈이 아니라 전세자금, 학자금 등 꼭 필요한 돈을 사용했기 때문일 것이다. 빚을 내 투자했다면 더 큰 문제다.

단기적으로 주식시장에는 어떤 일도 발생할 수 있다. 그래서 만기가 정해져 있는 투자를 해서는 안 된다. 최소한 1년, 넉넉하게는 3년간 다른 곳에 써야 할 일이 없는 자금만 주식투자에 써야 한다. 하물며 90일 전후의 짧은 만기의 신용융자는 더 말할 필요도 없다. 그렇지 않으면 운 나쁘게도 주가가 떨어져 있는 상황에서 그리고 목 빠지 도록 기다려온 상승의 초입에서 손실을 확정하게 된다. 뿐만 아니라 꼭 필요한 곳에 돈을 쓸 수 없어 원치 않는 이사를 가야 하거나 오랜 기간 세워온 인생의 계획을 포기하게 될 지도 모른다.

만기는 넓게 해석하면 꼭 기간의 문제만은 아닐 수도 있다. 주식 담보대출은 일종의 신용대출과 같아서 '특별한' 문제가 없으면 만기 가 자동 연장된다. 그러나 다른 복병이 숨어 있다. 신용대출의 경우 자금 사정이나 근로 상황 등으로 매기는 신용등급의 큰 변화만을 '특 별한' 문제라고 생각한다. 하지만 주식담보대출은 대주(돈을 빌려준 사 람)인 은행이나 증권사가 대출자산의 건전성을 유지하기 위해 담보 로 잡은 주식의 가격이 일정 수준 이하로 하락하면 차주(돈을 빌린 사 람)의 의사와 관계없이 주식을 매도해 부채를 상환한다. 그 기업의 내 재가치가 어떻든 이후 그 종목의 주가 흐름이 어떻든 상관없이 투자 자는 큰 손실을 확정할 수밖에 없다. ELS(Equity Linked Securities, 주가연 계증권), DLS(Derivative Linked Securities, 파생결합증권)에 투자를 기피하는 것도 같은 이유다. 어떤 기초자산(ELS 또는 DLS의 수익 구조의 기초가 되는 실물자산)이든, 그 기초자산이 현재 얼마나 저평가되어 있든, 역사적 혹은 통계적으로 수익이 날 수밖에 없는 상황이든 관심 없다. 만기가 정해져 있고, 그 만기 이내에 특정 조건이 성립되는지 아닌지는 아무 도 알 수 없다. 미스터 마켓의 조울증이 치료되지 않는 한 투기이고 도박이다.

하지만 부채가 모두 나쁜 것은 아니다. 부채 중에서도 이러한 위험을 내포하지 않는 착한 빚은 항상 가까이 두어야 한다. 부자들을 많이 만나면 통장에 얼마가 들어있는지에 대해서는 점점 둔감해진다. 진짜 부자는 부채를 많이 가진 사람이다. 요새는 모바일 시대이기 때문에 억 단위의 투자 금액이나 수수료를 앉은 자리에서 이체하는 경우도 많다. 투자회사 대표도 사람인지라 내색하지 않으려 하지만 흘끗 고객의 스마트폰 화면을 보게 될 때도 있는데 거기에 한 눈에 세기도 어려운 자리수의 숫자와 함께 맨 앞에 −(음수) 표시가 있으면 눈이 번쩍 뜨인다. 은행에서 수십억 원을 빌려주었다는 얘기는 그보다 몇 배는 더 많은 돈을 가지고 있다는 뜻으로 해석할 수 있기 때문이다.

부자들이 빚을 사랑하는 이유는 따로 있다. 바로 지렛대 효과다. 지렛대 원리는 같은 질량의 물체를 들어올릴 때 아무 도움 없이 들어올리는 것보다 지렛대를 사용해서 들어올리는 편이, 같은 지렛대를 사용하면 받침점과 힘점의 거리가 멀수록 쉽다는 물리학 이론이다.

이를 재무적으로는 부채를 포함한 총자산의 수익률이 같다고 가정할 때 부채가 많을수록 진짜 내 돈만으로 측정한 수익률이 더 높아

지렛대 원리

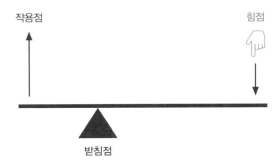

지는 것을 의미한다. 좋은 투자처는 한정적이다. 그렇기 때문에 같은 투자를 하더라도 더 높은 수익을 내려고 노력해야 한다. 또 수익과 위험은 비례하기에 기대수익률을 낮추면 투자의 성공 가능성은 높아진다. 여기에 부채를 끼면 위험은 낮으면서도 실제 수익률은 올라가는 부자들의 마법이 일어난다. 특히 빌딩 투자, 사모펀드와 같이 부자만을 대상으로 하는 투자는 투자 금액이 작으면 끼워주지도 않는다. 고급 클럽의 할인 티켓과 같은 것이 착한 빚이다. 그러니 우리네 가훈에 많이 쓰인 "절대 빚을 지지 않겠다"는 말은 어떻게 보면 절대 부자가 되지 않겠다는 뜻이나 마찬가지다.

누구나 빚 지는 것을 무서워한다. 그러나 앞서 말했듯 착한 빚이라면 그에 대한 두려움을 극복하는 것이 좋다. 착한 빚은 부자로 가는 시간을 대폭 줄여준다. 우리 회사 또한 주식시장의 상황에 따라

재무 레버리지 효과

총자산 중 원금 비율	총자산 중 부채 비율	총자산 수익률	원금 기준 수익률
100%	0%	10%	10%
75%	25%	10%	13%
50%	50%	10%	20%
25%	75%	10%	40%

• 이자비용은 없다고 가정

적극적으로 대출을 사용해 수익률을 극대화해왔다. 그렇다면 착한 빚이란 무엇일까?

착한 빚이란 만기가 길고, 조건이 주식투자의 성과에 좌우되지 않으며, 금리가 낮은 것을 말한다. 만기는 주식시장이 한 번 상승기와 하락기를 순환하는 3년 이상을 권하며, 낮은 금리라는 것은 본인의 가처분소득으로 충분히 소화할 수 있는 수준이거나, 주식시장의 평균 기대수익률 혹은 평균 배당수익률 이하이면 좋다. 여기서 말하는 가처분소득은 월급과 같이 일정한 수입에서 주거비용, 식대, 교통비 등의 고정지출을 제외한 금액이다. 예를 들어 주택을 보유하고 있다면 주택담보대출, 정년이 보장되어 있는 안정적인 직업을 가지고 있다면 그 수입을 기초로 한 신용대출이 착한 빚이다.

한 가지 간과하지 말아야 할 것은 본인의 신용이나 금융시장은 언제든지 급변할 수 있다는 점이다. 법적인 요소를 검토하고 전문가의

연도별 주식시장 수익률, 배당수익률

	2011	2012	2013	2014	2015	2016	2017	2018	2019
배당 수익률	1.5%	1.3%	1.1%	1.1%	1.3%	1.5%	1.4%	1.9%	2.0%
지수 상승률	-11.0%	9.4%	0.7%	-4.8%	2.4%	3.3%	21.8%	-17.3%	7.7%

• 출처: 통계청, 한국거래소, e-나라지표

도움을 받아 충분히 보수적으로 자금 계획을 짜야 한다. 창업의 길로 들어서면서 영원할 것 같던 마이너스 통장을 상환당하고(?) 이사로 인해 목돈이 필요하던 때 외부환경 변화로 인해 영구적인 자본 손실을 맛볼 뻔한 데서 나오는 뼈아픈 충고다.

종잣돈에
집착할 필요 없다

자본가들은 노동자들을 부려서 돈을 번다. 노동자들에게 두둑한 성과급을 챙겨준다는 것은 자본가는 그 성과급의 총합보다 많은 돈을 벌었다는 의미다. 의사나 변호사가 제아무리 주변의 칭송을 받는 고소득 전문직이라 한들 하루 24시간, 1년 365일 이상은 일할 수 없기에 자본가의 지렛대 효과를 이기기는 어렵다.

자본가들이 가장 무서워하는 것은 노동자들이 그 한계를 깨닫고 자본가들의 권위에 도전하는 일이다. 그래서 채찍과 당근을 잘 사용해 현재 자리에서 만족하고 다음날 아침에 다시 일터로 나오게 하는 것이 가장 중요하다. 사업을 택하지 않은 사람이 자본가가 될 수 있는 유일한 방법은 투자다. 그런데 노동자들이 자본가가 되는 시기를 최대한 늦추게 만드는 것 중 하나가 바로 종잣돈(씨드머니)이라는 함정이다.

초보 투자자들이 많이 하는 질문 중 하나가 "종잣돈을 얼마 모으고 나서 투자를 해야 하는가?"다. 후배들이 찾아와 일단 종잣돈을 모으기 위해 취직을 고민하고 있다고 상담을 청하기도 한다. 나는 이러한 상황이 전혀 이해되지 않는다. 왜 주식투자를 하는 데 종잣돈이 필요한가? 주식투자가 다른 투자 대안에 비해 우월한 것 중 하나가 소액부터 투자가 가능하다는 점이다. 요새는 흔한 소형 아파트 갭 투자도 1,000만 원은 필요하다. 취득세, 부동산 중개료, 등기 수수료는 별도다. 주식투자는 아무리 비싼 것을 고르더라도 100만 원 내외다. 참고로 2021년 1월 10일 기준, LG생활건강이 163만 8,000원으로 우리나라 최고가 종목이다. 수천 원, 수만 원짜리 주식은 수도 없이 널려 있다. 투자 금액의 많고 적음은 주식투자의 수익률과 전혀 관계없다.

그런데도 불구하고 '일단 1억을 모으면 알아서 굴러간다'는 둥의 어설픈 논리는 여전히 재테크 시장을 지배하고 있다. 내 생각은 다르다. 투자 금액과 상관없이 공부를 하는 것이 우선이다. 악착 같이 일하고 돈을 모으다 보면 어느새 일개미가 되어 간다. 하던 일을 그만두는 것은 새로운 일을 시작하는 것보다 많은 용기를 필요로 한다. 일을 쉬기가 두렵고, 바쁘게 일하다 보면 투자 공부를 할 시간과 체력은 바닥난다.

부자들은 다르다. 고객을 상담하거나 고객 대상 세미나를 열면 초등학생부터 대학생까지 나이를 불문하고 자녀들과 함께 자리하는 분들이 많다. 가끔 어린이 주식 부자들 리스트나 강남 유명 거리의 빌딩 소유주의 평균 나이가 언론의 조명을 받는다. 그들이 어린 나이에 부모로부터 많은 재산을 물려받았다고 부러워하거나 시샘만 할 것이 아니다. 어쩌면 어린이 부자들은 그에 걸맞은 금융 교육을 받고 이미 여러분들의 지식 수준을 뛰어넘었을지 모른다.

제2장

부자들이 주식을 고르는 방법

1

비즈니스 가치가 높은 기업을 찾는다

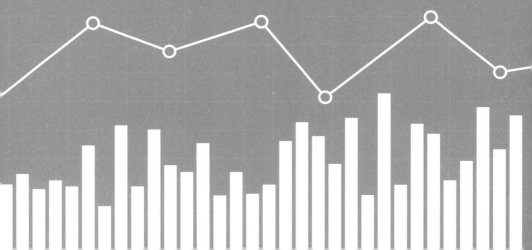

주식은 사고팔기 위해
만들어진 것이 아니다

주식을 한마디로 정의하자면 기업의 소유권이다. 상법상 회사는 주식회사, 유한회사, 유한책임회사, 합명회사, 합자회사의 다섯 가지 형태로 나뉜다. 이 중 주식회사, 유한회사, 유한책임회사는 출자한 자금만큼만 책임을 지고, 합명회사와 합자회사는 출자금과 무관하게 회사가 채무를 졌을 경우 그에 대해서도 상환해야 할 의무가 있다.

주식회사가 유한회사, 유한책임회사와 가장 크게 다른 점은 소유권을 매매하는 것이 상대적으로 자유롭다는 것이다. 환금성(물건을 팔아서 돈으로 바꿀 수 있는 성질)이 높아 투자자를 유치하기 쉬우므로 회사의 규모를 키우는 데 용이하다. 따라서 주주의 수와 거래량이 많다. 그래서 일반적으로 투자를 한다고 할 때 주식회사인 경우가 많은 것이다.

주식의 시세가 부동산에 비해 오르내림이 큰 이유도 여기에 있다. 주식과 부동산을 막론하고 자산의 가격은 호가(매수와 매도를 희망하는 가격)와 실거래가로 나뉘는데, 호가가 없으면 당연히 거래가 발생할 수 없고 실거래가도 있을 수 없다. 그중 주가는 가장 최근에 거래가 체결된 가격을 말한다. 주식을 상장한다는 것은 국가에서 공인한 거래소가 해당 주권을 불특정 다수가 거래해도 크게 위험하지 않고, 공공의 이익을 해하지 않는다는 것을 인정하는 행위다. 따라서 상장을 하기 위해서는 일정 수준 이상의 기업 규모를 갖춰야 하고, 그러려면 일반적으로 수차례의 유상증자를 거쳐 주주들에게서 돈을 모아야 한다. 때문에 상장된 기업의 주식 수는 수백, 수천만 주를 넘게 되고 주주의 수도 수천, 수만 명에 이른다. 이 중 두 명의 주주만 마음이 통해 단 1주만 체결되더라도 주가는 변할 수 있는데, 이 많은 수의 주주들이 각기 다른 자금 사정과 투자 대안을 가지고 투자에 임하는 곳이 주식시장이다. 해당 기업에 대한 생각도 다를 수 있고, 주가에 대한 전망을 똑같이 하더라도 매수와 매도 의사결정이 판이하게 다를 수 있다. 주가가 매우 변덕스러운 것도 이 때문이다.

반면 아파트의 경우, 똑같은 재화라고 할 수 있는 같은 단지의 같은 평형 및 구조의 주택이 기껏해야 수백 세대에 불과하다. 억 단위의 투자금이 들어가지만 주식처럼 몇 주 단위로 쪼개어 팔 수도 없다. 물론 법적으로 부동산도 지분율에 따라 거래할 수 있지만 일반적인 주택 매매에서는 흔하지 않다. 그래서 상장된 주식에 비해 거래량이 적고 가격 변동이 심하지 않은 것이다. 불법으로 알려져 있지만 이른바 '핫'한 아파트의 경우 엘리베이터 안에 "얼마 이하로는 거래하지 맙시다"라는 벽보도 심심치 않게 볼 수 있다. 주주가 많고 한 명 한 명 확인하기조차 어려운 주식시장에서는 꿈도 꿀 수 없는 이야기다.

아파트의 가격이 덜 움직이는 데에는 한 가지 이유가 더 있다. '내 집'이라는 인식이다. 평생의 꿈처럼 간직해온 '내 집 마련'을 성공했을 때의 기쁨을 어디에 비기겠는가? 오랫동안 아끼고 모으며 수차례 발품을 팔아 구한 내 집, 내 손때 묻은 인테리어까지 더한 그곳은 더 이상 사고파는 '물건'이 아니다. 특별한 일이 아니면 집을 옮겨 다니고 싶지 않고, 이사를 할 때면 어쩌면 눈시울이 붉어질 수도 있다. 반면 주식을 보며 '내 주식' 혹은 '내 회사'라는 생각을 하는가? 보통은 그렇게 생각하지 않는다. 그러나 앞서 말했듯 주식은 기업의 소유권이다. 따라서 우리가 주식에 투자한다는 말은 그 회사의 소유권을 산다는 의미다. 사업체를 경영해보면 내 집보다 더 애착이 가는 것이 내 회사다. 그리고 주주는 누구나 내 회사를 가진 주인이다. 그런데도 주식을 매매의 대상으로만 본다면 그것은 주식의 본질을 잊은 것이나 다름없다.

주식을 두고 글자, 종이, 바퀴, 페니실린에 이어 인류 5대 발명품이라고 말하기도 한다. 인류의 물질적 발전 대부분은 주식회사의 이름 하에서 이루어졌다. 아메리카 대륙은 동인도 회사의 지원 아래서 발견되었고, 자동차는 헨리 포드의 포드(Ford)가 만들어냈다. 유명한 발명가 토머스 에디슨은 제너럴 일렉트릭(General Electric)의 창업자다. 인류가 주식의 핵심 기능인 공동 투자, 공동 소유의 개념을 만들어낸 것은 농경사회로 거슬러 올라간다. 자신의 땅에서 자신과 가족의 노동력으로 농작물을 재배하던 시절, 누군가가 곡식을 찧는 물레방아를 고안해냈다. 그러나 이 거대한 장치를 현실화하기 위해서는 생각보다 많은 자원과 노동력이 필요했다. 이때 누군가는 물레방아를 설치할 땅을, 누군가는 목재를, 누군가는 노동력을 제공했고, 그 대가로 물레방아를 사용할 권리를 나눠 갖기로 한 것이다. 이후 최초에 물레방아를 만드는 데 기여하지 않았던 이웃들도 물레방아를 사용하기를 원했고, 그 수익은 처음의 권리자들에게 돌아갔다. 이것이 바로 '주식의 시초'라고 일컬어진다.

오늘날의 주식은 주식회사가 발행한 주식을 소유한 지분율만큼 주주총회에서 표를 행사할 수 있고, 배당금을 수령할 수 있는 증표다. 대부분의 주식 투자자들은 발행시장(발행회사가 직접 새로운 증권을 만들어내고 투자자는 회사에 투자금을 납입하는 1차 시장)이 아닌 유통시장(이미 발행한 주식을 매매하는 2차 시장)에서 주식을 사서 주주가 되었기 때문에

'나와 회사가 무슨 관련이 있겠는가?'라고 할 수 있겠지만, 나에게 주식을 판 사람의 판 사람의… 판 사람을 찾아가면 반드시 과거 회사가 성장에 목말라할 때 자금을 투여해준 시기가 나타난다. 그리고 내가 그 주식을 사줌으로써 선행(先行) 투자자는 투자금을 회수한 것이고, 그러한 믿음은 창업자가 회사의 형태를 결정할 때 주식회사를 선택하게 만드는 가장 큰 요소다. 이것만으로도 당신은 이미 국가 경제에 큰 이바지를 하고 있는 셈이다.

국가 경제에만 이바지할 것이 아니라 스스로의 부를 일구는 데에도 관심이 있다면 기업을 소유한 것처럼 행동해야 한다. 기업의 대표나 회장이 주가가 좀 올랐다고 주식을 처분하거나 사업이 조금 안 된다고 손 털고 다른 회사로 가는 것을 본 적 있는가? 버크셔 해서웨이 회장 워런 버핏은 투자할 대상을 평생 20번밖에 사용할 수 없는 펀치 카드처럼 고르라고 했다. 펀치 카드는 오래 전 놀이공원에서 놀이기구 하나를 탈 때마다 횟수를 차감하기 위해 구멍을 뚫는 종이다. 기회가 20번밖에 없다면 당연히 어떤 놀이기구를 탈지 더욱 신중해질 수밖에 없다. 투자할 대상은 훌륭한 경영자가 유망한 사업을 운영하면서도 그 가치가 주가에 아직 덜 반영된 곳으로 한정해야 한다. 투자를 한 후에는 최초 분석하고 전망한 것처럼 회사가 잘 움직이고 있는지 항상 감시해야 한다. 생각한 대로 잘 굴러가고 있다면 배당이나 매매차익을 얻을 수 있을 것이다.

암호화폐와 주식의 가장 큰 차이도 여기에 있다. '동학개미운동' 성공의 배경에는 비트코인 등 암호화폐 거래에 익숙해진 청년층이 있다고 본다. 자산이나 소득 규모에 비해 많은 금액을 위험자산에 투자해본 경험이 주식시장으로 흘러들어온 것이다. 단지 차트상 많이 하락했기 때문에…. 그들은 아직 주식의 근본을 알지 못하므로 암호화폐와 똑같이 매매의 대상으로만 보는 것이다. 이는 매우 위험한 발상이다. 생각을 뒤집지 않으면 또다시 실패할 수 있다. 암호화폐는 컴퓨터 속 코드로만 존재한다. 허상이라고 생각하는 이들도 많다. 이에 대한 판단은 유보한다. 하지만 확실한 것은 암호화폐는 옹호론자들의 의견을 십분 들어준다 해도 기껏해야 화폐일 뿐이라는 사실이다. 화폐는 거래의 수단일 뿐 이익을 발생시키지 않는다. 주식은 투자한 회사가 번 돈을 배당으로 받거나 그 가치를 정밀히 계산한 다른 투자자에 의해 적정한 가치로 거래된다. 부동산은 임대료를 받을 수 있다. 그런데 지폐나 동전이 새로운 돈을 낳는다는 이야기는 들어본 적 없을 것이다.

주식시장에는 "더 바보 게임"이라는 말이 있다. '아무것도 모른 채 이 주식을 사는 나도 바보 같지만, 나보다 더 바보가 있을 테니 일단 샀다가 그들에게 팔면 되겠지'라고 생각하는 사람들을 지칭하는 것이다. 주식이 기업의 분할 소유권이라는 개념이나 기업의 가치를 계산하는 법을 모르는 사람들에게 주식투자는 그저 옛 예능 프로그램에서의 폭탄 돌리기 게임과도 같다.

우리는 보통 새로운 보금자리를 구할 때 정말 많은 요소를 고려한다. 직장과의 거리, 학군, 주변 편의 시설 등 어느 하나 중요하지 않은 요소가 없다. 그러나 주식투자를 할 때는 어떠한가? 대부분의 투자자들이 무턱대고 주식투자에 임한다. 그러고는 하루빨리 주가가 폭등하기를 바란다. 이런 식의 투자는 '필패'다. 맹목적인 주가 상승에 대한 기대 외에 기업의 성장 요인을 면밀히 점검할 수 있는 사람만이 부자가 될 수 있다.

적정 주가는 얼마일까?
얼마에 사고팔지는 이미 정해져 있다

아무래도 개인 투자자들이 가장 궁금해하는 것은 적정 주가인 것 같다. 어려운 것은 듣기 싫고, 그냥 얼마에 사서 얼마에 팔면 된다는 정답만을 알고 싶은 것이다. 가끔은 "언제 사야 할지는 알겠는데 언제 팔지는 모르겠다" "매도가 제일 어려운 것 같다"는 푸념을 들을 때도 있다. 하지만 이것은 알은 체하는 거짓말에 불과하다.

주식투자로 큰 돈을 번 부자들은 주식을 살 때에 사는 이유와 목표하는 가격, 팔아야 할 때를 모두 정해놓는다. 그래서 매도가 더 어렵다는 말은 납득이 되지 않는다. 매수와 매도는 클릭하는 버튼만 다를 뿐, 실제로는 한 번에 일어나는 행위인 것이다. 개인 투자자들은 매수는 내키는 대로, 또는 들은 정보에 의해 하기 때문에 매도를 언제, 어떤 가격에, 왜 해야 하는지 절대 알 수가 없다. 그러니 손실이 나면 쓰라린 마음에 당연히 매도가 어렵고, 수익을 봐도 실현할 타이밍을 놓치고 만다.

그렇다면 주가를 결정짓는 요소는 무엇일까? 단기적으로는 수급(수요와 공급의 줄임말)이다. 완전경쟁시장(진입장벽이 낮고 참여자의 수가 많아 개개인의 참여자가 전체에 미치는 영향력이 미미한 시장)에서 완벽히 같은 재화(여기에서는 특정한 주식)를 사고팔다 보니 돈 많고 성미 급한 사람이 '장땡'이다. 그러나 장기적으로 주가는 기업 가치에 수렴하게 되어 있다. 동네 앞 구멍가게가 작은 보트라면 상장기업은 거대한 항공모함이다. 단숨에 방향을 바꿀 수는 없지만, 망망대해를 우직하게 나아갈 수 있다. 그래서 작은 변화는 잘 보이지 않지만 결국 기업이 커지고 번듯해진 만큼 주가도 따라 오르게 되어 있다.

이러한 기업 가치를 계산하는 방법은 여러 가지가 있는데, 쉽게 예를 들자면 결혼할 배우자를 찾는 것과 같다. 배우자를 찾는 조건은 수없이 많고 사람마다 각기 다르지만, 편의상 경제력만을 조건으로 한다고 가정하자. 연봉이 높은 대기업 직원과 마땅한 직업이 없는 백수 중 누구를 선택하겠는가? 당연히 연봉이 높은 대기업 직원을 선택할 것이다. 그런데 만일 그 백수가 사실은 부모로부터 물려받은 유산이 엄청 많다면? 그 재산이 대기업 연봉 수십년 치를 합한 것보다 많다면 어떻게 하겠는가? 고민이 되기 시작할 것이다. 여기에서 대기업 직원은 수익가치가 높은 기업이라 할 수 있고, 유산을 많이 물려받은 백수는 자산가치가 높은 기업이라 할 수 있다. 대기업 직원의 가치를 계산하기 위해서는 그가 은퇴하기 전까지 받을 연봉의 총합을 합산해야 할 것이고, 백수의 가치를 계산하기 위해서는 재산 내역을 샅샅이 훑어봐야 할 것이다. 한편 성장성이 높은 친구도 있다. 최근 발매한 음원의 인기가 좋아 몸값이 천정부지로 뛸 것이 기정사실인 가수로 예를 들어보자. 아직은 따박따박 들어오는 월급도 없고, 모아 놓은 돈도 없지만 곧 광고도 찍고, 해외 콘서트도 열 것이라면 앞의 두 사람과 비교할 만하다. 이 가수의 가치를 계산하기 위해서는 현재의 급여 명세서나 통장 잔고는 큰 의미가 없을 것이다.

사람에게도 경제력 외의 매력이나 조건이 있듯이 기업도 하나의 틀로만 바라봐서는 안 된다. 기업의 가치를 정확히 계산하려면 과거의 영업활동을 통해 모은 자산가치도 봐야 하고, 현재 주력 제품의 판매 상황에 따른 수익가치도 봐야 하고, 아직 판매하고 있지 않지만 꾸준한 연구개발을 통해 준비 중인 신제품의 성장가치도 체크해야 한다. 이것을 어려운 말로 현금흐름할인법(DCF Model: Discount Cash Flow Model)이라고 한다. 투자의 귀재 워런 버핏 또한 "기업의 내재가치는 예측 가능한 기간 동안 기업이 벌어들일 모든 현금흐름의 합이다"라고 말한 바 있다. 여기에서 현금흐름은 장부상의 이익과 다르다. 예를 들어 거래처로부터 받아야 하지만 아직 못 받은 돈은 이익일 수는 있으나 현금흐름은 아니다. 가진 자산의 가치가 쇠락했지만 아직 팔아서 손실을 확정하지 않았다면 이것도 현금흐름과는 다를 수 있다. 또 할인이라고 하는 것은 백화점에서 하는 바겐세일이 아니라 시간가치를 의미한다. 친한 친구가 급히 돈을 꿔 달라 한다고 가정해보자. 내일 갚는다고 하는 경우에는 쉽게 수락하겠지만 1년 뒤에 갚는다고 한다면 얘기가 좀 다르다. 다음주에 여자친구 생일선물을 사야 할 수도 있다. 1년이라고 하면 은행에 넣었을 때 받을 수 있는 이자가 쏠쏠할 수도 있다. 혹시 1년이나 빌려 달라는 것은 갚을 확률이 떨어진다는 의미일지도 모른다. 이렇듯 돈은 같은 금액이라도 오늘의 것이 내일의 것보다 낫다. 기업이 벌어들이는 돈도 마찬가지다. 이 시간가치라 함은 일반적으로 누구나 생각할 수 있는 예금금리 정도로 할인해야 한다.

이렇게 어려운 계산을 매번 투자할 때마다 꼭 해야 한다는 생각에

연봉 1억 원 대기업 직장인의 10년치 소득과 그 현재가치

	1	2	3	4	5	6	7	8	9	10	합계
연봉	10,000	10,000	10,000	10,000	10,000	10,000	10,000	10,000	10,000	10,000	100,000
할인계수	3.0%	6.1%	9.3%	12.6%	15.9%	19.4%	23.0%	26.7%	30.5%	34.4%	17.2%
현재가치	9,709	9,426	9,151	8,885	8,626	8,375	8,131	7,894	7,664	7,441	85,302

• 단위: 만 원

머리가 지끈지끈 아파올 것이다. 어쩌면 전문 투자자들이 대단해 보일 수도 있다. 그러나 그럴 필요 전혀 없다. 부자들은 핵심에 다가가는 법을 안다. 아래 공식만 기억하자. 바로 부자 되는 공식이다.

주가 = 이익 × PER

이익은 어렴풋이 알 것이다. 그렇다. 팔고 나서 남는 돈이다. 그렇다면 PER은 무엇일까? Price Earning Ratio의 약자로, 우리말로는 주가수익비율 정도로 해석할 수 있다. 계산하는 방법은 쉽다. 주가를 이익으로 나누면 된다.

PER = 주가 ÷ 이익

아까의 수식을 뒤집었으니 너무 당연하다고 할 수도 있다. 그렇다면 한 단계 더 나아가보자. 아까의 수식의 양쪽에 적정이라는 단어를 써준다. 우리는 이미 초등학교에서 등호 양쪽에는 같은 것을 써도 괜찮다고 배웠다.

적정 주가 = 이익 × 적정 PER

이익은 누구나 계산할 수 있다고 치고 (뒤에서 다룬다. 걱정 마라.) 적정 PER만 알면 적정 주가를 구할 수 있는 것이다. 그러려면 PER의 숨은 의미를 먼저 알아야 한다. PER은 현재 시장참여자가 해당 주식에 기대하는 수익률을 의미한다. 우리는 기업의 주인이고 기업이 벌어들이는 이익은 우리 손에 당장 들어오지 않지만 우리의 이익이라고 생각하자. 예를 들어 100억 원의 이익을 기록하는 회사의 시가총액이 1,000억 원이라고 한다면 PER은 10이다. 이것을 거꾸로 뒤집으면 10%다. 어려운가? 1,000원을 맡겼을 때 100원의 이자를 주는 예금이라고 생각해보면 어렵지 않다. 그러니 금리 10%짜리 예금은 PER 10짜리 예금이라고 할 수 있다.

시가총액 1,000억 원 ÷ 이익 100억 원 = PER 10
이익 100억 원 ÷ 시가총액 1,000억 원 = 기대수익률 10%

다른 시각에서 PER은 원금 회수 기간이라고도 할 수 있다. 앞의 기업이 이익을 매년 100억 원씩 꾸준히 벌어들인다고 가정해보자. 10년이면 원금을 모두 회수할 수 있다. 이것이 PER 10배와 같은 뜻이다. 이 또한 매우 쉬운 이론인데 내가 투자한 기업이 내 것이라는 의식이 없기 때문에 이해가 어려운 것이다. 주변에서 커피숍을 차린다고 했을 때 "초기 투자금을 몇 년 만에 뽑을 수 있느냐?"고 묻지 않았던가?

시가총액 1,000억 원 ÷ 이익 100억 원 = 원금 회수 기간 10년

당연하겠지만 다른 조건이 같다면 PER이 낮은 것이 좋다. 같은 사업체를 좀더 싼 가격에, 더 높은 기대수익률로, 더 빨리 회수할 수 있는 조건으로 투자하는 개념이기 때문이다.

그렇다면 적정한 PER은 얼마일까? 아마 PER의 개념을 잘 이해했다면 이 질문 또한 우문(愚問)임을 눈치챘을 것이다. 모든 투자자가 원하는 수익률이 다른데 어떻게 일률적으로 PER을 정할 수 있겠는가? 그리고 투자자들마다 적용하는 PER이 다르기 때문에 주식시장이 성립하는 것이다. 모두 생각하는 바가 같다면 주가는 적정 가격에서 움직이지 않을 것이고 거래도 발생할 수 없다. 그러나 같은 가격에서 누구는 싸다고 사고, 누구는 비싸다고 팔기 때문에 주식시장에서 거래가 활발히 일어나는 것이다.

다만 일반적으로는 세 가지 정도의 방법으로 PER을 적용한다. 첫째가 역사적 PER법이다. 이 기업은 과거부터 어느 정도의 PER을 적용받아왔기 때문에 그보다 낮은 PER에 거래될 때는 싸다고, 그보다 높은 PER로 거래될 때는 비싸다고 판단하는 것이다. 이 판단은 기업의 성장성과 수익성이 결국 평균에 수렴한다는 것을 전제로 한다. 해당 기업에 대한 인기의 수준을 나타낸다고도 볼 수 있다. 그러나 역

사적 PER법은 기업이 계속해서 변화하는 생물체라는 점을 간과할 수 있다. 회사의 체력이 위든 아래든 극적으로 변하는 경우에는 효용을 잃게 된다. 예를 들어 카메라용 필름을 생산하던 미국의 이스트먼 코닥(Eastman Kodak)은 계속해서 하락 일로를 겪었지만, 최근 제약업에 진출한다는 발표를 하면서 주가가 하루 만에 318%나 상승한 바 있다. 만일 과거의 PER 밴드(역사적 PER의 범위)만을 지켜보고 있었다면 큰 수익의 기회를 놓쳤을 것이다.

둘째는 동종업계 비교 PER법이다. 같은 업종에 속해 있다면 회사의 가치나 시장의 관심이 비슷할 것이라는 가정 하에 투자하는 방법이다. 이 방법은 우리나라 국민들에게는 매우 익숙하다. 주거지를 고르는 것과 유사하기 때문이다. 이사 갈 아파트를 구하고 있다고 가정해보자. 비슷한 위치, 비슷한 평수의 두 아파트가 하나는 5억 원, 하나는 7억 원에 매물이 나와 있다면 일반적으로는 5억 원짜리를 선택한다. 그리고 내심 7억 원까지는 상승할 것으로 기대하는 마음도 가지게 된다. 주식도 마찬가지다. 성장성이 높고 인기가 많은 헬스케어, 엔터테인먼트 업종은 20배를 상회하는 PER을 적용 받는 데 반해 산업이 성숙하고 경쟁이 치열한 음식료, 제지 업종은 10배 미만도 허다하다. 그러나 여기에도 큰 맹점(盲點)이 있다. 왜 7억 원짜리 아파트가 5억 원이 될 것이라고는 생각하지 못하는가? 또는 두 아파트가 모두 3억 원이 될 가능성은 없을까? 보통 개인 투자자가 하나의 자산에 관심을 갖는 때는 해당 자산가격이 오르는 호황 국면이다. (그렇지 않았던 동학개미 분들께 경의를 표한다.) 따라서 자산가격의 하락은 전혀 염두에 없기 때문에 가격이 높은 쪽으로 키맞추기 할 것이라고 착각하는 것뿐이다. 실제로 특정 업종에 적용하는 PER은 해당 업종의 인기에 따라 매우 다이내믹하게 변한다. 과거 잘 나갔던 업종의 사례를 보더라도 그렇다. 2007년 이후 시대를 풍미했던 산업을 나열해보면 조선, 차화정(자동차, 화학, 정유), 스마트폰, 모바일 게임, 화장품, 반도체, 모바일 플랫폼 및 콘텐츠 정도를 들 수 있다. 이들 산업은 모두 잘 나갈 때는 PER 15배 이상, 못 나갈 때는 PER 10배 이하를 적용 받아왔다. 이를 좀더 쉽게 풀어 설명하면 잘 나가는 산업을 끝물에 투자할 경우 해당 기업의 이익이 최소한 50%는 넘게 늘어야 손실을 피할 수 있다는 뜻이다. 하지만 안타깝게도 산업의 끝물에 이익이 커지는 기업은 거의 찾아볼 수 없다. 이익이 감소하지만 않아도 다행이다.

이익 × PER 15 = 이익 × (1+50%) × PER 10

셋째로 PEG법이다. PEG는 Price Earnings to Growth ratio의 약자로, PER÷Growth로도 표현되는데 월가의 전설 피터 린치가 주로 사용한 방법으로 알려져 있다. 어떤 기업이 향후 이익 성장이 기대된다면 당장의 PER은 조금 높아 보이더라도 괜찮다는 의미다. 현재 같은 이익을 내는 두 기업이 있다고 하자. 그런데 A 기업은 앞으로 꾸준히 성장하고 B 기업은 시간이 지나더라도 똑같은 이익을 창출할 전망이다. 어떤 기업의 가치가 더 높을까? 당연히 A 기업이다. 두 기업의 시가총액이 같다면 어느 쪽에 투자하고 싶은가? 이 또한 A 기업이다. "소문에 사서 뉴스에 팔라"는 말도 있듯이 주식시장은 예상 가능한 미래를 현재의 가격으로 당겨와서 반영하는 속성이 있다. 하지만 그 미래를 정확히 숫자로 바꾸는 작업은 여간 까다로운 일이 아니다. 따라서 나머지 변수가 같다고 가정하고 이익 성장률이 높은 기업에 높은 가치를 주자는 논리가 PEG다.

PEG = PER(배) ÷ 이익성장률(%)

피터 린치는 적당한 PEG를 1로 표현했다. 예를 들어 PER이 10배인 기업의 이익 성장률이 10%라면 적당하게 평가를 받고 있다는 것이다. PEG가 2를 넘으면 정말 좋은 기업이라 하더라도 비싸다고 판단해 매도할 것을, PEG가 0.5 아래라면 매우 저평가된 주식으로 판단해 과감한 투자를 권하기도 했다. 그러나 이 수치는 그의 경험에서 나온 것으로 주관적일 수밖에 없다. 또 이익 성장률이 들쭉날쭉하다면 적용하기 어렵다.

앞서 나열한 세 가지 방법은 많은 시장 참여자들이 여러 가지 요소를 감안하여 오랜 기간 보편적으로 사용해온 것들이다. 부자들이

육감적으로 느끼는 '돈 냄새'를 정의한 것이라고 해도 과언이 아니다. 그러나 재무적으로 완벽한 것은 아니기에 새로운 방법을 제시하고자 한다.

PER은 기대수익률이라 했다. 그러나 실제로 기업이 벌어들이는 이익을 내 지분율만큼 내 것이라고 주장할 수 있을까? 불가능하다. 기업의 오너가 100% 지분율이 아님에도 불구하고 회사의 모든 자산을 제 것처럼 사용하는 것은 소액주주들이 자의 반, 타의 반으로 본인의 소유권과 경영권을 대주주에게 위임했기 때문이다. 결국 대주주가 잘 경영해주기를 바라는 수밖에 없고, 현실적으로 지분율에 따라 기대할 수 있는 것은 배당수익뿐이다. 그래서 주가 차익에 주목해야 한다. 그러기 위해서는 나 혼자 기대하는 것이 아니라 모든 투자자가 기대하는 정도를 알아야만 한다. 주식시장이 단기적으로 미인대회라고 하는 것도 같은 맥락이다. 친구들과 미인대회 중계방송을 보면서 누가 1등을 할지 내기했다면 내 눈에 가장 예쁜 사람을 골라서는 안 된다. 심사위원 또는 ARS 투표에 참여할 국민들 중 절대 다수가 예쁘다고 생각할 만한 후보자를 선택해야 한다.

그렇다면 하나의 주식에 기대할 만한 수익률은 어느 정도일까? 주식에 투자하면서 1~2%에 불과한 예금 금리를 생각하는 사람은 없을 것이다. 앞서 말한 새로운 방법이란 시중 금리와의 비교다.

기업이 자금을 조달하는 방법은 크게 두 가지다. 은행이나 채권자로부터 돈을 빌리는 것과 주식을 발행하여 주주를 모집하고 향후 이익을 공유하는 것. 기업에 돈을 빌려주면 기업이 향후에 얼마나 이익을 많이 벌어들이는지는 크게 관계없다. 이자를 갚을 수 있을 정도만 벌어들이면 그만이다. 하지만 주주는 이익이 많이 남아야 내 몫이 생긴다. 기업이 망했을 때도 마찬가지다. 채권자는 기업의 부도로 정상적인 영업활동이 중단되더라도 공장 부지, 본사 건물이나 집기 등 남아 있는 자산을 처분할 권리를 가진다. 이른바 선순위 투자자라는 것이다. 그러나 주주는 후순위 투자자이기 때문에 채권자들이 모두 원금을 회수하기 전까지는 손도 댈 수 없다. 한마디로 정리하면 같은 기업에 투자한 투자자이지만 주식 투자자는 채권 투자자보다 원금의 안전성이 현저히 떨어진다는 얘기다. 원금의 안전성이 떨어지면 정

The FED Model

S&P 500 이익 수익률 vs. 10년 만기 국채 수익률

S&P 500 이익 수익률이
10년 만기 국채 수익률을
초과하는 구간이
주식투자하기 좋은 시점

• 출처: FrugalFortunes.com

상적인 상황에서 수익률이라도 높아야 투자를 할 것이다. 따라서 주식 투자자는 최소한 같은 기업의 채권 투자자보다 높은 수익률을 기대할 것이라는 생각이다. 여기에서 채권 투자자의 수익률이란 그 기업의 금리다. 그래서 기업 가치 계산의 새로운 출발점은 금리가 되어야 한다. 워런 버핏도 주식시장의 과열 또는 냉각 여부를 진단할 때 금리를 이용한다. 특정 기업에 대한 기대수익률이 아니기 때문에 국채 수익률을 사용하는 것만이 다른 점이다. 국채 수익률과 주식시장의 기대수익률(PER의 역수)을 비교해 주식시장의 기대수익률이 높다면(PER이 낮다면) 주식투자하기 좋은 시점으로, 국채 수익률이 높다면(PER이 높다면) 주식시장이 과열되어 투자하기 위험한 국면으로 판단한다.

기업이 돈을 빌리는 금리의 지표가 되는 것이 회사채 수익률이고 이것은 인터넷에서 쉽게 찾아볼 수 있다. 회사채 수익률은 신용등급에 따라 천차만별이다. 신용등급이 높다는 것은 도산할 위험이 낮다는 뜻이고, 그렇다면 금리가 조금 낮더라도 투자할 만하다. 반대로 신용등급이 낮으면 회사가 도산할 수도 있고 원금 손실의 우려가 있으니 금리가 일정 수준 이상 높아야 빌려줄 수 있다. 2020년 7월 말 기준 신용등급 AAA의 3년 만기 회사채 수익률은 1.17%다. 대한민국의 국가 신용등급이 AA인 것을 보면 AAA가 어느 정도 높은 신용등급인지 짐작할 수 있다. 한편 신용등급은 BBB-를 기준으로 투자

등급과 투기등급으로 나뉘고 현재 BBB-3년 만기 회사채 수익률은 7.51%다. 결론적으로 PER이 13배 이하일 때 투자해야 한다.

주식 기대수익률 ≥ 신용등급 BBB- 3년 만기 회사채 수익률

적정 PER의 역수 ≥ 신용등급 BBB- 3년 만기 회사채 수익률

1 ÷ 적정 PER ≥ 신용등급 BBB- 3년 만기 회사채 수익률

적정 PER ≤ 1 ÷ 신용등급 BBB- 3년 만기 회사채 수익률

몇 가지 의문을 제기할 수 있다. 금리는 계속 바뀌는 것 아닌가? 왜 하필 신용등급 BBB-이며 3년 만기인가? 모든 기업에 같은 PER을 적용하는 것은 무리가 아닌가? 모두 적절한 질문이다. 하나하나 답해보겠다. 금리는 당연히 계속 바뀐다. 하지만 모든 투자가 마찬가지다. 수익률이 높은 곳에서 낮은 곳으로 흐른다는 진리는 바뀌지 않

신용등급별 3년 만기 회사채 수익률

국고채	0.79%
AAA	1.17%
AA	1.39%
A	2.05%
BBB	7.51%
BB	10.37%
B	15.92%

• 출처: 한국신용평가
•• 2020년 7월 말 기준

지만 그 수치는 상대적이다. '1997년 IMF 외환위기(1997년 동남아시아의 연이은 경제 위기에 서구의 투자자들이 아시아의 자금을 회수하면서 우리나라 또한 외환보유액이 급감해 국제통화기금에 긴급 자금을 지원받은 사건이다. 이후 국제통화기금의 요구에 따라 기업의 연쇄 도산, 대량 해고 등 대대적인 국가 경제의 구조조정이 이뤄졌다.) 때 예금 금리가 20%였는데….' 이런 '라떼'식 생각을 하고 있다면 제로금리인 지금 돈을 벌 수 없다. 그때는 지금과 달리 물가상승률이 높았기 때문에 표면적인 금리만 생각해서는 안 될뿐더러 기업들이 고성장하던 시기였기 때문에 높은 금리에 대출을 해서라도 새로운 사업에 투자하는 것이 매력적이었다. 지금은 경제가 성숙해 기업들이 돈을 빌려서 투자할 만한 곳이 마땅치 않으니 돈을 빌릴 필요도 없다. 은행은 대출 금리를 예금 금리보다 높게 책정해 돈을 버는데 돈을 빌려가지 않으니 울며 겨자 먹기로 금리를 낮춘다. 그러나 금리가 높건 낮건 투자자들이 안전자산인 채권 금리에 따라 기대수익률을 정하고, 그에 따라 주식시장을 평가한다는 점은 변치 않을 것이다.

고객에게 투자를 권유할 때 "3년 내에 인출해야 하는 자금은 아예 맡기지 말라"고 말한다. 경제는 사이클에 따라 호황과 불황을 반복하는데 그 국면 전환에 필요한 시간이 보통 3년 정도다. 운이 나빠 불황기에 투자를 했더라도 적어도 3년 정도 기다리면 좋은 날이 온다는 의미다. 비슷한 접근 방식으로 3년 동안 기다렸는데 그 회사의 주가가 오르지 않으면 내가 틀렸다고 인정하는 편이 낫다. 이것이 만기 3년짜리 채권을 보는 이유다. 신용등급 BBB- 채권을 기준으로 삼는 이유는 좀더 직관적이다. 기업마다 신용등급이 각기 다르고 투자등급의 신용등급을 가진 회사도 많이 상장되어 있다. 그러나 우리가 주식투자에서 기대하는 바가 '안전'은 아니다. 신용등급이 높은 회사에 투자할 때 좀더 높은 PER을 적용할 수는 있겠지만, 그 회사의 채권 금리에 준하는 PER을 적용하면 수익을 내기 어려울 것이다. 그보다 좀더 낮은 PER에 사야 한다.

마지막 의문이 "모든 기업에 똑같은 PER을 적용하는 것은 무리가 아닌가?"다. 이 질문을 한 독자는 스스로를 자랑스러워하기 바란다. 이 장에서 설명하고자 하는 대부분을 이해했다고 봐도 무방하다. 당연히 모든 기업에 똑같은 PER을 적용해서는 안 된다. 먼저 PER의 개념 중 하나인 회수 기간을 생각해보자. PER을 적용한다는 것은 음식점으로 생각하면 권리금과도 같다. 목이 좋아 이미 장사가 잘 되는 음식점을 권리금을 주고 인수할 때는 운영하는 동안 권리금 이상의 수익을 창출할 수 있거나 언젠가 가게를 매각할 때 최초 지불한 금액 이상의 권리금을 받을 수 있다고 생각할 것이다. 100억 원을 버는 기업을 1,000억 원에 매수할 때 PER 10배, 회수 기간은 10년이 된다. 만일 10년 후 최초 투자금 1,000억 원은 회수했으나 그 이후에 경영을 중단해야만 한다면? 그만한 낭패는 없다. 당연히 투자금을 회수한

5년 후 폐쇄가 예정된 원자력 발전소의 사업가치

	1	2	3	4	5	합계
연간 순이익	100	100	100	100	100	500

기업가치 = 순이익 합 = 500

이후에도 100억 원씩 벌어들이거나 그 기업을 다시 1,000억 원에 매각할 수 있어야 의미 있는 수익률을 거두었다고 말할 수 있다. 다시 이야기하면 PER은 미래의 이익을 당겨오는 것이므로 계속기업(투자 원금의 회수로 청산하는 일회성 사업과 달리 구매·생산·영업·재투자 등 기본활동을 계속적으로 수행하는 기업)을 가정해야 한다. 합리적으로 전망할 때 계속해서 이익을 벌어들일 수 있는 사업에 한해서 PER 밸류에이션을 시도해야 한다는 것이다. 투자론에서는 이것을 '이익의 질'이라고 표현한다. 5년 후 폐쇄가 예정된 원자력 발전소를 예로 들어보자. 이 기업의 가치는 5년간 벌어들일 이익의 합과 같을 것이다. PER 5배 이상을 적용하면 내재가치보다 비싸게 투자하는 셈이고 손실이 확정적이다.

다른 예를 들어보겠다. 평균적으로 격년에 한 번씩은 1,000만 관객 영화를 만들어내는 영화사를 생각해보자. 태생적으로 흥행 비즈니스이기 때문에 이익이 들쭉날쭉할 수밖에 없지만, 구성원들은 항상 열심히 일하고 내재가치는 정해져 있다. 따라서 같은 PER을 적용하려 하지만 흥행에 성공한 해를 기준으로 할 때와 흥행에 실패한 해

매년 흥행이 들쭉날쭉한 영화사의 기업가치

	1	2	3	4	5	합계
연간 순이익	100	−50	50	100	−100	20

기업가치 = 평균 순이익 20 × 적용 PER 13배 = 260

를 기준으로 할 때 계산되는 기업가치는 천차만별이다. 이런 경우에는 평균적인 이익에 PER을 곱한다.

다른 조건이 일정하다고 할 때 기업가치의 차이를 결정하는 것은 이익의 성장률이다. 때문에 회사채 수익률로 만든 PER은 성장이 끝난 시기의 이익에 적용해야 한다. 전기차 기업 테슬라가 뛰어난 기술력과 멋진 디자인으로 언젠가 전 세계 자동차 시장을 지배할 것이라 생각한다면 지금 얼마의 이익을 버느냐는 중요하지 않다. 테슬라의 기업가치를 계산할 때 적용할 PER이 100배가 적당한지 1,000배가 적당한지 논하는 것도 우스운 일이다. 테슬라는 전 세계 자동차 판매량의 1%도 차지하지 못한다. 독일의 자동차 기업 폭스바겐과 일본의 토요타는 10%를 초과한다. 테슬라 투자에서 기업가치 계산보다 중요한 것은 테슬라가 정말 세계 수위권의 자동차 회사가 될 수 있을지, 앞으로도 꾸준한 판매량을 기록할 수 있을지를 판단하는 일이다. 그런 다음 비로소 테슬라가 세계 1위 회사가 된 이후의 이익을 계산하는 작업에 들어가야 하고, 그 이익에 PER 13배를 곱한 것이 기업가치라고 할 수 있다.

물론 테슬라가 세계 1등 자동차 기업이 되는 시기가 5년 후일지, 10년 후일지, 20년 후일지 알 수 없다는 것도 문제가 된다. 성장 정체 후의 이익에 같은 PER을 적용하면 달성 시기와 무관하게 기업가치가 똑같아진다. 미래의 1,000원보다 현재의 1,000원이 더 낫다고 했는데 어쩐 일일까? 독자들의 이해를 돕기 위해 계산을 간소화한 면도 없지 않지만, 최근의 시대 흐름도 간과할 수 없는 이유가 된다. 경제는 성숙해지고, 각국에서 너 나 할 것 없이 경기 둔화를 시중 유동성 공급으로 진화해버리니 금리가 너무 낮아졌다. 금리는 곧 돈의 시간가치를 의미하므로 금리가 낮을수록 미래가치와 현재가치의 차이가 줄어든다. 내 돈이 일할 수만 있다면 수익률이 조금이라도 높은 곳을 기꺼이 찾아갈 수 있다는 뜻이다. 개중 안전한 것을 선호하는 투자자는 1%를 더 준다는 특판 예금에 가입하기 위해 몇 시간씩 은행 앞에 줄을 서는 것이고, 공격적인 투자자는 후한 프리미엄을 주면서까지 성장주에 베팅하는 것이다.

고속 성장 중인 전기차 회사의 기업가치

	1	2	3	4	5
연간 순이익	−30	0	30	50	50

기업가치 = 성숙 단계 순이익 50 × 적용 PER 13배 = 650

어떤 주식을 사야 할까?
부자들은 주변에서 찾는다

적정 주가 다음으로 많이 받는 질문이 "좋은 주식을 어디에서 어떻게 찾느냐?"다. 그런데 정작 이 질문에는 뾰족한 묘수가 없다. 추리소설에서 가장 알아내기 어려운 트릭은 너무 드러나 있어 의심조차 할 수 없는 것인데 이런 것과 비슷하다. 투자 아이디어는 모두의 실생활 속에 널려 있다. 이제껏 투자 대상으로서 관심을 가지지 않았을 뿐이다.

주식투자를 하기 위해서 반도체 공정을 알아야 하고, 자동차 부품주들의 밸류체인(기업이 최종 제품 또는 서비스를 생산하기 위해 원재료, 노동력, 자본 등의 자원을 결합하는 일련의 과정)을 외우는 것은 너무 고통스러운 일이다. 세상에 공짜는 없다지만 황금 같은 주말에 재미없는 일을 할 바에 몇 퍼센트에 불과한 수수료를 내고 전문가에게 맡긴 뒤 가족과

캠핑이나 떠나는 것이 더 나을지도 모른다.

　직업 펀드매니저일 때는 계속해서 종목을 발굴해야 한다는 압박감에 산업과 스타일을 가리지 않고 주식을 찾아 헤맸다. IT, 화학, 제약 등 안 다뤄본 섹터가 없을 정도였다. 그런데 점차 시간이 지날수록 수익이 나는 주식의 종류는 분명해졌다. 내가 아는 것, 내가 써본 것, 해당 산업 전문가가 아니더라도 소비자로서 충분히 투자 아이디어를 검증할 수 있는 것에 집중했다. 초기에는 다양한 투자 기회를 놓치는 것이 아닐지, 저유가나 사물인터넷 등 큰 산업의 흐름에서 소외되는 것은 아닌지 걱정하기도 했다. 그러나 투자의 범위가 좁아질수록 시야가 좁아지는 단점보다는 수익을 확실하게 쟁취하는 장점이 부각됐다. 워런 버핏이 능력의 범위를 강조한 이유를 알아가기 시작한 것 같다. 우리 회사는 700억 원을 운용하는데 고객들이 이해할 수 없는 종목은 단 한 개도 없고, 모두 우리가 직접 써볼 수 있는 B2C(Business to Consumer) 소비재 기업으로 구성되어 있다. 우리 회사보다 큰 자금을 운용하거나 우리 회사보다 높은 수익률을 원하는 것이 아니라면 주변을 둘러보는 것으로 투자를 시작해보자. 그것만으로도 충분하다.

　가장 쉬운 방법은 자신이 좋아하는 제품, 서비스에 투자하는 것이다. 해당 산업에 대해 이미 잘 알고 있어 따로 연구할 필요도 없고,

무엇이라고 꼬집어 얘기하기는 어렵지만 그중 어떤 브랜드가 왜 잘하고 있는지 직감적으로 알고 있다. 소위 '덕질'을 하면서 돈까지 벌 수 있다니 그보다 행복한 일은 없을 것이다.

나는 텔레비전 광이다. 어린 시절 부모님께서 일하러 나가시고 어린 동생을 돌보러 집에 일찍 들어오면 놀거리는 텔레비전밖에 없었다. 그 영향 때문인가. 지금도 텔레비전이 주는 백색 소음이 없으면 밥을 못 먹을 정도다. 주로 좋아하는 장르는 예능이다. 고등학교 때부터 일드(일본드라마)와 미드(미국드라마)에 빠지면서 우리나라 드라마는 멀리 하게 된 탓이다. 그러던 어느 날 눈에 띄기 시작한 것이 tvN이라는 채널이다. 특히 김혜수, 이제훈, 조진웅 주연의 〈시그널〉과 배두나, 조승우 주연의 〈비밀의 숲〉은 외국 드라마에서나 볼 법한 치밀한 전개로 혀를 내두르게 했다. 알고 보니 이 드라마들을 만든 회사는 상장을 앞둔 스튜디오드래곤이었다. 이 회사는 공중파보다 더 참신한 소재의 드라마들을 제작해왔는데, 관계회사인 CJ E&M에서 한 번 방송을 해서 일정 부분의 수익을 확보한 후 외국에 수출하는 일을 하고 있었다. 당시 사드 미사일 배치 등으로 중국이 한한령(限韓令, 한류 제한 명령)을 내린 상태였지만, 오히려 이것이 공모가를 낮추어 투자하기에 매력적으로 보였다. 좋은 콘텐츠를 만들면 시청자의 사랑을 받는 것은 시간의 문제라고 생각했다. 외국인이 스튜디오드래곤의 콘텐츠를 좋아한다는 사실은 유튜브 리뷰 영상들과 아마존 프라

• 출처: 네이버 금융

임 비디오(미국 인터넷 쇼핑몰 기업 아마존이 운영하는 동영상 사이트) 별점에서 확인할 수 있었다. 그들도 한국인과 똑같이 이창준(유재명이 분한 〈비밀의 숲〉의 악역)이 숨을 거둘 때는 똑같이 눈시울을 붉혔다. 더 이상 한류는 중국만의 것이 아니었다. 스튜디오드래곤은 여전히 우리 회사 역사상 가장 큰 IPO(Initial Public Offering, 기업공개) 대박으로 남아 있다.

결혼하면서 부인과 한 약속 중 하나가 일 년에 네 번 해외여행을 가는 것이었다. 나머지를 열심히 아껴서 여행 가서 경험하는 데 쓰자는 약속이었다. 최근에는 코로나19 때문에 지키기 어려운 상황이 됐지만, 작년까지는 부지런히 외국에 나갔다. 이것을 가능하게 해준 것은 단연코 저가 항공의 역할이 컸다. 동남아, 일본, 중국을 싸게는 10만 원대로 오갈 수 있게 되니 예산상 부담이 적어진 것이다. 저가 항공은 LCC(Low Cost Carrier)라고 하는데 말 그대로 비용을 줄여 값싼 항공권을 제시하는 것이 그들의 비즈니스 모델이다. LCC의 반대말은 FSC(Full Service Carrier)다. 기존에 우리나라의 하늘길을 지배하고 있던 대한항공과 아시아나항공은 거대한 항공기와 연륜 있는 승무원, 훌륭한 기내식을 제공한다. 그러나 해외여행에 익숙한 젊은 세대는 금요일 하루만 연차를 내고 2박 3일의 일정으로 일본의 라멘을 먹으러 다니기 때문에 그러한 기내 서비스는 불필요하게 생각한다. 오히려 값싼 항공권을 구해 나머지 예산으로 맛있는 음식을 한 끼라도 더 먹을 수 있다면 상대적으로 좁은 좌석이나 먼 게이트까지 찾아가는 수고는 별 것 아니다. 이러한 틈새시장을 비집고 들어온 회사들이 제주항공, 진에어, 티웨이항공과 같은 기업이다.

그중 투자 대상으로 후발주자인 티웨이항공을 선택한 이유는 두 가지다. 첫 번째는 사업회사인 티웨이항공은 아직 상장 전이라 모회사인 티웨이홀딩스에 투자해야 했는데, 이 종목이 관리종목으로 지정되어 있을 만큼 부실한 것으로 오해를 받고 있었기 때문이다. 관리종목은 한국거래소에서 상장폐지에 준하는 투자위험이 있다고 보고 투자자에게 경고를 주기 위해 설정하는데, 티웨이홀딩스는 자회사

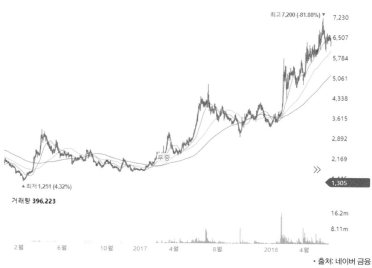

· 출처: 네이버 금융

티웨이항공이 상장하기만 하면 아무런 문제없이 관리종목에서 벗어 날 수 있었다. 일반적으로 기관투자자들은 관리종목에 투자할 수 없 기 때문에 내재가치에 비해 저평가 받을 확률이 크다. 두 번째는 아 직 기내식이나 면세품 판매 등 매출 중 부가서비스 비율이 낮았기 때 문이다. 이미 저가 항공 산업이 만개한 유럽이나 미국의 경우 항공권 은 거의 거저 주다시피 하고 기내식, 면세품, 유료 수하물, 지정 좌석, 심지어는 와이파이 사용권까지 팔아 수익을 챙긴다. 당시만 해도 우 리나라 여행객들은 기내식이나 수하물 정도는 당연히 무료라고 인식 하고 있어 향후 성장 가능성이 크다고 보았다. 티웨이홀딩스 주가는 예상한 것처럼 자회사 티웨이항공의 상장 즈음하여 고공비행했다.

꼭 직접 써봐야만 아는 것은 아니다. 각자 알거나 좋아하는 분야가 다르기 때문에 다양한 인적 네트워크를 만들어두는 것도 투자에 도움이 된다. 펀드매니저들은 펀드매니저들끼리 어울릴 것이라 생각할 수 있지만, 나는 각 산업의 사람들을 만나는 것을 훨씬 더 좋아한다. 내가 모르는 이야기를 들을 수 있고, 내가 궁금한 것을 물어볼 수 있기 때문이다. 물론 그들은 내가 펀드매니저라는 사실 때문에 콩고물이라도 떨어질까 하는 기대로 나를 만나주는지도 모르겠다.

한편 상장기업의 주식 담당자나 증권회사의 애널리스트들도 훌륭한 정보와 지식을 갖고 있긴 하지만, 역할의 특성상 직접적인 이해관계가 걸린 일은 솔직하게 답하기 힘든 경우가 많다. 지인 중에 외국인 전용 카지노에서 VIP 영업을 하는 분이 있다. 하루는 뜬금없이 연락을 해와 LG생활건강 주식을 사라고 권하는 것이 아닌가? 이유를 물으니 중국인 사모들이 더 이상 아모레퍼시픽의 설화수가 아니라 LG생활건강의 후를 찾는다는 것이다. 카지노 영업직은 큰손 고객들로 하여금 편하게 게임을 즐길 수 있도록 돕는 것이 일인데, 그중 남편이 게임에 빠진 동안 무료하지 않도록 부인들을 쇼핑 장소에 데려가는 것 또한 중요한 업무라고 한다. 그런데 언제부터인가 고객이 찾아 달라는 선물도, 사모가 백화점에서 제품 설명 통역을 부탁하는 제품도 LG생활건강으로 바뀌었다는 것이다. 당시는 우리나라 화장품 주식들을 중국 매출이 좌우했기 때문에 매우 중요한 정보였다. 사치

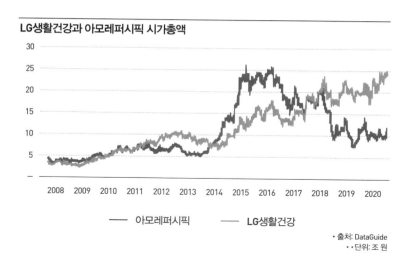

LG생활건강과 아모레퍼시픽 시가총액

| | 아모레퍼시픽 | | LG생활건강 |

• 출처: DataGuide
•• 단위: 조 원

재 중의 하나인 고가 화장품은 부유층에서부터 인기가 시작된다는 점을 감안하면 더욱 그랬다. 결과적으로는 한 귀로 듣고 한 귀로 흘려버렸는데, 그 이후 몇 년이 지나 LG생활건강은 화장품 업종의 대장주로 거듭났다. 보통 타인이 추천하는 주식은 거들떠보지 않는 나에게 아직까지도 그때의 통화가 생생하게 기억나는 것을 보면 마음속에 진한 아쉬움으로 남은 듯하다.

다른 사람의 말에 귀기울여야 하는 것은 상대의 연령층이 다를 때도 마찬가지다. 특히 세상의 변화를 주도하는 어린 친구들의 얘기에는 항상 관심을 두는 편이다. 간편결제가 화두가 되었을 때 '정말 간편결제가 간편한가?'로 논쟁한 적이 있다. 스마트폰의 배터리가 없을 때 문제다, 앱을 실행시키는 것보다 지갑에서 신용카드를 꺼내는 것이 더 편하다, 매번 나오는 간편결제를 모두 가입하기 어렵다는 등의 취지로 간편결제가 오프라인 세상에서 대세가 되기 어렵겠다는 쪽으로 이야기가 흘러갔다. 그러나 대학생 인턴사원의 한마디로 전세가 역전됐다. "저희는 이미 다 토스 써요. 일부는 카카오페이도 쓰지만요. 그리고 일단 저희는 신용카드가 없어요." 그제서야 PC와 온라인을 뛰어넘고 곧바로 모바일 세대로 진입했다는 중국의 사례가 생각나며 머리를 꽝 맞은 듯했다. 30대의 나이로 금융투자업계에서는 어리다는 평도 제법 듣지만 그때는 신선한 충격이었다.

가끔은 여동생에게도 좋은 정보를 얻는다. 이성적이고 계산에 빠른 스타일인 나와 달리 동생은 문화의 첨단을 달린다는 홍익대학교에서 미술을 공부한 엉뚱한 예술가 스타일이라 세상을 보는 새로운 아이디어를 던져준다. 허니버터칩이라는 과자, 누구나 기억할 것이다. 중고거래사이트에서 정가의 수 배, 수십 배에 거래되기도 하고 유명인들은 자신의 SNS에 마치 명품가방이라도 되는 양 그 과자와 같이 찍은 사진을 업로드했다. 그러나 이 과자를 처음 알았을 때는 이런 대란이 일어날 것이라고 꿈에도 상상하지 못했다. 발단은 동생이 어느 날 허니버터칩이라는 과자가 있는데 그걸 좀 사달라는 부탁을 한 것이었다. 과자 정도는 네 돈 주고 사먹으라는 핀잔에 이어 돌아온 대답은 그 과자가 너무 맛있는데 본인 동네에는 이미 소문이 나서 입고되는 족족 품절된다는 것이었다. 그리고 내가 일하는 여의도

크라운제과(현 크라운해태홀딩스) 주가 차트

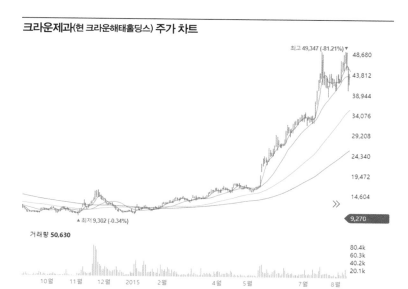

• 출처: 네이버 금융

는 '아재'들만 있는 곳이니까 아마 재고가 충분할 것이라는 말과 함께. 과거에도 몇 차례 동생이 앞선 트렌드를 알려준 적이 있었기에 허니버터칩을 사줌과 동시에 제조원 해태제과에 주목했다. 그리고 당시 비상장 기업이었던 해태제과 대신 연결 재무제표를 작성하는 크라운제과에 투자했다. 연결 재무제표란 지배·종속 관계에 있는 모회사와 자회사를 단일 기업으로 간주해 각 회사의 재무제표를 종합해 하나로 작성한 재무제표다. 초기에는 과자 사업부의 이익률이 낮다는 편견에 어려움을 겪기도 했지만 결국 주가는 네 배 이상 상승하는 기염을 토했다. 이런 종목 발굴은 실제로 허니버터칩의 예처럼 전문 투자자라 해서 특별히 앞서는 부분이 아니다.

삼양식품 주가 차트

최고 117,500 (-21.96%)▼   116,520

104,868

91,700

81,564

69,912

58,260

46,608

34,956

23,304

▲ 최저 21,650 (323.56%)

거래량 **46,917**

1.16m
775k
387k

4월   8월   2017   4월   8월   2018   4월

• 출처: 네이버 금융

    비단 어린 친구들의 얘기에 한하는 것은 아니지만, 이런 경우에 주의해야 할 점은 그 소비 행태를 꼭 이성적, 논리적으로 이해할 필요는 없다는 것이다. '저걸 왜 쓰지?' '나는 맛없던데?'와 같은 편협한 사고는 수중의 돈을 쫓아버리는 것과 같다. 세상의 많은 사람을 이해하려고 하는 자세는 훌륭하지만 모두 이해하는 것은 불가능하다. 소비자가 쓰면 쓰는 것이고, 그들이 답이다. 유튜브에서 외국인들의 'Fire Noodle Challenge' 먹방을 발견했을 때 만일 불닭볶음면이 내 입에 맵다는 이유로 '무식한 이들의 매운 것 먹기 내기' 정도로 치부했다면 삼양식품 투자 성공은 존재하지 못했을 것이다. 많은 사람에게는 너무 매워서 먹기 힘들 정도이지만, 우리나라 인구의 2% 정도

101

는 불닭볶음면을 꾸준히 소비하고 있었다. 사천성 등 중국 일부 지방과 태국, 인도네시아 등 동남아 국가들은 우리나라보다 매운 맛을 좋아해 불닭볶음면의 화끈한 맛에 중독될 사람들이 더 많을 수 있겠다는 추측도 거들었다.

미디어 등을 통한 간접 경험도 대박을 가져올 수 있다. 2018년 쓰레기 대란을 기억하는가? 이전까지는 중국이 낮은 인건비와 넓은 영토를 이용해 전 세계의 쓰레기를 수입해왔다. 선진국은 환경이 깨끗해지니 좋고, 중국은 외화를 벌어들이니 좋아 누이 좋고 매부 좋은 격이었다. 그런데 자국 환경오염의 심각성을 실감하게 되면서 중국이 무분별한 쓰레기 수입을 중단한 것이다. 그러자 전 세계적으로 쓰레기가 넘쳐나 몸살을 앓게 되었다. '쓰레기계의 큰손'이 사라지자 쓰레기 값도 떨어졌다. 덩달아 폐지 등 재활용품의 가격도 폭락했다. 원래는 쓰레기를 대강 수거해와도 중국에서 사주었기 때문에 별 문제가 없었는데, 중국이 수입을 금지하자 이물질이 없고 재활용이 용이한 고급(?) 쓰레기 외에는 이문이 남지 않는 탓이었다. 집 앞 재활용품 분리수거장에는 당분간 업체의 사정상 분리수거를 중단한다는 공문이 나붙고, 텔레비전 뉴스에서는 폐지를 주워 생계를 잇는 어르신들이 나와 볼멘 소리를 했다. 이러한 상황을 보고 분리수거를 잘해야겠다 생각하거나 어르신들이 안타깝다는 감정이 드는 것이 일반적이다. 그러나 돈 냄새는 맡지 못한 것이다. 골판지 생산기업들은

아세아제지 주가 차트

• 출처: 네이버 금융

폐지 가격 하락에 웃음을 감출 길이 없었다. 인쇄용지 등 일반적인 종이는 목재 펄프를 이용해 생산하지만, 겉모습이 조금 누렇고 거칠어도 괜찮은 골판지는 폐지를 재활용해서 생산한다. 온라인 쇼핑의 증가로 택배상자의 사용은 증가 일로(一路)인데 원재료인 폐지 가격이 하락하니 수익성이 크게 개선되었다.

종근당 그룹은 뉴미디어를 통해 발견한 종목이다. 투자 아이디어 발굴을 위해서는 소비자의 이목을 끄는 정보에 대해서 그 내용이나 출처를 불문하고 눈여겨봐야 한다. 최근 그 정보가 생성되는 양에서 인터넷을 따라갈 곳은 없다. 아침마다 인터넷 뉴스나 SNS를 통해 간

밤에 일어난 일을 확인하곤 하는데, 언제부터인가 네이버의 실시간 검색어 순위에 프로바이오틱스와 프리바이오틱스라는 키워드가 매일 아침 출석하는 것을 목격했다. 프로바이오틱스가 유산균이라는 것은 알고 있었는데, 프리바이오틱스는 무엇인지 궁금해 검색해보았더니 유산균의 먹이로서 유산균과 함께 섭취하면 좋은 유산균의 증식을 돕는 일종의 보완재였던 것이다. 보완재는 서로를 따로 소비할 때보다 함께 소비할 때 효용이 증가하는 재화로서 자동차와 휘발유, 휴대전화와 충전기 등을 예로 들 수 있다. 그리고 마침내 두 키워드가 항상 아침마다 실시간 검색어 순위에 오르는 이유도 알게 되었다. 아침마다 홈쇼핑 채널에서 주부를 대상으로 프로바이오틱스 판매 방송을 했기 때문이다. 이른 아침에는 상대적으로 인터넷 검색을 사용하는 인구가 적고, 홈쇼핑 채널은 고정적인 시청층이 존재하기 때문에 유산균에 대한 관심이 검색어 상위 랭킹으로 이어진 것이다. 이러한 발견은 프로바이오틱스 시장에 관심을 갖게 만들었고 그 관심은 자연스럽게 락토핏이라는 메가 브랜드로 옮아갔다. 혹자는 가격이 저렴하고 유산균 함유량이 적다는 이유로 락토핏을 폄훼하기도 한다. 그러나 건강기능식품 시장에서 소비자의 선택을 받기 위해서 중요한 것은 정작 품질보다는 브랜드 인지도가 우선이다. 건강기능식품의 성분, 함량 등을 면밀히 따져보는 소비자는 극히 일부에 불과하고, 나머지 절대 다수는 '많이 먹는 데는 이유가 있겠지'라는 생각으로 1등 제품을 선호하기 때문이다. 명절 선물로 홍삼을 고를 때 무조

종근당홀딩스, 종근당바이오 주가 차트

- 종근당홀딩스 107,500 -2.27%
- 종근당바이오 69,800 -1.97% ×

93.40%
90.00%
80.00%
70.00%
60.29%
50.00%
40.00%
30.00%
20.00%
10.00%
0.00%
-10.00%

• 출처: 네이버 금융

건 '정관장'을 선택하라고 조언하는 것과 같은 이유다. 그리고 종근
당건강은 톱 클래스 모델과 귀에 쏙쏙 들어오는 CM송으로 프로바
이오틱스 카테고리 킬러(Category Killer, 한 분야에서 해당 상품만은 경쟁업
체와 비교할 수 없을 정도의 경쟁우위를 가진 브랜드)가 되었다. 종근당건강을
소유한 모회사 종근당홀딩스와 락토핏의 원재료를 공급하는 관계회
사 종근당바이오 주가가 오른 것은 두말할 나위 없다.

이렇게 주변을 관찰하기만 해도 투자 아이디어는 끝없이 샘솟는
다. 목표 수익률만 적당히 조정한다면 더 이상 주변의 달콤한 투자
소스에 돈을 넣었다가 뒤늦게 자신의 팔랑귀를 자책할 필요도 없다.

바로 나와 내 주변의 얘기이기 때문에 투자 아이디어를 발견하고 공부하는 것이 재미있어지고, 내가 이미 잘 알고 있는 내용에 투자하기 때문에 투자하는 동안 주가의 등락에 불안할 일도 없다. 하지만 주식과 사랑에 빠져서는 안 된다. 어떤 제품이나 서비스를 내가 좋아하는 것과 많은 이들이 좋아하는 것은 큰 차이가 있다. 많은 이들이 이미 구매하는 것을 스스로의 주관으로 무시해서는 안 되듯이 내 최애템 또한 보편타당해야 한다. 또한 발견과 투자가 동일시되어서도 안 된다. 생활 속에서 발견한 아이디어가 투자로 발전하기 위해서는 해당 재화가 그 기업에 미치는 영향력이 상당해야 한다. 나는 LG전자의 그램 노트북을 좋아하고 훌륭한 제품이라고 생각한다. (지금도 이 제품으로 타자를 치고 있다.) 카공족들(카페에서 공부하는 사람들) 중 상당수가 이 제품을 사용하는 것을 볼 수 있다. 그러나 외국으로 나가면 맥북과 중국산 노트북투성이다. 글로벌 기업인 LG전자 입장에서 그램의 가치는 너무나도 작아서 단일 투자 아이디어로서 기능하기 어렵다는 뜻이다. 나아가 제품이나 기업에 대한 사랑이 투자의 단초일 수는 있으나, 투자를 집행한 이후에는 냉철해야 한다. 지속적으로 소비자의 반응을 모니터링하고 안 좋은 변화가 보인다면 과감하게 손 털고 나올 수 있어야 한다. 또 지속적으로 소비자의 호응을 얻어내고 기업의 실적도 호조를 보이고 있더라도 적정 수준 이상의 주가에 도달하면 떠나보내는 것이 맞다.

하나 더 주의할 점을 꼽자면 그 투자 아이디어를 나만이 알고 있는가를 반드시 점검해야 한다는 것이다. 주식에 이름표 없고, 하늘 아래 새로운 아이디어 없다지만 최소한 이미 많이 회자되고 있는 것은 피해야 한다. 예를 들어 주가가 수십 퍼센트 이상 상승해 있고, 그 이유를 분석한 기사가 나와 있거나 여러 증권사 리서치센터의 보고서들에서 언급하고 있다면 늦었다고 봐도 무방하다. 이미 모든 이들이 그 제품과 서비스를 알고 있거나 사용하고 있다면 당연히 널리 알려진 사실일 가능성이 크다. 평창 동계 올림픽 직후 디스커버리 의류를 판매하는 F&F에 투자했다면 학생들이 너도나도 부모를 졸라 롱패딩을 장만하는 동안 큰 수익을 올렸을 것이다. 그러나 수년 후 "외국인이 보면 우리나라 교복이 롱패딩이라고 착각하겠다"는 우스갯소리가 유행할 시기에 노스페이스 브랜드를 운영하는 영원무역홀딩스에 투자했다면 재고떨이에 울상을 지었을 것이다.

단, 이미 알려진 트렌드라 하더라도 앞서 언급한 티웨이홀딩스나 크라운제과의 사례처럼 투자자들이 기피하는 이유가 있다면 접근해 볼 만하다. 물론 그 이유가 시간이 지나면 충분히 해명 가능한 오해에 불과하다는 강력한 근거가 있어야 한다. 모두가 아는 아이디어에서 추가로 수익을 창출하는 방법은 하나 더 있다. 미국 서부 골드러시 때 실제로 돈을 번 사람은 금을 캔 사람들이 아니라 그 옆에서 튼튼한 청바지를 판 의류업자라는 옛날 이야기처럼 숨겨진 수혜주를 찾는 것이다. 코넥스 상장회사 에스앤디가 그 대표적 예다. IR(Investor Relations, 투자자 응대) 행사에서 우연히 미팅을 하게 되었는데 매출액과 이익의 성장세가 매우 인상적이라는 느낌을 받았다. 알고 보니 불닭볶음면의 시그니처인 매운 소스를 만드는 회사였다. 불닭볶음면이 전 세계적인 인기를 끌고 있었기 때문에 동반 성장은 불 보듯 뻔했다. 미팅 이후 두근거리는 마음으로 주가 차트를 보니 이미 연달은 상한가로 수 배 이상 주가가 오른 상태였다. 다년간의 투자로 삼양식품에 대해 누구보다도 잘 알고 있다고 생각했던 나는 긴 탄식을 남길 수밖에 없었다. '이런 회사가 숨어 있었다니….' '조금만 먼저 발견했더라면….'

해외 주식투자,
부자들은 큰 물에서 논다

동학개미운동의 특징 중 하나는 해외 투자의 대중화다. 한국예탁결제원에 따르면 2020년 국내 투자자의 해외주식 거래대금은 전년 대비 다섯 배까지 성장했다. 국내 주식 거래대금도 폭증했지만 성장률은 100%대에 그쳐 해외 주식을 크게 밑돈다. 주식을 한다는 사람 치고 테슬라, 마이크로소프트를 입에 담지 않는 사람은 드물고, 심지어는 해외 기업이 훨씬 우량하기 때문에 개인 투자자금의 대부분을 해외 주식에 할당한다는 사람도 심심치 않게 볼 수 있다. 이제 더 이상 돈 앞에 국적이나 애국심을 앞세우는 사람은 찾아보기 어렵다.

코로나19로 일상생활의 많은 부분이 온라인화되면서 4차 산업혁명 관련 주식 비율이 높은 미국 나스닥 지수가 승승장구하는 것이나 글로

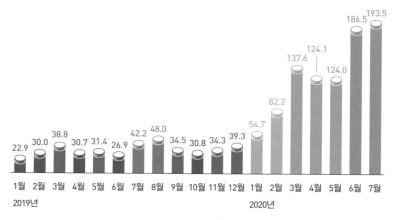

해외 주식 거래금액 월별 추이

• 출처: 한국예탁결제원 증권정보포털(SEIBro), 조세일보
•• 단위: 억 달러

벌 1위 기업에 투자하는 것이 장기적으로 더 안전하다는 견해에 모두 동의한다. 하지만 내가 해외 투자를 권하는 이유는 조금 다른 데 있다.

해외 투자를 한다고 하면 무조건 반사처럼 돌아오는 질문은 "어느 나라에 투자하느냐?"다. 그런데 어느 나라에 투자하는 것이 왜 중요한가? 외국인 투자자들이 금융위기 때마다 우리나라의 자산을 헐값에 털어가는 행위에 분개하여 21세기의 대영제국처럼 여러 나라를 정복하는 개념으로 투자하기 위해서라면 아무 말 하지 않겠다. 그러나 투자는 돈을 벌려고 하는 것이다. 불법적인 행위만 아니라면 위험 대비 수익이 높은 곳에는 대상을 가리지 않고 돈이 몰리듯이 투자기회가 있는 곳이라면 돈을 짊어지고 나가야 한다. 투자 국가를 먼저 묻는 데는 대형 금융회사들이 정해놓은 틀에 사고가 갇힌 탓이다. 평균적인 금융지식이 낮은 국가에서 일반 투자자에게 금융상품을 팔기 위해서는 프레임을 씌우는 것이 쉽다. "지금은 4차 산업 혁명 시대입니다. 그 선두에는 미국이 있으니 미국에 투자를 해야 합니다"라거나 "베트남은 제2의 중국이 될 겁니다. 중국이 어떻게 성장하는지 보셨죠?" 하는 것이다. 군이 어떤 기업에 왜 투자하는지 설명할 필요가 없어진다. 그러나 주식은 기업의 미래에 투자하는 것이다. G2(세계의 2대 선진국이라는 의미로 미국과 중국을 일컫는다.)라던 중국의 상해종합지수가 2015년 5000포인트를 기록한 후 증시가 활황이라는 지금도 3000선에 불과한 것처럼 나라만 정한다고 투자가 끝나는 것이 아니다. 좋은 기업을 골라 신중히 투자하지 않으면 수익을 창출하기는 어렵다. 그럼에도 불구하고 사촌이 땅을 사면 배가 아픈 우리 민족은 아직까지 유행하는 국가를 쫓아다니기 바쁘다.

반드시 해외 투자를 해야만 하는 첫 번째 이유는 좋은 주식이 더 많아서다. 주식투자는 결국 종목 싸움인데, 좋은 종목은 희소하다. 좋은 기업도 찾기 어려울뿐더러 좋은 기업이 싼 가격에 거래되는 일은 더더욱 찾기 어렵다. 그렇기 때문에 훌륭한 기회를 잡았을 때 많은 금액을 투자해 가능한 오랫동안 수익을 누려야 한다. 그런데 우리나라는 내수시장이 좁고 통화와 언어가 글로벌 표준과 동떨어져 있어 기업의 성장 잠재력이 제한적이다. 한편 내수시장에 한정한다면 유

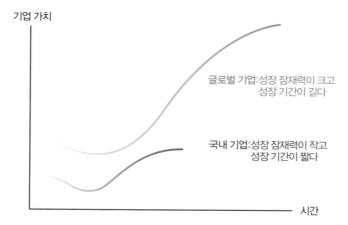

글로벌 기업과 국내 기업의 J 커브 차이

기업 가치

글로벌 기업:성장 잠재력이 크고
성장 기간이 길다

국내 기업:성장 잠재력이 작고
성장 기간이 짧다

시간

행에 민감하고 베끼기에 능해 팔팔 끓었다 쉬이 식는 양은냄비처럼
성장 구간이 짧다.

13년간 2,700%의 경이로운 수익률을 기록한 미국 마젤란 펀드
(Magellan Fund)의 매니저 피터 린치의 책을 읽어보면 이런 내용이 많
이 나온다. '새로운 타코 음식점(Taco Bell)에 가봤는데 맛있어서 투자
했더니 몇 배가 올랐다.' '부인이 특정 브랜드 스타킹(L'eggs)만 선호하
기에 투자했더니 대박이 났다.' 미국은 한국과 달리 내수시장이 넓고
전 세계를 언어와 문화로 아우르고 있기 때문에 평범해 보이는 투자
아이디어도 장기간 성장이 가능하다. 속된 말로 미국에서는 햄버거
하나만 잘 만들어도 텐배거를 때려낼 수 있는 것이다. 참고로 텐배거
(Ten Bagger)는 10루타를 뜻하는 말로, 투자 성공을 야구에 빗대어 2배

수익은 2루타, 3배 수익은 3루타라고 하는 것처럼 10배 수익은 10루타라고 표현한다.

　미국 유학을 했던 여러 친구들은 "한국에 가장 들여오고 싶은 외식 프랜차이즈 브랜드는 치폴레(Chipotle Mexican Grill)"라고 입을 모은다. 치폴레는 1993년 미국 콜로라도 주에서 시작한 멕시칸 패스트푸드 음식점이다. 창업 13년 만에 매장 500개를 돌파하고 주식시장에 상장까지 했다. 우리나라 기업들은 주식시장 상장을 정점으로 성장률이 둔화되는 것이 일반적이라 상장의 목적이 대주주의 자금회수 통로라는 오명을 벗기 어렵다. 반면 치폴레는 상장 이후에도 성장을 지속해 현재는 2,500개 매장을 거느리고 시가총액은 30조 원이 넘는 공룡이 되었다. 만일 상장 가격인 22달러에 치폴레의 주식을 1,000

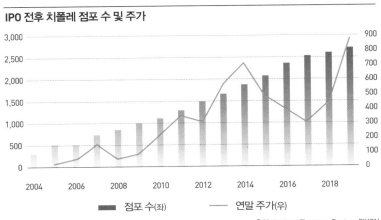

IPO 전후 치폴레 점포 수 및 주가

■ 점포 수(좌)　　— 연말 주가(우)

· 출처: Statista, Thomson Reuters EIKON
· · 2005년 주가는 공모가($22)

만 원어치 샀다면 15년이 지난 지금 5억 원이 넘는 돈이 되어 있을 것이다. 이것이 너무 오래 전 일이고, 매우 확률이 낮은 일이라고 생각할 수 있겠지만 그렇지 않다. 충분히 일어날 수 있는 일이다. 실제로 처음 미국 여행을 갔을 때 치폴레의 상장 직전이었는데 부족한 영어 실력에도 불구하고 서점 바닥에 자리를 깔고 앉아 《포브스》에 실린 창업자의 인터뷰를 시간 가는 줄 모르고 읽었던 기억이 생생하다. 만일 나에게 치폴레 매장을 꼭 가보라고 권유하며, 프랜차이즈 라이선스만 받을 수 있다면 한국에서 사업을 해보겠다고 얘기했던 그 친구가 치폴레 주식을 샀다면 어땠을까?

우리나라에도 치폴레와 비슷한 기업 해마로푸드서비스가 있다. 해마로푸드서비스는 가성비 버거로 유명한 맘스터치를 운영하는 회사다. 상장할 때 이미 맥도날드, 롯데리아 수준의 점포 수를 가지고 있어 성장성이 의심되었고, 피자 브랜드 등 신규 사업은 기존의 노하우를 연결시키기 어려운 포화된 시장이었다. 결국 공모자금으로 성장한다는 것은 꿈 같은 이야기가 되어버렸고 지금은 PEF(Private Equity Fund, 경영참여형 사모펀드)로 회사 주인이 바뀐 상태다. 여기서 말하는 공모자금은 공개적으로 모집한 자금으로 사모와는 반대되는 개념이다. 일반적으로 주식시장 상장 시 추가적인 성장동력 확보를 위해 불특정 다수의 투자자로부터 자금을 유치한다. 이것은 해마로푸드서비스만의 문제는 아니다. 우리나라 B2C 투자의 전반적인 현실이다.

투자 아이디어는 확실하나 투자할 수 있는 종목이 없는 경우도 있다. "우리가 어떤 민족입니까?"라는 광고 카피에서 잘 알 수 있듯이 우리나라는 이미 아주 오래 전부터 한강 둔치로 자장면 배달을 시켜왔다. 그 배달 문화를 한 단계 격상시킨 것이 배달의 민족 서비스를 운영하는 우아한형제들이다. 다양한 음식점을 선택할 수 있고, 모든 메뉴를 찬찬히 훑어볼 수 있으며, 일일이 위치를 설명할 필요도 없다. 심지어 현금이나 카드가 없어도 되는 배달 어플리케이션은 투자 대상으로서 그야말로 '딱'이었다. 문제는 우아한형제들은 비상장 기업이었고, 갖은 방법을 통해 문의한 결과 골드만삭스(미국의 대형 투자은행) 정도는 되어야 투자를 받아준다고 했다. 회사가 잘 나가니 투자자와의 갑을 관계가 뒤바뀐 상황이었다. 여기에서 포기했다면 투자경력에 테이크어웨이닷컴(Takeaway.com)은 없을 뻔했다.

테이크어웨이닷컴은 네덜란드 기업으로 네덜란드, 독일, 벨기에, 영국 등 서유럽에서 배달 어플리케이션을 운영한다. 우아한형제들에 투자할 수 없다는 것을 알고 나서 낙담했던 것도 잠시, 투자 잡지 《배런스(Barron's)》를 통해 음식 배달 업체가 전 세계적으로 많이 상장되어 있다는 것을 알게 되었다. 당시 월가에서는 "누가 교양 없이 음식을 배달해 먹는가?" "음식 배달은 피자나 중화요리에 한하는 비즈니스다"라고 폄하했다. 산업적으로는 최대 격전지인 독일에서 딜리버리히어로(Delivery Hero)와 치열한 전쟁 중이었다. 누가, 언제 이길지, 정말 마케팅비가 축소되어 수익성이 개선되는 날은 올지에 대해서도 오리무중이었다. 그러나 여기에서 '배달의 민족' 한국인의 장점이 발휘될 줄이야! 거실 소파에 누워 리모컨을 잡은 채 맛있고 다양한 음식을 배달시켜 먹는다는 경험은 그야말로 생활패턴의 혁신이었고, 인간이라면 국적과 관계없이 한 번 편해지면 불편한 쪽으로 다시는 돌아가지 못한다는 명제에 베팅했다. 또한 우리나라에서는 이미 배달의 민족이 1위로서 입지를 굳힌 이후 광고비와 할인쿠폰 살포를 줄이면서도 2, 3위 앱인 요기요와 배달통을 제치고 시장 점유율 격차를 계속 벌려 나가고 있었다. 마치 답안지를 보고 시험문제를 푸는 격이었다. 지금은 우아한형제들이 딜리버리히어로에게 인수·합병되었고, 우아한형제들의 창업자 김봉진 대표는 딜리버리히어로의 개인 최대주주로서 아시아 경영총괄을 맡고 있다. 충분한 수익을 실현하고 매각한 지금 오히려 월가에서는 'Food Tech'라는 이름으로 음식 배달 산업이 각광받고 있다. 이러한 성공이 반복되면서 주식투자의 핵심은 국경이나 언어에 있는 것이 아니라 비즈니스 모델의 견고함에 있다는 것 그리고 월가 또한 여의도와 똑같이 탐욕과 공포에 휘둘리는 곳이라 투자철학만 굳게 지니고 있다면 이기는 투자를 할 수 있음을 확신하게 되었다.

주식시장에 하나의 테마가 형성되면 관련 주식들은 매우 빠르게 상승한다. 이는 해당 테마를 미리 연구하여 잘 준비한 투자자에게는

편입종목 상승시기별 투자 수익률

	두 종목이 동시에 상승했을 경우				두 종목이 다른 시기에 상승했을 경우			
	A종목	B종목	A종목	B종목	A종목	B종목	A종목	B종목
1구간	100%	100%	0%	0%	100%	0%	0%	100%
2구간	0%	0%	100%	100%	0%	100%	100%	0%
포트폴리오 수익률	100%		100%		300%		300%	

같은 수익률을 기록하더라도 기간을 단축해주는 장점이라 할 수 있다. 그러나 그 상승이 동반 상승이라는 데 문제가 있다. 모두가 돈을 벌게 해주는 것이 왜 문제냐 할 수 있겠지만, 이렇게 생각해보면 쉽다. A 종목과 B 종목 모두 두 배 오를 잠재력을 가지고 있다. 이때 A 종목과 B 종목이 동시에 상승한다면 A와 B에 내 자산을 어떻게 배분하든지 간에 내 수익률은 100%다. 그런데 만일 A 종목이 다 오른 후에 B 종목이 오르기 시작한다고 가정한다면 내가 기록할 수 있는 최대 수익률은 300%까지 가능하다.

여기에서 글로벌 투자의 장점 한 가지를 더 엿볼 수 있다. 음식 배달은 우리 회사에서 지난 수년을 관통하는 주요 투자 테마였다. 2017년 유럽의 테이크어웨이닷컴, 2019년 중국의 메이퇀디엔핑(Meituan Dianping), 2020년에는 일본의 오이식스(Oisix Ra Daichi)를 발굴했다. 한국 주식시장의 2차전지 주식이었다면 같은 아이디어로 이렇게 여러 차례 수익을 내는 것은 불가능했을 것이다. 세계가 연결되어 있다

테이크어웨이닷컴, 메이퇀디엔핑 주가 차트

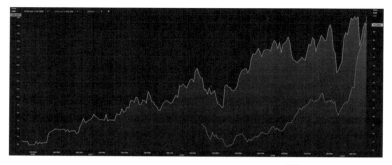

고는 하나, 투자 아이디어가 주가로 반영되는 데 시차가 존재하기 때문에 가능한 일이다. 한 번의 공부로 여러 번 수익을 낸다는 것은 얼마나 기쁜 일인가?

또 다른 사례도 있다. 중국이 사드 배치에 반발하면서 한한령을 내리자 그 이전까지 활황이었던 중국인의 한국 여행 수요도 급감했다. 화장품, 면세점 등 주식시장을 뜨겁게 달구었던 중국인 방한(訪韓) 수혜주도 차갑게 식어버렸다. 많은 투자자들이 손실을 입을 수밖에 없었다. 아이러니하게도 이때 우리의 해외 투자는 본격화되었다. '소득이 충분해진 13억 명 중국인의 해외여행 욕구는 그치지 않을 것이다. 다만 한국을 행선지로 택하지 않을 뿐이다.' 이것이 투자 아이디어였고 일본의 면세점, 태국의 공항, 중국의 항공사 등에 다양하게 투자 검토를 했다. 그래서 고른 기업이 BAFS(Bangkok Aviation Fuel Services),

BAFS 주가 차트

다. 이 회사는 태국의 주요 공항에서 항공기 급유 및 화물 상·하역 서비스를 제공한다. 우리나라의 한국공항과 비슷한 일을 한다고 볼 수 있다. 중국인이 한국 다음으로 많이 찾는 나라가 태국이었고, 중서부 지역 거주자 입장에서는 가장 가까운 이웃나라이기도 했다. 한국으로 떠나지 못하는 수요가 쏠리는 반사이익을 받기에는 최적의 국가였다. 입국자가 많아지면 항공기의 이동은 더욱 빈번해질 것이고 그에 따라 BAFS의 매출액과 이익은 늘어날 수밖에 없었다. 주요 주주가 태국 왕실이기 때문에 경쟁 심화에 대한 우려도 덜었다. 당연한 결론이지만 빠른 시기에 두 배 수익을 올릴 수 있었다. 국내 투자에 머무르지 않았기 때문에 국내 투자자에게는 커다란 리스크였던 상황을 절묘하게 또다른 수익의 기회로 삼았던 기억이다.

여러모로 해외 투자가 필요하다는 것을 역설했지만, 쉽게 정리하자면 너무 뻔해서 쓰기조차 민망한 세계화다. 그리고 4차 산업혁명이다. 자동차, 스마트폰, 매일 사용하는 인터넷 검색창과 앱, 즐겨 먹는 패스트푸드점까지 이제는 한국인으로서만 존재하는 것이 더 어려운 세상이다. 특히 4차 산업혁명 시대가 되면서 글로벌 대기업들이 유통 단계를 단축시키며 소비자와의 접점을 늘려가고 있다. 아마존은 토이저러스(온라인 쇼핑에 밀려 현재는 도산한 세계 최대 완구 소매업체)만 망하게 하는데 그치지 않을 것이다. 이케아가 그랬던 것처럼 언제든 한국의 유통업체를 옥죌 수 있다. 구글은 이미 네이버와 한판 승부를 벌이고 있다. 우물 안 개구리는 더 이상 시야만 좁은 상태로 살아가는 것이 아니라 물 건너온 황소개구리에게 밀려 생존조차 위협받는 현실이다. 우리가 글로벌 소비자가 되는 만큼 국내 주식의 입지는 점점 좁아질 수밖에 없다.

가끔은 해외 주식에만 부과되는 양도소득세를 걱정하는 분들을 뵙기도 한다. 그때마다 내 대답은 한결같다. "돈 잃고 세금 안 내는 것보다는 돈 벌고 세금 내는 게 낫지 않겠습니까?" 해외 주식은 우리나라 기업들이 글로벌 IT 공룡에, 저가 공세를 펼치는 중국과 베트남 공장들에 열위를 보일 때를 대비한 보험이다. 구더기 무서워 장 못 담그랴? 곧 맞닥뜨리게 될 해외 투자의 파고(波高)를 지금부터 준비하자. 국내, 해외 투자의 세율이 같아지는 2023년부터 시작하면 허둥대다 돈 잃기 십상이다.

부자들이
종목을 고르는 비법 1

메가트렌드에 투자하라

우리나라에만 2,000개에 달하는 종목이 있고, 해외까지 눈을 돌리면 상장주식만 수만 개의 투자 대상이 있다. 그러나 우리가 주식을 보는 이유는 방대한 지식을 자랑하기 위해서가 아니라 돈을 벌기 위해서다. 부자가 되려면 종목의 개수가 많이 필요한 것이 아니라 수익률이 높아야 한다. 동료 펀드매니저들에게 농담 반 진담 반으로 하는 말이 "어설픈 종목에 시간 뺏기지 말고, 종목 여러 개 안 나온다고 초조해하지 말고, 두 배 오를 종목을 1년에 한 개만 찾자"다. 우리나라의 돈이 모이는 여의도에도 비슷한 이야기가 있다. 서브프라임 모기지 위기(Subprime Mortgage Crisis, 서브프라임은 프라임 등급에 해당하지 않는 저신용자층을, 모기지는 주택담보대출을 의미한다. 2007년 미국의 은행들이 저신용자층에 무분별하고 과도하게 주택담보대출을 제공한 탓에 원리금 상환이 문제가 되면서 전 세계적인 금융위기로 불거진 바 있다.) 이후 100억대 부자가 된 주식 투자자는 셋 중 하나라고. 한미약품으로 대표되는 바이오, 컴투스를 비롯한 모바일 게임, 아모레퍼시픽이 대장주였던 화장품. 이들 중 하나를 제대로 먹으면 10배 부자, 둘 이상을 먹으면 100배 부자가 되었다는 말이다.

그러나 한미약품, 컴투스, 아모레퍼시픽이 10배씩 오르는 동안 관련 주식을 매매하지 않은 주식 투자자는 한 명도 없을 것이다. 여러 주식을 번갈아 가며 조금씩 건드린 사람은 품이 많이 들었겠지만 결국 손에 남는 수익은 없다. 내가 잘 아는 분야만 집중적으로 공부하여 투자한 사람은 투자 모임에서 말할 찬스는 줄어들었을지 몰라도 계좌의 잔고는 날이 갈수록 불어난다.

전문 투자자이지만 여전히 꿈의 숫자라는 100억을 번 투자자들을 만나면 저절로 고개가 숙여지고 겸손해진다. 그중 한 분인 Y 씨는 오로지 게임주에만 투자해서 부를 일구었다. 전업 투자자로 전향하기 전의 직업도 일종의 프로게이머였는데, 게이머들의 심리에 대해서는 누구보다 잘 안다고 생각해 집중한 결과 신작 게임의 흥행과 주가 흐름까지 전망하는 족집게가 되었다. 게임주에 투자할 일이 있으면 여전히 그에게 첫 번째로 자문을 구한다. 이렇듯 자신만의 투자원칙을 세우는 중요성은 아무리 여러 번 말해도 지나치지 않다.

우리 팀이 투자할 종목을 고르는 데 있어 금과옥조처럼 지키는 두 가지는 메가트렌드와 경제적 해자다. 메가트렌드는 단기적인 유행을 압도하고 한 시대를 이끄는 거대한 흐름을 뜻한다. 지금으로 말하자면 모바일, 고령화, 클라우드(소프트웨어와 데이터를 중앙 컴퓨터에 저장하여 인터넷에 접속하기만 하면 언제 어디서든 이용할 수 있도록 하는 것), 전기차 등을 메가트렌드라고 할 수 있다. 코로나19나 그에 따른 백신 및 치료제 개발, 마스크나 손소독제의 사용은 일시적인 현상이다. 그러나 코로나19가 가속화시킬 재택 근무, 무인 점포, 온라인 구매는 메가트렌드다. 메가트렌드의 중요성은 종종 고무보트 래프팅에 빗대어 설명한다. 숙련된 특수부대원들과 처음 고무보트를 타는 대학생들 중 강물을 더 빠르게 저어갈 수 있는 사람은 누구일까? 문제가 너무 쉬운가? 그렇다면 가정 하나를 넣어보자. 특수부대원은 노를 저어서 강물을 거슬러 올라가야 하고, 대학생들은 강물의 흐름에 따라 상류에서 하류로 내려간다. 정답은 바뀌었지만 여전히 문제는 너무 쉽다. 아무리 좋은 기업이라 하더라도 시대의 흐름에 역행하거나 쪼그라드는 산업 속에 있으면 성장하기 어렵다. 품질과 원가경쟁력에서 세계 1위라는 포스코가 중국의 공급 확대에 10년째 맥을 못 추는 것을 보면 잘 알 수 있다. 반면 메가트렌드라는 조류에 잘 올라타면 1등 기업이 아니라 하더라도 돈 벌기가 한결 수월하다. 여의도에 수많은 부자를 탄생시켰다는 바이오, 모바일 게임, 화장품 업종이 잘 나갈 때는 그 업종을 대표하는 주식뿐만 아니라 많은 회사들의 실적과 주가가 좋은 모습을 보였다. 스마트폰에 모바일 게임을 하나만 다운 받지 않고, 중국인이 명동에서 아모레퍼시픽 화장품만 구매하는 것이 아니기 때문이다. 잘 되는 산업에는 자본 투자도 활발해지기 때문에 여러 기업들이 새로운 기회를 얻는 경우도 많다. 심지어 전혀 다른 산업의 기업이라도 관련된 일을 사업 목적에 추가하거나 해당 업종의 작은 기업에 투자했다는 소식만으로도 상한가를 기록하는 일이 수두룩하다.

메가트렌드의 중요성을 절실히 깨달았을 때는 직업 펀드매니저를 하던 2011년경이다. 당시 내가 다니던 회사는 독과점 기업을 선호했다. 그래야 제품 가격을 올릴 수 있어 쉽게 돈을 번다는 논리였다. 해장국 가게를 예로 들어 보자. 하루에 100그릇을 파는데 가격을 1,000원 올리면 주인은 하루에 10만 원, 한 달에 300만 원을 고스란히 이득으로 챙기게 된다. 일부 원가 인상 요인이 있을 수도 있다. 하지만 식당들이 흔히 쓰는 꼼수는 원가가 오른 비율만큼 제품 가격도 올리는 것이다. 풍수해로 농산물 가격이 10% 올랐다고 1만 원짜리 해장국을 1만 1,000원 받는다. 실제로 해장국의 원재료 가격은 3,000원이었고, 10% 올랐으니 300원 오른 것에 불과한 데도 말이다. 그런데 이렇게 가격을 마음껏 올릴 수 있는 것은 주변에 해장국 가게가 없기 때문에 가능하다. 만약 경쟁 가게가 있었다면 원재료 가격이 올랐어도 음식 가격은 올리지 못했을 것이다.

해장국 가게의 이익 확장

	가격 인상 전	가격 인상 후
가격	10,000원	11,000원
원재료	3,000원	3,300원
이익	7,000원	7,700원

독과점 기업을 찾던 중 발견한 것이 부탄가스 제조회사인 태양산업(현 태양)이었다. 도시가스의 보급으로 부탄가스의 사용량이 조금씩 감소할 수 있을 것이라고는 생각했다. 그러나 썬연료 브랜드의 시장 점유율은 70%에 달해 사용량의 감소는 가격 인상으로 충분히 벌충할 수 있을 것이라 믿었다. 실제로 몇 년 만에 단행된 가격 인상에 대해 회사의 코멘트는 더욱 인상적이었다. "확실히 시장 지배력을 얻었으니 이제는 돈 좀 벌어보려고 합니다." 그러나 결과는 영 꽝이었다. 실상은 원재료인 LPG 가격이 너무 올라 견디다 못해 제품 가격을 소폭 인상했던 것이고, 시간이 지나 LPG 가격이 하락하자 제품 가격은 다시 내려갔다. 그들이 벌어보려고 했던 돈은 내 수익과 함께 날아갔다. 이 경험으로 가격 인상이 웬만한 독과점으로는 불가능할 정도로 정말 어려운 일이라는 것을 깨달았다.

같은 시기에 현대자동차그룹과 자동차 부품주에 투자한 일도 있다. 저평가 주식만 찾아 오르면 팔고, 오르면 팔고를 반복하던 것에 질려 큰 그림을 그려 기업과 동반 성장하는 투자를 해보고 싶었다.

우리나라 산업 지도를 펼쳐 놓고 뚫어져라 쳐다보기를 한 달. 섬유, 가전, 조선, 휴대전화 등 우리나라의 주도산업이 대부분 일본에서 넘어온다는 사실을 알게 되었다. 우리나라 사람들의 근면성과 우수성은 일본인에 전혀 뒤지지 않았고, 결국 상대적으로 인건비가 싼 우리나라가 일본을 적극적으로 벤치마킹했기 때문이다. 그렇다면 다음은 토요타가 이끌고 있는 자동차 산업밖에 없었다. 마침 현대자동차의 일부 모델이 미국에서 품질 평가 1위에 오르고, 새로 내놓은 프리미엄 브랜드 제네시스는 토요타의 서브 브랜드인 렉서스를 연상시켰다. 이명박 정부의 고환율 정책도 타이밍이 절묘했다. 같은 제품을 만들더라도 1달러가 1,000원일 때와 1,200원일 때는 수출기업 입장에서 차이가 크다. 미국에서 현대자동차의 소나타가 2만 달러라고 해보자. 1달러가 1,000원이라면 현대자동차의 매출액은 2,000만 원이다. 그런데 1달러가 1,200원이 된다면 원화로 계산한 매출액이 2,400만 원까지 오른다. 대부분의 비용은 한국에서 지출하기 때문에 이 경우 원재료 가격이 오르지 않았는데, 해장국 가격을 올린 가게처럼 수익성이 극적으로 개선된다. 현대자동차는 이 차익을 강력한 프로모션 재원으로 이용했다. 원가가 개선된 만큼 손님에게 할인을 해줘 시장 점유율을 늘리려는 계획이었다. 현대자동차의 위상이 높아진 것을 어느 하나의 이유만으로 설명할 수는 없지만, 확실한 것은 현대자동차의 시장 점유율이 올라가는 동안 우리나라 자동차 업계는 너 나 할 것 없이 호황이었다. 이 아이디어를 기반으로 한 자동차 업종 투자는 백전백승이었다. 그러나 현대자동차의 시장 점유율 확장이라는 큰 흐름이 지나간 뒤에는 장기간 자동차 산업을 공부하면서 얻은 지식을 총동원해 찾은 기업들조차 영 성과가 별로였다. 우리 회사만 가공할 수 있는 기어박스, 특수한 기술력으로 가공하는 엔진 부품…. 독점이나 높은 기술력, 선제적인 설비투자 등 모든 요소보다 더 중요한 것은 '소비자가 현대자동차를 더 많이 선택하는가?'였다.

결국 많이 파는 것이 제일이다. 그러려면 독과점은 독이다. 더 팔 수 없기 때문이다. 시장 점유율이 높은 회사가 좋은 주식이 아니라, 현재는 시장 점유율은 낮지만 향후 시장 점유율이 높아질 것으로 전망되는 회사가 좋은 주식이다. 워런 버핏의 스승 필립 피셔 또한 투자 원칙으로 "넓은 시장, 뛰어난 제품, 훌륭한 경영자"라고 하며 시장의 크기를 제일 먼저 꼽았다. 나에게는 태양산업과 현대자동차로 대비되는 인상적인 경험이 메가트렌드를 투자관 1번으로 올리게 된 이유가 되었다.

굳이 독과점을 선택해야겠다면 '상황적 독점'을 기억하라. 독점은 좋은 비즈니스 모델이지만 더 좋아질 일이 없어 주식으로서 가치가 떨어진다. 결국 최고의 방법은 독점이 아니고, 독점이 되어가는 과정의 초기에 투자하는 것이다. 그러면 기업 성장의 과실을 주가 상승으로 누릴 수 있고, 독점이 된 후에는 경쟁 등에 전전긍긍할 필요 없이 안정적인 배당 수익을 기대할 수 있다. 어떤 기업이 점유율을 극적으로 확대해 독과점으로 간다는 말인가? 알기 어렵다. 이럴 때 필요한 것이 상황적 독점이다. 상황적 독점은 산업 지형의 변화에 따라 일시적으로 독점적인 지위를 부여받는 것이다. 물리적으로도 입자 구조가 안정적일 때보다는 불안정할 때 틈이 생긴다고 하지 않는가? 바텐더가 여러 음료를 넣은 칵테일을 흔들어 섞는 것과 같은 이치다. 상황적 독점은 우선 일시적이기 때문에 자주 발생한다. 주식투자로 돈을 벌 기회가 일반적인 독과점보다 더 많다는 뜻이다. 둘째로 주식시장 참여자들은 산업의 극적인 변화를 좋아하고 일시적인 것조차 지속된다고 믿고 가치를 매기는 버릇을 가지고 있기 때문에 주가가 빠르게, 그리고 많이 오른다.

　상황적 독점의 사례를 하나 들어보자. 미국은 주(州)별로 다르지만 온라인 스포츠 베팅을 허용하는 추세에 있다. 스포츠 베팅은 우리나라 스포츠 토토를 생각하면 쉽다. 스포츠 경기의 승부나 득점 등을 미리 점치고 맞추는 사람은 돈을 따는 게임인데, 이것을 온라인이나 모바일로 즐긴다는 점과 정부의 통제 아래에 두는 것이 아니라 시장 경제에 맡긴다는 점이 우리나라와 다르다. 미국에서 스포츠 베팅 사업권은 오프라인 카지노 기업들에만 주어진다. 기존 오프라인 카지노 기업들을 보호하기 위함이다. (미국의 오프라인 카지노는 원주민인 인디언 자치구역의 경제 자립을 위해 세워진 곳이 많다.) 그럼 당연히 라이선스를 가진 카지노 기업들이 갑(甲)이어야 하는데, 현재는 그렇지 않다. 스포츠 베팅의 역사가 오래된 유럽 시장에서 잔뼈가 굵은 스포츠 베팅 기업들의 주가가 로켓처럼 치솟고 있다. 그들은 미국에서 스포츠 베팅을 직접 영업할 수 없는데도 말이다. 비결은 미국 오프라인 카지노와의 제휴에 있다. 미국 오프라인 카지노들은 너 나 할 것 없이 급성장하는 스포츠 베팅 시장을 선점하고자 한다. 그래서 시스템을 자체 개발하면 더 높은 수익을 거둘 수 있음에도 불구하고 일단은 유럽의 기업들에 러브콜을 보내고 있다. 유럽 기업들은 언젠가 분명히 미국 시장에서 내쫓기거나 기존보다 더 적은 로열티 계약서를 울며 겨자 먹기로 받아 들어야 할 것이다. 하지만 주식시장은 그 먼 미래보다 현재의 상황적 독점에 더 열광한다.

다시 메가트렌드 이야기로 돌아가자. 메가트렌드와 단기 유행을

GAN, KAMBI 주가 차트

• 출처: Thomson Reuters EIKON
•• 초록색이 GAN, 보라색이 KAMBI

구분하는 일은 비교적 쉽다. 1~2년 내에 필요 없어질 물건이거나, 이 제품이나 서비스가 없어도 일상생활을 하는 데 문제가 없다면 유행이라고 판단해도 좋다. 어린 학생들이 롱패딩을 교복처럼 입는 것은 유행이다. 백 번 양보해 단기 유행이 아니라 하더라도 이미 모든 친구들이 입고 다니기 때문에 최소한 더 팔릴 일은 없다. 메가트렌드를 찾는 것은 시간을 나의 편으로 만드는 작업이다. 인구의 평균 연령이 올라가고, 그들 중 많은 수가 혼자 거주한다는 명제처럼 시간이 지날수록 해당 현상이 명확해지는 것이야말로 메가트렌드라 할 만하다. 전기차 시대가 성큼 다가오는 지금, 자동차 엔진을 만드는 회사는 시간이 적이다. 전기차가 빨리 만들어지면 지는 것이요, 전기차가 대중화되기 전에 충분한 돈을 벌고 은퇴하거나 다른 사업 아이템을 찾아야 한다. 하지만 메가트렌드 안에서는 사업가와 투자자가 실패하더라도 다시 재기할 수 있다. 엔진과 달리 전기차를 연구해두면 축적된 기술은 언젠가 다시 적용할 기회가 생긴다. 주식을 조금 비싸게 샀거나, 안 좋은 타이밍에 샀다 하더라도 기업의 가치가 계속해서 오르기 때문에 조금만 기다리면 회복할 수 있다.

메가트렌드를 좇을 때 주의해야 할 점은 허황된 꿈과 혼동하지 않는 것이다. 메가트렌드는 공기와 같이 이미 생활 전반에 스며들어 우리를 지배하고 있거나, 시간이 문제일 뿐 정해진 미래를 이야기한다. 따라서 공상과학 속 미래와는 다르다. 크리스토퍼 놀란 감독의 영화

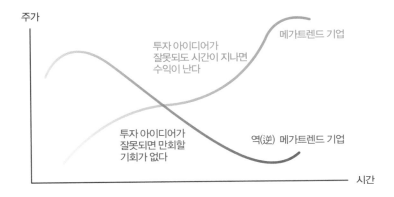

메가트렌드와 역(逆) 메가트렌드 기업에 투자했을 때

주가

투자 아이디어가
잘못되도 시간이 지나면
수익이 난다

메가트렌드 기업

투자 아이디어가
잘못되면 만회할
기회가 없다

역(逆) 메가트렌드 기업

시간

〈테넷〉으로 예를 들어보자. 영화 속에서 과거와 현재를 자유자재로 오갈 수 있는 회전문은 공상과학이다. 반대로 과거로 이동한 주인공 입장에서 어떤 미래가 올지 '정확히' 그리고 '당연하게' 알고 있는 것은 메가트렌드다. 의술이 발달하고 출산율이 낮아지면서 사회구성원의 평균 연령이 상승하는 고령화는 매우 중요한 메가트렌드 중의 하나다. 그에 따라 노령인구의 생활양식에 관심을 가져야 하고, 의료비 증가 트렌드에서도 투자 아이디어를 찾을 수 있다. 하지만 거기에서 멈추어야 한다. 고령화에 따라 의료비 지출이 늘어날 것이고, 그 중 바이오 의약품의 사용 빈도가 증가할 것이며, 그래서 특정 기업의 신약 개발 성공 가능성을 높게 점치는 행위는 메가트렌드가 아니다. 고령화에 따른 의료비 지출 증가라는 메가트렌드에는 모두가 공감할 수 있지만, 꼭 해당 약품을 처방해야만 하는 것은 아니기 때문이다.

솔직히 말하면 투자자뿐만 아니라 그 기업의 경영자조차 그 성공 가능성을 확신할 수 없다. 오히려 평생 해당 분야만 연구해왔기 때문에 성공할 것이라는, 아니 성공해야만 한다는 생각에 편향된 의사결정을 내리고 있는지도 모른다.

인디언 기우제라는 표현이 있다. 가뭄이 들었을 때 인디언 부족 추장이 하늘에 비를 내려달라고 기도하는데, 이 의식은 반드시 성공한다. 그 비결은 비가 내릴 때까지 의식을 멈추지 않는 데 있다. 빈도와 주기가 달라질 수는 있겠지만 지구에 비가 내린다는 것은 역사가 증명한 일이기 때문에 확률은 100%에 가깝다. 투자도 마찬가지다. 기우제를 지내기 위해서는 확률이 높은 곳에 베팅해야 한다. 기업 발굴과 분석, 투자 집행까지 할 수 있는 것을 다한 뒤라면 주가가 기업의 가치에 수렴할 때까지 기다려야 하겠지만, 확률 낮은 일이 벌어지기를 기도하면서 마음 졸이는 것은 투자가 아니라 요행을 바라는 로또 구매와 다를 바 없다.

부자들이
종목을 고르는 비법 2

경제적 해자에 주목한다

메가트렌드에 속해 있다 해서 아무 기업이나 투자하는 일은 금물이다. 메가트렌드의 한복판에서는 속된 말로 '쭉정이' 같은 기업도 쉽게 돈을 벌고 주가도 잘 오른다. 그러나 메가트렌드를 잘못 진단할 수도 있고, 운 나쁘게 끝물에 발을 들일 수도 있다. 이런 현상은 프랜차이즈 음식점 메뉴의 유행에서 쉽게 나타난다. 불닭, 대만 카스테라, 쌀가루 핫도그, 버블티 등 한 집 걸러 한 집 생기는 트렌디한 음식점의 사장님들 중 인기가 금세 사그라들 것이라 생각하고 창업하는 분들은 얼마나 될까? 아마 거의 없을 것이다. 그런데 이렇게 돌고 도는 인기 속에서도 꾸준히 돈을 버는 사람들도 있다. 목 좋은 가게와 다양한 브랜드를 가지고 있는 거대 프랜차이즈 본사는 설령 다른 메뉴로 인기가 옮아간다 해도 크게 개의치 않는다. 좋은 인재들과 자금력, 노하우로 간판을 바꿔 달면 그만이다. 천부적인 감각이나 발품 파는 노력으로 최신 트렌드를 파악하고 점포를 차렸다가 인기가 무르익을 때쯤 권리금(영업시설, 단골손님, 영업 노하우 등 유무형의 재산적 가치를 금액으로 환산한 것으로 장사가 잘 되어 돈을 버는 것을 기대하여 내는 돈)을 받고 파는 연쇄창업자도 리스크가 크지 않다. 유튜버이자 인플루언서인 신사임당이 원래는 경제방송 PD였던 것을 알고 있는가? 그는 PD 일을 하며 돈 냄새를 맡았다. 소자본 쇼핑몰 창업이 대세가 될 것을 직감해 이른바 '대박'을 친다. 그러고는 쇼핑몰 창업 노하우를 강의하기 시작하고, 이어서 경제 유튜버로 자리매김했다. 이제는 MCN(Multi Channel Network, 인터넷 스타들의 콘텐츠를 유통하는 매니저이자 기획사)까지 넘보고 있다. 마지막으로 자신만의 노하우를 축적해 꾸준히 손님을 모으는 장인(匠人)형 사장님 또한 인기 있는 메뉴가 수차례 순환하는 동안 자리와 업종을 바꾸지 않고 계속해서 돈을 번다.

외부 환경의 변화에서 당신의 자산을 지켜주는 것을 경제적 해자(Economic Moat)라고 한다. 2015년 주식시장에서 가장 성과가 좋았던 업종은 아모레퍼시픽을 대표로 한 화장품이었다. 화장품 주식 하나 보유하지 않은 투자자를 찾기 어려울 정도였다. 그 전까지 증권사에서 화장품은 하나의 업종으로 분류하지도 않았던 것을 생각하면 대단한 발전이다. 한류의 인기가 지속되고 수년째 우리나라를 방문하는 관광객이 늘었다. 중국과 동남아에서 온 관광객들은 한국 여성들의 아름다움에도 관심을 가졌고, 자연스럽게 명동 거리나 면세점에서의 화장품 구매로 이어졌다. 잇츠스킨, 토니모리, 스킨푸드 등 다양한 로드샵들이 우후죽순처럼 생겨난 것도 이때다. 아모레퍼시픽은 로레알, 에스티로더와 같은 브랜드와 비견되기 시작했다.

아이러니하게도 이듬해인 2016년 가장 죽 쑤었던 업종 또한 화장품이었다. 그리고 지금까지 의미 있는 회복세를 보이지 못하고 있다. 대장주인 아모레퍼시픽 주가는 삼분의 일 토막도 더 나버렸다. 더페이스샵은 LG생활건강에 인수되었고, 스킨푸드는 법정관리에 들어가는 등 상전벽해와 같은 상황이다. 법정관리란 기업이 자력으로는 도저히 회사를 살리기 어려울 만큼 빚이 많지만, 장래 회생 가능성이 있다고 인정되는 경우 법원에서 지정한 제3자가 기업활동 전반을 대신 관리하는 것을 뜻한다.

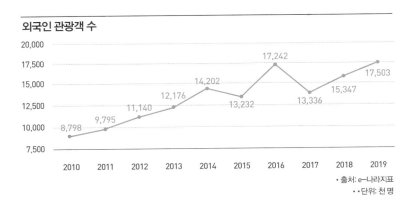

외국인 관광객 수

- 출처: e-나라지표
- 단위: 천 명

메르스 발병, 위안화 절하(중국은 중앙은행이 고시하는 환율의 2%포인트 폭 내에서만 외환거래를 할 수 있는 관리변동환율제를 채택하고 있다. 인민은행이 2015년 8월 10일부터 13일까지 자국 통화가치를 4.66% 인하해 고시한 사건은 당시 기준 사상 최대 인하 폭으로 기록되었다. 표면적으로는 시장 환율과의 괴리를 좁히기 위해서라고 발표했지만, 일반적으로는 중국의 경제 성장이 둔화되면서 수출 경쟁력을 강화하려는 전략으로 풀이되고 있다.), 사드 배치 등으로 중국인 관광객이 줄면서 메가트렌드가 바뀐 것이다. 메가트렌드가 거스를 수 없는 시대의 흐름인 것처럼 메가트렌드가 지나가거나 다른 방향으로 바뀌고 나면 그 또한 투자자가 맞서기 어렵다. 중국인 관광객 수는 다시 회복되었지만 그들은 더 이상 무턱대고 한국의 화장품을 구매하지 않는다. 이제 해외여행이 보편화되어 경복궁 같은 주요 관광지만을 돌다 가이드의 깃발에 따라 쇼핑장을 전전하는 것이 아니라 K-POP을 배우고 한복 체험을 한다. 한국의 마스크팩이 기념품으로서의 가치를 상실한 지도 오래다.

이때 당신의 자산을 지켜주는 것이 경제적 해자다. 대부분의 화장품 주식들이 신저가에서 헤매고 있을 때 LG생활건강은 신고가 행진 중이다. 중국 회사들이 연구개발에 매진한 끝에 수준이 높아지자 저가 로드샵 브랜드들은 경쟁력을 잃어갔다. 이 모습을 놓치지 않고 고급 브랜드에 선별적 투자를 한 LG생활건강은 고급 한방 화장품 분야에서 아모레퍼시픽의 설화수를 제치고 후를 대명사로 만들었다. 중국 화장품 기업들의 성장을 도운 것은 우리나라 OEM(Original Equipment Manufacturing. 주문자 표시 생산. 주문자가 요구한 상표명으로 완제품을 생산하는 일을 말한다.) 기업들이었다. 많은 로드샵들이 부침을 겪는 와중에도 국내외로 고객을 다변화한 코스맥스와 한국콜마는 꾸준한 수익을 보이고 있다.

경제적 해자는 워런 버핏이 창안한 개념이다. 중세 유럽의 귀족들은 성 둘레에 외적의 침입을 막기 위해 깊은 연못(Moat)을 팠는데 이것을 해자(垓子)라 한다. 워런 버핏은 소비자의 구매 패턴, 경쟁자, 정부의 규제 등 기업의 가치를 파괴할 수 있는 외부환경을 외적으로 가정하고 이로부터 기업의 지키는 몇 가지 방법을 경제적 해자라고 표현했다. 경제적 해자가 있는 기업은 외부환경이 악화되더라도 주주들의 돈을 꾸준히 불려줄 수 있다. 앞서 언급한 화장품 산업의 흥망성쇠에서도 투자자들이 경제적 해자가 있는 기업에만 선별적으로 투자했다면 메가트렌드가 소멸된 후에도 손실을 입지 않았을 것이다.

경제적 해자에 대해 가장 명료하게 해석한 사람은 《경제적 해자》의 저자 팻 도시(Pat Dorsey)다. 팻 도시가 몸담고 있는 미국의 독립 리서치 기관 모닝스타(Morningstar)는 주식 평가에 있어 경제적 해자 등 정성적인 지표를 적극 활용해 믿을 만한 투자정보를 제공하는 것으로 알려져 있다. 팻 도시는 경제적 해자를 네 가지로 나누어 설명했는데 그 내용은 다음과 같다.

첫 번째는 무형자산이다. 기업이 가진 자산은 눈에 보이는 유형자산과 그렇지 않은 무형자산으로 나눌 수 있다. 회계적으로 무형자산은 타 기업을 자본총계(총자산에서 총부채를 뺀 값)보다 비싸게 인수했을 때 발생하는 영업권, 이미 지출은 했으나 향후 수익을 창출할 때 비용처리(회계에는 수익·비용 대응의 원칙이라는 것이 있다. 가계부를 적을 때는 시간의 흐름에 따라 수입과 지출을 기록하지만, 재무제표를 작성할 때는 수익 창출을 위해 사용된 비용을 서로 묶어 목적별로 기록한다.)를 하기 위해 남겨둔 연구개발비 등이 대표적이다. 그리고 유형자산은 무형자산이 아닌 모든 것을 일컫는다.

하지만 팻 도시가 말한 무형자산은 아예 재무제표에 기록되지 않는 것을 의미한다. 정부의 인·허가나 특허가 그 사례가 될 수 있다. 강원랜드는 우리나라 유일의 내국인 카지노다. 석탄 사용량이 줄면서 탄광을 구조조정 하게 되었고 이들 지역의 경제를 살리고자 만든 폐광지역특별법이 제정되었다. 이 법에 따라 강원랜드가 설립된 것이고, 1995년부터 10년간 존속하는 한시법의 특성상 새로운 내국인 카지노의 설립은 없다. 카지노는 현재 수요가 없어 보이더라도 공급이 늘어나면 자연스럽게 수요가 늘어난다는 말도 있지만 강원랜드가 독점기업으로서 높은 이익률을 자랑하는 것은 사실이다. 문제는 어떠한 이유로 규제가 바뀌어 경쟁자가 출현하거나 시간이 흘러 특허권이 만료될 경우 발생한다. 이러한 기업들은 자생적으로 독점을 만들어낸 것이 아니기 때문에 고객 대응이나 후속 연구개발을 소홀히 할 수도 있다.

무형자산의 또 다른 예는 브랜드다. 제품 또는 서비스의 제공자가 주는 신뢰성은 경쟁사에 비해 고객의 선택을 쉽게 받도록 돕는다. 고객의 선택을 쉽게 받는다는 것은 어떻게 알 수 있을까? 어느 정도 브랜드라면 경제적 해자를 가졌다고 인정할 수 있을까? 여기에서 중요한 것은 브랜드 인지도가 아니라 가격 책정에 있다. 코카콜라가 펩시콜라보다 더 유명하다 하더라도 더 비싼 가격에 팔지 못하면 팻 도시가 이야기하는 무형자산을 가졌다고 할 수 없다. 같은 원재료와 마케팅 비용을 지출했지만 더 높은 가격을 매길 수 있거나, 같은 가격이더라도 제품의 용량이 적거나 광고비를 적게 사용해야 수익성이 높기 때문이다. 높은 수익성은 향후 다른 시장을 선점하는 원동력이 된다. 또한 불황기에 경쟁사가 어려움에 처했을 때 시장 점유율을 확대할 수 있는 재원이 된다. 삼성전자와 LG전자 모두 브랜드 인지도는 있지만 그들이 판매하는 가전제품은 양판점에서 대동소이한 가격을 받고 있다. 가전제품 분야에서 두 회사를 비교한다면 어느 회사도 강력한 브랜드 가치를 가졌다고 볼 수 없다. 그러나 삼성전자의 에어컨은 오텍이 만드는 캐리어 에어컨보다 비싸게 팔린다. LG전자의 제습

애플, 삼성전자, LG전자의 영업이익률

브랜드	애플	삼성전자	LG전자
영업이익률	24%	12%	3%

• 출처: Thomson Reuters EIKON
•• 2019년 기준

기는 위닉스의 제습기보다 비싸게 팔린다. 이렇듯 브랜드 가치는 상대적인 개념이다. 애플의 제품을 선호하는 팬을 '앱등이(애플+곱등이)'라고 하는데 이들은 사과 로고에 광적이며 무조건적으로 충성한다. 이것이 애플 제품이 스마트폰, 태블릿PC, 심지어는 스마트워치와 무선이어폰까지 높은 가격을 책정할 수 있고 높은 영업이익률을 기록할 수 있는 이유다.

두 번째 경제적 해자는 전환비용이다. 전환비용은 말 그대로 소비자가 경쟁사로 이동하는 데 유·무형의 비용이 발생해 해당 기업의 고객으로 머무르게 만드는 경우를 뜻한다. 전환비용이 있는 비즈니스 모델의 경우, 한 번 고객으로 들이면 그 다음부터는 별다른 노력이나 비용을 들이지 않아도 고객이 반복적으로 해당 제품을 구매하기 때문에 사업의 영속성을 담보하기 쉽다. 전환비용의 대표적 예로 오피스 프로그램을 든다. 공무원이나 작가들은 주로 한글과컴퓨터의 한글을 사용해 문서를 작성한다. 반대로 민간 기업에서는 마이크로소프트의 워드를 주로 쓴다. 그중 하나의 프로그램에 익숙해지면 메뉴의 위치, 단축키 등이 서로 달라 다른 제품을 사용하기 어렵다. 엑셀은 전환비용이 더욱 강력하다. 워드프로세서(Word processor, 문서 작성용 컴퓨터 소프트웨어)로 한글을 사용하는 곳에서조차 스프레드시트(Spread Sheet, 경리 및 회계 업무에 사용하던 계산용지를 컴퓨터로 옮긴 소프트웨어) 프로그램은 엑셀을 쓸 정도다. 최근에는 제품이나 서비스를 주기적으로 결제해 사용하는 구독경제가 발달하면서 전환비용의 중요성이 더욱 부각되는 추세다. 마이크로소프트 오피스를 한 번 구매하고 평생 사용한다면 전환비용이 크더라도 반복적인 매출을 발생시키기는 어렵다. 그러나 오피스365(마이크로소프트 오피스의 구독 프로그램)는 한글과컴퓨터의 한컴오피스나 구글의 구글독스(Google Docs)로 이동하지 않는 한 평생 마이크로소프트에 비용을 지불해야 한다.

연관검색어에도 표출될 정도이니 더퍼블릭자산운용의 대표 종목은 더존비즈온이라고 해도 과언이 아니다. 더존비즈온은 2014년 투자 후 2020년까지 주요 편입종목으로 보유하고 있는데 그 동안 무려 15배가 올랐다. 우리가 더존비즈온을 믿고 사랑하는 이유를 한마디로 설명하자면 전환비용이다. 이 회사는 과거에는 네오플러스, 현재는 스마트A라고 불리는 세무회계 프로그램을 공급한다. 해당 업무를 해보지 않았다면 이해하기 어려울 수 있지만, 기업을 경영하는 데 있어 기장(기업의 활동에 따라 자산·부채·자본의 변화를 가져오는 경제적 사건을 일정한 장부에 기록·계산·정리하는 일), 세금 신고 및 납부, 재무제표 작성은 빠뜨릴 수 없이 매우 중요한 일이다. 더존비즈온은 임직원 300

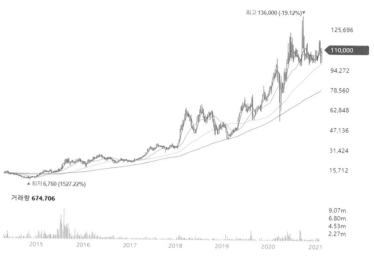

최고 136,000 (-19.12%)▼

125,696

110,000

94,272

78,560

62,848

47,136

31,424

15,712

▲ 최저 6,760 (1527.22%)

거래량 674,706

9.07m
6.80m
4.53m
2.27m

2015 2016 2017 2018 2019 2020 2021

• 출처: 네이버 금융

인 이하인 중소기업에서 이 분야 시장 점유율 97%를 자랑한다. 세무
회계사무소와 중소기업의 재무회계 파트 근로자 입장에서는 더존비
즈온이 마이크로소프트 오피스 프로그램처럼 익숙하다. 그들은 특성
화 고등학교 재학 시기 학교 수업과 전산세무회계 자격증 취득 단계
에서부터 더존비즈온의 프로그램을 사용해 공부하기 때문에 생각하
기에 따라 오피스 프로그램보다 전환비용이 더 크다고도 할 수 있다.
더존비즈온은 이렇게 강력한 전환비용을 등에 업고 계속해서 소프트
웨어 가격을 인상해왔으며, 우리가 투자한 2014년은 클라우드 기술
을 이용해 구독 모델로 전환하는 원년이었다. 구독 모델로 전환하면
서 기본 소프트웨어 가격은 세 배 가까이 인상되었고, 협업툴(회사 동

료 또는 같은 프로젝트를 수행하는 구성원 간 업무 효율성을 제고하기 위한 소프트 웨어) 등 유료 기능들을 추가하기 용이해졌다는 평가다. 참고로《경제적 해자》에도 인튜이트(Intuit)라는 미국의 세무회계 프로그램이 소개되어 있는데, 비즈니스 모델과 성장 과정이 더존비즈온과 너무 닮아 있어 놀라울 정도다.

세 번째는 네트워크 효과다. 네트워크 효과란 제품 또는 서비스의 이용자가 늘면 늘수록 그 제품과 서비스의 가치가 증가하는 것을 의미한다. 제품과 서비스의 가치가 증가하면 다시 이용자가 늘어나기 때문에 선순환 구조를 보인다. SNS, 온라인 쇼핑몰 등 플랫폼 기업들이 필수적으로 갖춰야 하는 덕목 중 하나다. 부동산을 고르다 보면 더블 역세권, 트리플 역세권이라는 말을 많이 듣는다. 환승역이 있으면 교통의 요지로서 입지가 좋다는 것이다. 이런 곳에는 인구가 몰리고, 이렇게 유동인구가 많아지면 또 다시 같은 곳에 지하철이나 버스의 신규 노선이 들어온다. 공덕역에 공항철도가 들어오고 신논현역에 신분당선이 들어오는 것과 같은 이치다. 하지만 모든 역이 네트워크 효과를 가질 수 있는 것은 아니다. 시골의 기차역은 똑같은 플랫폼이지만 인구가 감소함에 따라 간이역으로 전락하고, 교통수단 등 편의시설이 부족해지면서 주민들은 떠나고 결국에는 노선이 폐지된 채 잡풀들만 무성해진다. 네트워크 효과가 비즈니스 모델에서 자연히 생겨나는 것이 아니라, 특정 비즈니스 모델은 네트워크 효과가 없으면 존재 가치가 떨어지고, 때문에 그것을 얻기 위해 부단히 노력해야 한다. 인터넷이나 모바일 서비스를 개발하는 신생 벤처회사가 유치한 투자자금을 대규모 광고비로 지출하는 것 또한 선점효과를 얻기 위해서다.

네트워크 효과를 가진 기업으로는 소더비(Sotheby's)와 매치 그룹(Match Group)을 들 수 있다. 소더비는 크리스티(Christie's)와 함께 전 세계 최대 미술품 경매 회사 중 하나로 거래를 주선하고 수수료를 받는 일을 한다. 파는 사람은 내 그림을 최대한 빨리, 가장 비싼 가격에 팔아주기를 원한다. 그러려면 소더비가 주최하는 경매에 가면 진귀한 그림을 구할 수 있다는 확신을 가진 구매자들이 많아져야 한다. 그렇게 거래가 성사되다 보면 구매자든 판매자든 '역시 소더비가 최고야. 1등 경매사와 거래하면 여러 군데 오갈 필요 없거든'이라는 생각을 갖게 된다. 만일 누군가가 새로운 경매 회사를 차려 소더비나 크리스티를 이기려고 생각한다면 파격적인 수수료 인하나 막대한 마케팅 공세가 아닌 다른 방법을 생각해봐야 할 것이다. 아무도 없는 장터에서 목청껏 세일을 외쳐 봐야 무슨 소용 있겠는가? 소더비라는 기업을 알게 된 것은 우리나라 1등 미술품 경매 회사인 서울옥션을 공부하면서였다. 당시 우리나라 단색화의 열풍이 불면서 김환기, 박서보, 이우환을 위시한 한국 작가들의 그림 거래를 많이 성사시킨 서울옥션의 주가가 천정부지로 뛰었다. 단색화의 인기가 언제까지 유지될지의 의심을 떠나 사라지지 않는 의문이 있었다. 이들이 단색화를 사고팔 곳이 정말 서울옥션뿐일까? 이미 세계인들의 눈에 들어온 그림들이니 다시 시장에 나올 때는 더 높은 값을 쳐줄 수 있는 글로벌 경매 회사에 출품되어도 이상하지 않았다. 결국 서울옥션에 투자할 수는 없었다. 대신 소더비를 열심히 공부해두고 금융위기가 오면 반드시 사야 할 종목으로 점찍었다. 이 경매 기업 투자에 대한 재미있는 결말은 더 아쉽게 끝을 맺는다. 코로나19 이후 폭락장에서 주식을 매수하려고 야후 파이낸스(Yahoo Finance, 미국의 네이버 금융과 같은 증권 정보 사이트)를 뒤졌으나 도저히 찾을 수가 없었다. 알고 보니 얼마 전 PEF가 인수하면서 크리스티처럼 비공개기업으로 전환되었던 것이다.

구인·구직 사이트를 운영하는 사람인에이치알도 강력한 네트워크 효과를 자랑한다. 구직자는 구인 광고가 많은 사이트를 필요로 하고, 구인 기업은 이력서를 최신으로 업데이트해두는 활동 유저가 많은 사이트를 필요로 한다. 구직자는 좋은 직장을, 구인 기업은 딱 맞는 인재를 구하는 것이 목적이지 구인·구직 활동 자체가 목적은 아니다. 그러나 과거 구인·구직 사이트가 난립해 있을 때는 어쩔 수 없이 여러 사이트를 방문할 수밖에 없었다. 사람인과 잡코리아 외에는 모두 유명무실해진 지금은 한두 사이트만 방문해도 충분하다. 사람인에이치알은 먼저 구직자에게 다양한 편의를 제공하여 트래픽(인터넷으로 전송되는 데이터의 양)을 늘린 후 구인 기업으로 하여금 점차 자사

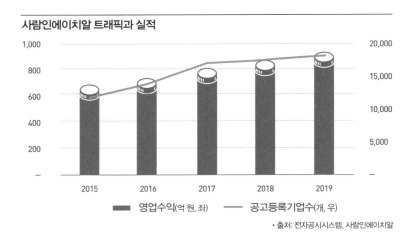

사람인에이치알 트래픽과 실적

웹사이트 광고 비율을 늘리도록 유도했다. 회사 입장에서 채용에 관한 예산은 정해져 있는 경우가 많으므로 구인 광고를 게재해야 하는 웹사이트의 가짓수가 줄어들었다는 것은 반대로 말해 사람인에이치알이나 잡코리아 같은 상위 업체에 지불할 광고비가 늘어났다는 뜻이다. 물론 이들이 경쟁사에 비해 우수한 경영전략을 세웠기에 이용자가 늘어난 것이다. 하지만 어느 정도 임계점을 넘은 다음부터는 성장이 성장을 부른다. 이것이 바로 네트워크 효과다.

이같은 비즈니스 모델에 투자할 때 조심해야 할 것은 반대 방향도 똑같다는 점이다. 사람인에이치알이 성장하는 동안 다른 사이트들은 어떻게 되었을까? 아마 언제부터인가 이용자가 줄고 그에 따라 구인 광고가 줄고, 구인 광고가 적으니 구직자가 다시 줄… 이것의 반복이었을 것이다. 아니면 점점 가속화되었을 수도 있다. 문제는 그 이유가 매우 사소한 것이거나 우리가 눈치채지 못할 정도로 수면 아래서 진행되고 있을 수도 있다는 점이다.

경제적 해자의 마지막 종류는 원가 우위다. 제품이나 서비스를 생산함에 있어 소요되는 비용이 구조적으로 작다면 외부환경 변화나 경쟁사의 침입에도 수익성을 유지할 수 있다. 원가 우위의 교과서적인 사례는 시멘트와 레미콘 회사다. 이들 산업은 지역 독점적으로 경영되는데 시멘트의 원료가 되는 석회석 광산을 소유하고, 지역의 건설현장과 가까운 곳에 콘크리트 공장을 가지고 있어야 하기 때문이다. 석회석 광산을 가지지 않은 경쟁자가 석회석 광산을 가진 기존의 플레이어보다 싼 값에 시멘트를 공급할 수 있겠는가? 레미콘은 트럭 믹서를 이용해 굳지 않도록 섞어가며 운반하더라도 일정 시간 이상을 움직이면 굳어버려 사용할 수 없다.

나는 입버릇처럼 "말로 표현할 수 있는 경쟁 우위는 진짜 경쟁 우위가 아니다"라는 말을 한다. 딱 잘라서 얘기할 수 있다는 것은 그만큼 경쟁사가 베끼기 쉽다는 뜻이다. 따라서 언뜻 보기에는 이해되지 않는 경쟁력을 더 값지게 생각한다. 신입 펀드매니저 시절 리노공업을 방문한 뒤 깨달은 바다. 리노공업은 반도체 소자의 정상 작동 여부를 검사하는 리노핀을 생산한다. 매우 작은 크기의 탐침핀을 소자에 접촉해 전기가 잘 흐르는지를 알아보는 기구다. 이름에서 짐작할 수 있겠지만, 한국의 중소기업이 세계적인 표준을 만들어낸 것이다.

리노공업의 영업이익률은 30%대로 상상을 초월하는데, 높은 영업이익률은 외적들에게 탐나는 먹잇감과 같아서 경쟁자를 불러오게 마련이다. 그래서 기업탐방 전까지 별다른 특징이 없이 보이는 리노핀의 영업이익률이 유지될 것이라 상상하지 못했다. 기업 담당자의 권유로 생산현장을 둘러보기 전까지 말이다. 반도체 공정용 제품을 생산하는 곳이라고 하면 새하얀 방진복을 입고 에어워셔를 지나 먼지 하나 없는 깨끗한 공간에 번쩍번쩍한 첨단장비들이 즐비할 것이라고 생각한다. 그런데 리노공업의 생산현장은 본사 한 켠에 마련되어 있는 골방 같은 곳이었다. 문을 열고 들어서자 나이 지긋하신 어머님들께서 미간을 찌푸리며 눈에 잘 보이지도 않을 만큼 작은 핀과 스프링을 조립하고 계셨다. 회사의 말로는 워낙 다품종 소량 생산이라 금형을 만들어서 찍어낼 수도, 자동화를 시키기도 애매하다고 했다. 그리고 최소 수년은 숙련해야 제 몫을 할 수 있는 어려운 일이라 덧붙였다. 그래서 생산직군 어머님들께 여러 가지 복지 혜택을 드려서 장기 근속을 유도하고 있다고 했다. 자동화를 할 수 없으니 자금력이 풍부한 경쟁사도 신규 진입할 수 없고, 숙련공이 필요하니 인건비가 싼 신흥국도 함부로 따라할 수 없다. 오랫동안 불량 없이 신속하게 생산하는 것이 리노공업의 원가우위다.

팻 도시는 실체가 없는 해자에 대해서도 이야기했다. 지속 가능한 경쟁 우위처럼 여겨지지만, 실제로는 해자의 깊이가 얕아 침식당할 수 있는 네 가지로 정리할 수 있다. 실체가 없는 해자 첫 번째는 뛰어난 제품이다. 브랜드 가치에서도 설명했듯이 뛰어난 제품만으로는 경제적 해자가 있다고 할 수 없다. 대체할 수 없는 제품을 만들어야 한다. 미원, 스카치테이프, 포스트잇, 스타일러와 같이 특정 제조사의 브랜드가 일반명사처럼 사용되는 것은 제작자에게 큰 영광이자 기업으로서는 광고선전비를 아낄 수 있는 훌륭한 일이다.

두 번째는 높은 시장 점유율이다. 높은 시장 점유율은 과거 경제적 해자의 결과물일 수는 있다. 하지만 분석 또는 투자 시점에서 높은 시장 점유율은 이미 주식시장에 노출된 정보일 가능성이 크다. 시장 점유율을 지켜야 본전이고, 절대적으로 높은 수치라 하더라도 낮아지는 추세에 있다면 주가 또한 하락할 수 있다. 이것을 뼈저리게 느낀 것은 대학생 때였다. 당시 대학생 치고는 꽤나 투자 공부를 한 축에 들었던 내 별명은 '농심 현준'이었다. 먼 바다에 홀로 있는 섬이든, 첩첩산중 산골마을이든 대한민국에 신라면 안 먹는 사람이 어디 있겠는가? 이렇게 높은 시장 점유율은 농심에 꾸준한 이익을 안겨줄 것이고, 촘촘한 유통망은 삼다수를 성공시킨 것처럼 (2012년부터는 광동제약이 제주특별자치도개발공사와 판권계약을 맺고 판매 중이기는 하다.) 어떤 신제품이라도 성공 확률이 높다고 봤다. 그러나 2020년 봉준호 감독

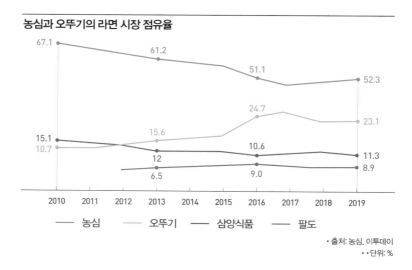

농심과 오뚜기의 라면 시장 점유율

67.1 61.2 51.1 52.3

24.7 23.1

15.1 15.6 10.6 11.3
10.7

12 9.0 8.9
6.5

2010 2011 2012 2013 2014 2015 2016 2017 2018 2019

—— 농심 —— 오뚜기 —— 삼양식품 —— 팔도

• 출처: 농심, 이투데이
•• 단위: %

이 〈기생충〉을 흥행시키기 전까지 농심의 주가는 15년간 지지부진
했다(〈기생충〉에는 짜파게티와 너구리를 섞어 조리한 '짜파구리'가 등장해 전 세계
인들의 이목을 집중시켰다). 현실에 안주하고 별다른 혁신을 하지 못한 채
시장 점유율을 빼앗겼기 때문이다. 글로벌로 대박을 친 불닭볶음면
의 삼양식품과 사회적 기업으로서 이미지를 굳힌 '갓뚜기' 오뚜기의
주가에 비하면 너무나 초라한 성적이다.

비용통제 능력도 실체가 없는 해자 중 하나다. 이론적으로 매출액
의 증가는 끝이 없지만, 비용은 제로(0) 이하로 줄일 수 없다. 따라서
기업가치의 증분은 매출액의 증가에서 찾는 것이 더 합리적이다. 뿐
만 아니라 시멘트 회사의 입지나 리노공업의 노하우와 달리 단순히
비용만 절감하는 것은 누구나 쉽게 베낄 수 있다는 단점이 있다. 앞

서 티웨이항공 투자 사례를 언급한 바 있는데, 이 주식은 철저히 소외되었을 때 투자했다가 시장의 인기가 절정에 달했을 때 팔았다. 경제적 해자가 없기 때문이다. 대부분의 여행객은 여행지와 일정은 신중하게 고르지만 항공권은 일정에 맞는 것 중 가장 싼 것을 고른다. (당신이 특정 항공사만 이용한다면 설령 그것이 마일리지 적립을 위해서라 할지라도 당신은 소수의 부유층이다.) 이것은 저가항공을 이용할 때는 더욱 두드러진다. 저가항공의 대명사인 미국의 사우스웨스트항공(Southwest Airlines)이나 한국의 제주항공, 티웨이항공 모두 똑같이 비용을 절감한다. 지역별로 저가항공이 처음 생겼을 때는 파괴적 혁신(미국의 경영학자 클레이튼 크리스텐슨 교수가 주창한 개념으로, 단순하고 저렴한 제품 또는 서비스로 기존 시장을 파괴하고 장악하는 전략)으로 느껴지겠지만 사실 그들이 할 수 있는 것은 제한적이다. 항공기 기종을 단일화해서 운항 및 정비에 신속을 기하고, 공항에 지불하는 비용을 줄이기 위해 터미널과 게이트를 상대적으로 구석지고 먼 곳에 배치한다. 그리고 수하물과 기내식, 좌석 지정 등의 서비스를 없애고 유료화한다. 이것은 경쟁사 비행기만 몇 번 타보면 따라 할 수 있는 것이고, 경쟁사들이 따라 하기 시작하면 벌던 돈을 줄이는 수밖에 방법이 없다.

팻 도시는 "평범한 경영진이 경영하지만 해자가 있는 기업이 잭 웰치 같은 유명한 CEO가 경영하는 해자 없는 회사보다 훨씬 낫다"면서 경영자의 경영 능력도 생각보다 중요하지 않다고 했다. 이 말은 워런 버핏과도 일맥상통한다. 투자의 귀재 워런 버핏은 "바보라도 경영할 수 있는 회사에 투자하라. 왜냐하면 언젠가 바보가 경영할 날이 오기 때문이다"라고 했다. 사실 경영자는 기업 경영에 있어 매우 중요한 역할을 할 것이다. '것이다'라는 표현을 쓴 것은 내가 지금까지 검증한 적도 없고, 확인할 방법도 없기 때문이다. 기업을 일구어 주식시장에 상장까지 한 일은 그 자체만으로도 일개 투자자가 평가할 수 없을 만큼 대단한 업적이다. 직업의 특성상 어쩔 수 없이 "어떤 기업은 좋네, 나쁘네. 어떤 기업은 무엇을 잘하네, 못하네"라고 평가할 수밖에 없지만 그때마다 죄스러운 마음이 들 정도다. 당연한 말이지만 한 회사에는 경영자만큼 주인의식을 가지고 열심히 일하는 사람도 없고, 그가 어떤 비전을 제시하고 어떻게 직원들을 동기부여하는지에 따라 결과는 판이하게 달라진다.

그러나 메가트렌드를 등지고 서서 열심히 일하는 것에 한계가 있듯이, 경영자의 능력은 (투자자가 계산할 수 있는 잣대에서는) 회사가 속한 산업이나 고유한 비즈니스 모델의 속성을 넘어서기가 매우 어렵다. 마치 마구간 안에 갇힌 경주마와 같은 꼴이다. 빼곡히 음식점이 들어찬 좁은 골목을 상상해보자. 유동인구는 많지만 음식점 간의 경쟁이 매우 치열하다. 여기에서 풍요 속의 빈곤을 느끼지 않으려면 요리도 잘해야 하고, 싸고 신선한 식재료를 구해야 하며, 인스타그램 마케팅도 신경 써야 한다. 휴일에도 가게 문을 열어야 하니 번 돈을 쓸 여유도 없다. 골목 한 켠에는 하나뿐인 주차장이 있는데 아버지로부터 물려 받아 아들이 운영한다. 아들은 허름한 옷에 슬리퍼 차림으로 출근해 주차비를 수금하는 것이 전부다. 휴일이나 가족 기념일에는 아르바이트생을 구해둔다. 당신은 골목 맛집 사장님과 주차장집 아들 중 어느 쪽을 택할 것인가?

언론에 나온 경영자의 모습을 보고 "어떤 경영자는 능력이 좋다, 누구는 비도덕적이다"라는 판단을 하는 것도 좋지 않다. 대단한 성인군자가 아니고는 돈 앞에 장사 없다는 것이 내 지론이다. 그리고 보통 성인군자는 기업을 경영하지 않으며, 어쩔 수 없이 경영을 하고 있다면 실적이 안 좋을 확률이 더 크다. 차라리 법과 상도(商道)의 테두리 내에서 돈 욕심을 내는 것이 주주로서는 도움이 된다. 미디어에 비친 그들의 모습은 기업 홍보실의 역할에 불과하다. 삼성전자의 이재용 부회장이 각종 구설수에 휘말렸지만 기업은 건재하다. 정도 경영을 표방하며 "역시 LG"라는 평가를 받은 LG전자는 스마트폰 부진의 늪에서 벗어나지 못하고 있다. 아모레퍼시픽 서경배 회장은 한때 뛰어난 경영 능력과 높은 윤리 의식으로 추앙받았지만, LG생활건강에 왕좌를 내주고 난 뒤로는 주목받지 못하고 있다.

성장하는 산업이나 매력적인 비즈니스 모델을 고르는 선구안도 경영자의 중요한 덕목이 아니냐고 반문할 수 있다. 그러나 현실적으로 창업가는 자신이 걸어온 길을, 2·3세 경영자는 선대(先代)가 이미 닦아 놓은 길을 벗어나기가 쉽지 않다. 전문경영인은 말할 것도 없다. 그리고 경험적으로 해오던 일이 쇠락을 걷는다고 해서 전혀 새로운 사업을 일으켰다가는 더 크게 실패할 수 있다.

비즈니스 모델이
답이다

이 책에서 이미 비즈니스 모델이라는 말을 많이 사용했다. 대략 짐작하겠지만 비즈니스 모델은 돈 버는 방식을 의미한다. '제품과 서비스는 어떤 과정을 거쳐 생산하며, 누구에게 어떻게 파는가?'를 줄인 말이라고도 할 수 있다. 수익 모델이라는 표현도 같은 뜻이다. 비즈니스 모델은 경영자보다 중요하다고도 이야기했고, 경제적 해자는 태생적인 비즈니스 모델에서 기인한다고도 설명했다. 그렇다면 과연 좋은 비즈니스 모델이란 무엇일까?

좋은 비즈니스 모델은 한마디로 '적은 비용으로 생산해 쉬운 방법으로 파는 것'이다. 먼저 '적은 비용으로 생산한다'는 것은 두 가지로 나누어서 볼 수 있다. 첫째, 고정자산이 작은 경우다. 방탄소년단과 영화 〈기생충〉의 공통점은 무엇일까? 대한민국의 위상을 높였다는 점? 맞는 말이지만 정답은 아니다. 삼성전자의 갤럭시 스마트폰도 분명히 우리나라의 자랑이다. 그러나 삼성전자가 스마트폰을 생산하기 위해서는 막대한 투자가 필요하다. 공장을 지어야 하고, 공장에 최신의 설비도 입고해야 한다. 고정자산 투자는 경쟁사를 막아내는 진입장벽의 역할도 하지만 기업의 몸집을 무겁게 해 전략의 수정을 어렵게 만든다. 설비가 노후화될 때마다 반복적으로 자금을 투여해야 하는 것도 문제다. 회사의 새로운 성장동력을 발굴하거나 배당 등의 형태로 주주에게 환원할 수 있는 기회가 줄어든다. 그에 반해 콘텐츠 산업은 고정자산 투자가 작기 때문에 흥행에 실패하거나 불황을 겪더라도 상대적으로 버티기 쉽다. 방탄소년단도 데뷔 후 대스타가 될 때까지 5년에 가까운 시간이 필요했다. 방탄소년단 외 이렇다 할 수익원이 없었던 빅히트엔터테인먼트가 3~4조 원의 가치로 주식시장에 입성할 수 있었던 것은 에셋 라이트(Asset-Light) 비즈니스 모델의 힘이다.

둘째, 변동비가 작은 경우다. 변동비가 작은 경우 판매가격 대비 투입되는 원가 자체가 작아 이익률이 높은 회사와 대부분의 비용이 제품의 판매량과 연동되지 않는 고정비로 구성된 회사를 들 수 있다. 이익률이 높은 회사는 일반적으로 경제적 해자가 있다고 할 수 있다. 다만 원재료 비용만 덜 들어갈 뿐 판매하는 비용이 많이 들어가면 경제적 해자가 있거나 비즈니스 모델이 좋다고 할 수 없다. 우리나라의 제약회사들은 대부분 제네릭(Generic)이라 불리는 복제약을 판매한다. 오리지널 의약품의 특허가 만료될 때를 기다렸다가 성분이 똑같은 제품을 출시하는 것이다. 화학 반응작용으로 만들어낸 손톱 만한 알약의 원가가 얼마나 하겠는가? 그럼에도 불구하고 제약 상장사 30곳의 평균 영업이익률은 10%에 불과하다. 많은 의사들이 자사의 약품을 처방해야만 하는데 약의 성분이 똑같으니 차별화할 요소는 판촉과 영업밖에 없다. 그래서 영업비용이 많이 들어가는 것이다. (지금은 여러 구설수에 휘말려 어느 것이 사실인지 알 수 없게 되어 버렸지만) 미용용 보톡스 시장을 호령하던 메디톡스가 50%를 넘나드는 영업이익률을 기록한 것과는 상반된다.

부자들이 선호하는 모델은 고정비율이 높아 영업 레버리지가 나는 쪽이다. 회사가 지출하는 비용은 판매량과 연동하는 변동비와 그렇지 않은 고정비로 나눌 수 있다. 변동비는 원재료, 부재료, 판매수수료 등을 말한다. 생산직 인건비도 변동비 성격을 띤다. 홈쇼핑이나 백화점에 입점하여 물건을 파는 업체들은 매출액에 비례한 수수료를 부담하기 때문에 제조원가만으로 변동비를 산정하면 안 된다. 캉골과 헬렌카민스키 브랜드 제품을 판매하는 에스제이그룹은 코로나19로 언택트 소비가 늘어나면서 행복한 비명을 지르고 있다. 홈쇼핑과 백화점 판매가 온라인으로 이동하면서 홈쇼핑 업체와 백화점 매장 매니저에게 줘야 하는 판매수수료가 줄어들어 수익성이 개선되고 있는 것이다. 고정비는 판매량과 무관하게 지출되는 비용으로 공장 설립 후 발생하는 감가상각비(사용, 시간의 경과, 기술의 진보 등에 의해 고정자산의 가치가 떨어지는 것을 연 단위로 평가하여 비용 처리하는 것)나 본사 경비 등을 들 수 있다. 예를 들어 회사의 판매량이 급증한다 해서 회계팀의 엑셀 작업이 매우 고차원적으로 변하지는 않는다. 좀 큰 숫자를 입력할 수 있을 만한 너비의 셀 간격과 큰 숫자를 작은 단위로 줄일 숫자 형식만 있으면 충분하다.

우리가 투자를 할 때에는 이익이 늘어나기를 바라는 것이고 비용의 감소는 한계가 있다고 했으므로 매출액 증가가 가장 크게 기대하는 바다. 영업 레버리지가 높다는 것은 한 단위의 매출액이 늘어날 때 증가하는 영업이익이 크다는 것이다. 그러려면 공헌이익률이 높아야 한다. 공헌이익은 추가적인 고정비 지출이 없다는 가정 하에서 계산하는 이익이다. 가끔 변동비와 직접비, 고정비와 간접비를 헷갈리는 때가 있다. 변동비와 고정비는 직접비, 간접비를 포함하는 합집합 개념이다. 예를 들어 생산에 직접적으로 들어가는 비용은 당연히 변동비이지만, 변동비 중 생산직 인건비는 직접비가 아닐 수 있다. 특정 생산 인력이 여러 품목을 동시에 생산한다면 특정 제품에 직접적으로 투입되는 것이 아니기 때문이다. 또 생산량이 충분하지 못해 생산 인력의 근무시간에 여유가 있다면 생산량이 좀더 늘어난다 해서 생산 인력의 급여가 비례해서 늘어나지 않을 수 있다. 만일 모든 생산 인력이 더 이상 생산할 능력이 없을 만큼 최대한 일하고 있다면 변동비와 직접비가 같아진다. 영업이익에서 고정비를 뺀 것이 공헌이익, 공헌이익에서 간접변동비를 제한 것이 한계이익이다.

영업레버리지도 = 영업이익 증가율 ÷ 매출액 증가율

공헌이익률 = 공헌이익 ÷ 매출액 = (영업이익−고정비용) ÷ 매출액

= 고정비 증가가 없다는 가정 하에서 매출액 증분에 대한 영업이익의 증분

한계이익률 = 한계이익 ÷ 매출액

= (영업이익−고정비용−간접변동비용) ÷ 매출액

= 특정 제품군 판매에 관련한 이익률

가수를 배출하는 기획사를 생각해보자. 기획사의 주된 수입원을 공헌이익률이 높은 순서대로 나열하면 음원 수익, 음반 수익, 콘서트 수익이 된다. 업무 프로세스 순서대로 설명하면 먼저 곡을 만들고 녹음한다. 여기에 들어가는 비용은 음원, 음반, 콘서트 등 모든 수익 창출에 필수적이며, 일종의 고정비라 할 수 있다. 이렇게 만든 노래는 음반과 음원의 형태로 판매된다. 이때 음반은 한 장이 팔릴 때마다 CD 또는 USB, 앨범 자켓 제작비용이 들어가고 도매점과 소매점으로 갈 때마다 유통비용도 추가된다. 하지만 음원은 스트리밍 사

이트에 업로드하는 것으로 끝이다. 청취자가 다운로드하거나 스트리밍 할 때마다 발생하는 수익은 별도의 비용이 없어 대부분 이익으로 떨어진다. 참고로 회사의 수익과 비용을 기록하는 손익계산서는 가장 선행하는 계정인 매출액부터 마지막인 순이익까지 위에서 아래로 쓴다. 영업이익 또한 매출액보다 후행하는 계정이므로 '떨어진다'는 표현을 쓴 것이다. 한류로 인해 외국인 팬들이 많이 생기더라도 별문제 없다. 해외 유통채널을 개척할 필요도 없고, 음반을 배나 비행기에 실어나를 필요도 없다. 매우 좋은 비즈니스 모델이다. 콘서트는 화려해 보이지만 개최할 때마다 대관료를 지불해야 하고 티켓 판매와 공연장 운영 대행사도 구해야 한다. 밴드와 코러스, 백업 댄서의 임금도 필요하다. 남는 것이 별로 없는 속 빈 강정이다.

한편 최근의 온라인 콘서트는 비즈니스 모델의 혁신이 될 수 있다. 대관료나 운영 대행사가 불필요한 것은 두말할 필요 없고, 더욱 괄목할 만한 점은 입장객 수에 제한이 없다는 것이다. 방탄소년단이나 EXO와 같은 글로벌 아이돌은 팬덤(특정한 인물이나 분야를 열성적으로 좋아하는 사람들)의 90%가 해외에 거주하는데 물리적 거리나 소득 수준 때문에 콘서트에 가는 것은 엄두도 내지 못하는 경우가 많다. 기획사도 해외에 팬이 있다는 것은 알지만 모든 곳에 자사의 아이돌을 보내는 것은 효율성이 떨어진다. 가수의 시간이 허락하는 한도 내에서 가장 돈이 될 만한 곳에 집중할 수밖에 없다. 이에 빅히트엔터테인먼트는 자체 어플리케이션 위버스를, 에스엠엔터테인먼트는 네이버와 협력해 비욘드라이브를 출시했다. 여전히 시차의 문제는 남아 있지만, 이제 해외 팬들도 저렴한 가격에 실감 나는 콘서트를 볼 수 있다. 회사는 한 번 공연으로 수십 만, 수백 만의 입장객을 받을 수 있다. 공연 기획료나 출연자의 임금은 정해져 있는데 매출액의 상한선은 정해져 있지 않으니, 경우에 따라서 이익률이 수십 퍼센트까지 개선되는 효과를 보였다.

영업 레버리지가 높은 비즈니스 모델을 투자할 때 주의해야 할 것은 역(逆) 레버리지 효과다. 지렛대는 무거운 물건을 쉽게 들어올릴 때 쓰는데, 시소나 널뛰기를 생각하면 된다. 받침점을 작용점 쪽으로 옮길수록 적은 힘으로 중량물을 들어올릴 수 있다. 그런데 약간 시간을 과거로 돌려서 중량물을 작용점에 올려 놓는 순간을 그려보자. 나는 어릴 때 시소 한 쪽 끝에 인형을 올려 놓고 다른 쪽을 단번에 아래로 눌러서 인형을 멀리 날려 보내는 놀이를 한 적이 있다. 그러던 중 아직 인형을 올려 놓기 전에 친구가 시소를 '쾅' 밟았다. 결과는? 올라오는 시소 의자가 이마를 강타해 수십 바늘을 꿰맸다.

역 레버리지는 이와 같다. 고정비를 충당할 수 있는 손익분기점을 넘어서면 매출액의 많은 부분을 이익으로 남길 수 있지만, 그렇지 못하면 매출이 없는데도 대부분의 비용은 변함없이 나가므로 손실이

영업레버리지와 손익분기점

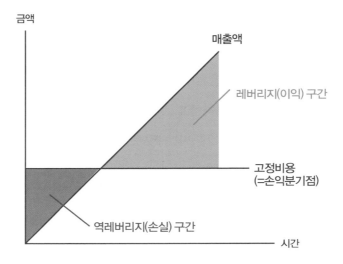

눈덩이처럼 커질 수 있다. 플랫폼 기업들이 사업 초기 매출액을 늘리는 데 혈안이 되는 이유다. 코로나19로 음식점 폐업이 늘고 있다. 매상은 없는데 월세와 주방장의 월급은 그대로 나가기 때문이다. 이 비용을 절감한다는 것은 문을 닫고 재기를 포기하겠다는 것이다. 옛날 개그 프로그램의 유행어가 생각난다. "소는 누가 키워. 소는?"

여기에서 한 가지 더 눈치채야 할 것은 영업 레버리지가 높은 비즈니스 모델을 찾기 위해서 고정비용 절대금액이 큰 회사를 물색해서는 안 된다는 점이다. 경쟁 기업 대비 고정비용 지출이 큰 회사는 그냥 운영 효율성이 나쁜 곳이다. 우리는 전체 비용 중 고정비용이 차지하는 비율이 높은 회사를 찾아야 한다.

다음은 좋은 비즈니스 모델의 정의에서 뒷 문장인 '쉬운 판매'에 대해 알아보자. 먼저 반복해서 구매해야 하는 상품이 구매 주기가 긴 상품보다 좋은 비즈니스 모델을 가졌다고 할 수 있다. 구매 주기가 긴 상품은 기본적으로 소비자가 깐깐하게 고른다. 여러 가지 제품을 비교한 후 구매를 결정할 것이고, 웬만하면 가격도 깎으려고 할 것이다. 회사 입장에서는 고객의 다음 선택을 받기까지 얼마나 걸릴지도 모르고, 그 기간 중에 끝없는 혁신을 통해 장족의 발전을 보여야만 한다. 반대로 매일, 매달 구매해야 하는 상품은 소비자에게 한 번 각인되면 별다른 수고 없이 계속해서 매출을 발생시킬 수 있다. 물론 그 각인된다는 것이 쉬운 일은 아니지만, 분석에 같은 노력을 들였다면 장기간 지속될 수 있는 비즈니스 모델이 좋다. 고(故) 정주영 회장의 현대건설이 중동으로 넘어간 이후 우리나라 건설사들은 해외에서 굵직굵직한 건물들을 지어왔다. 한국전력은 원자력발전소를, 두산중공업은 담수화(바닷물로부터 염분을 포함한 용해물질을 제거해 순도 높은 음용수 및 생활용수, 공업용수 등을 얻어내는 과정) 플랜트까지 수출했다. 세계적으로 몇 회사만이 가능한 훌륭한 기술이다. 그러나 투자자 입장에서는 이미 수주한 프로젝트는 주가에 반영되었을 것이고, 잠재 시장과 기술력이 있다는 것을 알아도 다음 프로젝트 일정을 모르는 상황에서 하염없이 기다리는 것도 고역이다. 반면 구멍가게에서 오늘 팔린 신라면과 새우깡은 별것 아닌 것 같아 보여도 내일도, 모레도 여전히 팔릴 상품으로 가정할 수 있다.

반복 구매 왕국의 왕은 톨 브릿지(Toll-bridge, 유료 다리)비즈니스다. 다시 중세 시대의 해자를 생각해보자. 영주를 만나러 성 안으로 들어갈 때에 헤엄을 쳐서 가지 않는다. 평소에는 해자 위로 올려두었다가 영주의 허락을 받은 이들에 한해서만 내려주는 도개교(跳開橋)를 건너는 것이다. 그런데 만일 이 다리를 건너는 데 돈을 받는다면 어떨까? 반드시 돈을 내야만 한다. 앞서 경제적 해자 챕터에서 얘기했던 골목 한 켠의 하나뿐인 주차장을 떠올리게 된다. 워런 버핏은 지역 신문에 투자하면서 이러한 톨 브릿지 비즈니스 모델을 극찬한 바 있다. 누군가 해당 지역에서 광고를 하려고 한다면 지역 신문 이상의 효과를 기대할 수 있는 매체가 없으므로 결국 돈을 지불하게 될 것이라고 했다.

슈링크라는 브랜드의 미용장비를 파는 기업 클래시스를 보자. 슈링크는 레이저 리프팅(초음파나 이온을 이용해 처진 근육을 당기고 모공을 수축해 피부의 잔주름과 탄력 소실을 관리하는 시술) 장비의 일종이다. 그런데 정작 클래시스 매출의 절반은 카트리지, 젤 패드라고 하는 소모품으로 이뤄져 있다. 클래시스의 미용장비에는 클래시스의 소모품만 장착되기 때문이다. 성형외과, 피부과 등 의원에 장비를 한 번 팔고 나면 리프팅 시술 횟수에 따라 소모품을 반복적으로 구매해야 한다. 의사가 처음 장비를 들여놓을 때는 신중에 신중을 기했겠지만, 그 이후에는 본인의 수익을 위해서 '슈링크' 리프팅을 권할 수밖에 없다. 클래시스는 제때 카트리지와 젤 패드만 공급하면 된다. 프린터 회사들이 프린터는 거저 주다시피 하고 잉크를 파는 것과 다를 바 없다.

이러한 톨 브릿지 모델은 같은 반복 구매 모델이라 해도 자동차용 타이어 산업과는 차이가 있다. 타이어는 자동차에 비해 교체 주기가 짧다. 그러나 그만큼 저관여 상품이다. 여기에서 저관여라는 것은 관여도(Involvement)가 낮다는 것을 의미한다. 미국의 경영학자 하버트 크루그먼(Harbert E. Krugman)은 재화나 서비스를 구매할 때 소비자가 정보 탐색에 시간과 노력을 기울이는 정도를 '관여도'라고 정의했다. 자동차를 사면 타이어는 함께 따라온다. 이것을 OE(Original Equipment, 신제품에 들어가는 부속)라 한다. 어느 정도 주행거리를 채우면 마모된 타이어를 교체해야 하는데, 이것은 RE(Replacement Equipment, 교체용 부속)다. 이때 OE와 같은 것으로 재장착하는 경우도 있지만 보통은 운전자가 성능과 가격을 따져서 교체한다. 요새 타이어 기업들은 이러한 문제를 극복하고자 렌탈 모델을 도입하고 있다. 방문 교환, 경정비 등 서비스를 제공해서라도 계약기간 중에는 자사의 타이어를 구매하라는 고육지책이다.

구매자가 제품가격에 둔감한 경우도 좋은 비즈니스 모델이라고 할 수 있다. 제품의 절대 가격이 낮으면 제품가격에 둔감할 수 있다. 스마트폰을 구매할 때는 누구나 최신 모델을 사고 싶어 하지만 100

만 원이 훌쩍 넘는 가격을 생각하지 않을 수 없다. 가성비가 좋은 모델로 현실과 타협하기도 하고, 프로모션을 많이 하는 매장을 샅샅이 뒤지기도 한다. 이러한 현상을 기업 입장에서 생각하면 경쟁사 대비 높은 가격을 책정하지 못해 충분한 마진을 얻지 못하거나, 무리한 할인행사로 적자를 감수하기도 한다. 한편 스마트폰 액세서리를 판매하는 슈피겐코리아는 좀더 쉽게 돈을 번다. 슈피겐코리아가 판매하는 스마트폰 케이스 등은 온라인 쇼핑몰이나 전철역 지하상가에만 가봐도 경쟁 제품이 수없이 많다는 것을 알 수 있다. 여기에서 포보 (FOBO) 심리가 발현되어 스트레스를 더 가중시킨다. 포보란 하버드 비즈니스 스쿨의 패트릭 맥기니스(Patrick McGuinness)의 연구에서 나오는 개념으로 'Fear Of Better Options'의 약자다. 선택지가 많을수록 자신의 결정보다 더 좋은 옵션이 있지 않을까 걱정하는 것이다. 그런데 생각해보면 스마트폰 케이스는 기껏해야 1~2만 원이다. 갤럭시 스마트폰은 톰브라운 에디션(삼성전자가 미국의 명품 패션 브랜드 톰브라운과 협업해 디자인한 스마트폰)을 사면 수백만 원을 더 지불해야 하지만, 스마트폰 케이스는 가장 비싼 것을 사더라도 몇천 원 정도의 차이에 불과하다. 그래서 고민할 바에는 품질과 디자인이 검증된 1등 회사 슈피겐코리아를 선택하는 것이다. 그리고 이러한 몇천 원의 선택들이 모여 슈피겐코리아는 수백억 원의 이익을 낸다. 실제로 2019년 기준 삼성전자의 IM 사업부(IT & Mobile Communications, 스마트폰 판매를 주 영업으로 한다.)의 영업이익률은 10%인데 반해, 슈피겐코리아의 영업이익률은 무려 14%에 이른다. 누가 봐도 슈퍼겐코리아보다 삼성전자의 브랜드 가치가 높은 것을 감안하면 비즈니스 모델의 차이가 대단하다는 것을 알 수 있다.

넷플릭스나 유튜브 프리미엄 같은 구독 비즈니스도 저가 제품에 속한다. "한 달 무료" "커피 몇 잔 값이면 이용 가능"과 같은 마케팅 문구도 이를 잘 알고 하는 것이다. 한 번 구독하고 나면 이용을 빈번하게 하지 않더라도 해지할 때면 망설여지게 마련이다. 가랑비에 옷 젖는 줄 모르는 것처럼 이러한 서비스들을 다 합치면 의외로 커피 값보다는 훨씬 많은 돈이 나가고 있는지도 모르는데 말이다.

이러한 경우 구매자의 소득 수준에 따라서도 달라지는 듯하다. 넷플릭스의 인기 작품인 〈셀링 선셋〉은 수십~수백억 원의 저택을 파는 부동산 중개인들의 이야기를 그린다. 그들은 종종 구매자의 관심을 사기 위해 중개 물건의 인테리어를 다시 하거나 리모델링을 하곤 한다. 인테리어 이후에는 판매가격을 통상 그 인테리어에 들어간 비용의 몇 배나 인상해버리는데, 예를 들어 1억 원을 들여서 인테리어를 했다면 집값을 3~4억 원 정도 올리는 것이다. 어차피 구매자들이 슈퍼리치인 만큼 가격보다는 그들이 상상하던 드림하우스의 이미지를 심어주는 것이 더 중요하다.

구매자와 실제 돈을 지불하는 사람이 다른 경우도 제품 가격에 둔감할 수 있다. 다들 휴가철 비행기 티켓은 최저가 검색을 통해 구매하면서 회사에서 출장을 갈 때는 내 마일리지가 많이 쌓이도록 고가의 국적 항공사를 정가에 구매한 경험이 있을 것이다. 회사 입장에서는 작은 비용이기 때문에 저가 제품 카테고리에 속함과 동시에 내 돈이 아니기에 좀더 쉽게, 하지만 비싸게 구매하는 것이기도 하다. 미국의 원격의료업체 텔라닥(Teladoc HEALTH)은 대부분의 매출을 B2B로 발생시키고 있다. 기업이 임직원 복지 차원에서 구매하는 것이다. 만일 관련 비용을 현금으로 지급하고 개인적으로 가입을 권유했다면 돈 아까운 마음에 잘 사용하지 않을 수 있다는 판단 때문이다. 반려동물용 실손의료보험을 제공하는 트루패니언(Trupanion) 또한 같은 이유로 B2B 분야의 성장이 훨씬 더 빠르다. 처음부터 내 돈으로 반려동물 보험을 들자 하니 망설여지지만 회사에서 비용을 내준다고 하면 "Why not?(“그거 좋지”의 뜻으로 동의를 나타내는 영어 숙어)"이 되는 것이다. 텔라닥이나 트루패니언 입장에서는 대규모로 계약을 해야 하기 때문에 다소 할인을 감수해야겠지만, 광고비나 판매수수료와 같은 고객 확보 비용이 적게 들어가는 장점이 있다.

　구매자가 가격에 둔감할 것으로 착각하는 경우를 설명하고 이 장을 마칠까 한다. 구매자가 직접 결제를 하지는 않더라도 자신의 성과 평가에 영향을 줄 때는 주의해야 한다. 이런 문제는 흔히 작은 부속품이나 부재료를 생산하는 기업들을 분석하는 과정에서 발생한다. "이 제품은 완제품 생산원가에서 차지하는 비중이 매우 작아서 고객사에서 단가에 신경을 쓰지 않습니다." 거짓말이다! 주문을 내는 고객사의 구매팀 또는 구매 담당자에게는 그 부속품 하나, 부재료 1kg을 구매하는 것이 일이고, 얼마나 싸게 구매하는지가 승진과 연봉을 결정한다. 경제적 해자가 없는 하청업체가 이익이 나고 있는 것은 아직 원청업체가 먹고살 만하기 때문이다. 언제든 단가 인하의 압력을 받아 수익성이 악화될 폭탄을 지니고 사는 셈이다.

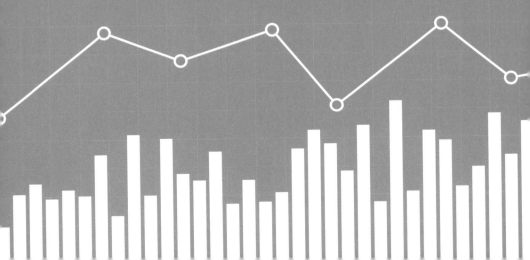

━ııı 제3장 ıı━

부자들이
주식을 고르는 방법

2

기업 가치를
제대로 계산하고 평가한다

재무제표 모르면
투자하지 마라

당신이 자동차를 구매하려고 계획 중이라고 가정해보자. 일반적으로는 지불해야 하는 금액 대비 효용이 더 큰 차량을 선택할 것이다. 식구 수가 많은 집이라면 SUV를, 스릴을 즐기는 타입이라면 스포츠카를 구매할 수도 있다. 하지만 모두 '충분히 이 정도는 지불할 만하다'라는 생각이 들 때 구매를 결정한다. (모델을 결정해둔 후 할인율이 축소되기 전 구매하는 경우를 제외하면) 해당 모델의 가격이 계속 오른다는 이유만으로 자동차를 사는 사람은 없다. 중고차 가격이 급등할 것이라는 요상한 소문을 듣고 사는 사람도 없다. 그런데 유독 기업의 소유권만은 그런 방식으로 구매한다.

이 책의 2장까지 읽은 독자들은 자신만의 투자 아이디어를 갖고 있을 것이다. 그런데 투자 아이디어만 가지고 투자를 집행하는 일은 없기를 바란다. 테슬라는 자동차에 대형 태블릿 PC와 인터넷 연결 기능을 제공한다. 이를 통해 자동차의 소프트웨어를 업그레이드할 수도 있다. 이것을 OTA(Over The Air, 새로운 소프트웨어, 펌웨어 등을 장치에 무선으로 배포하는 프로그래밍 기법)라고 한다. 만약 테슬라가 OTA를 통해 자율주행기능을 향상시킨다는 뉴스를 접했다고 하자. 분명 테슬라 자동차의 가치는 이전보다 올랐을 것이다. 하지만 그랬다고 해서 가격표도 보지 않고 테슬라를 구매하는 사람이 몇이나 될까? 구매자마다 다를 수 있지만 각자 자율주행기능 업그레이드의 가치를 금액으로 환산할 것이고 가격 인상이 내가 생각한 금액보다 작았을 때만 지갑을 열 것이다. 이를 주식투자의 시각으로 보면, 시가총액이나 주가는 내가 구매를 위해 지불하는 금액이고 투자 아이디어는 내가 구매를 통해 얻는 효용이다.

영어에 "Apple to Apple"이라는 말이 있다. 사과는 사과끼리 비교해야 한다는 뜻이다. 시가총액과 주가가 금액으로 표현되기 때문에 투자자가 얻는 효용 또한 돈의 가치로 환산할 수 있어야 비교가 가능하다. 외국에 나갈 때 가장 걱정되는 것이 무엇인가? 치안? 환전? 교통? 그것보다 아마 언어일 것이다. 이제는 외국 어디를 나가더라도 비자나 마스터 신용카드로 결제가 가능하고, 로밍된 스마트폰과 구글 지도를 이용하면 길을 헤맬 우려 또한 없어졌다. 그러나 말이 안

통하는 것은 여전히 답답하다. 번역 앱도 발전을 거듭했지만, 식당에서 복잡한 메뉴를 주문하거나 렌터카에 문제가 생겨 전문적인 요청을 해야 할 때, 항공사나 호텔에 급히 전화를 걸어야 할 때는 '영어 좀 공부해둘 걸' 하는 생각이 간절해진다.

회계는 경영의 언어다. 지금 같이 일하는 동료들은 그럴 일이 없지만, 신입사원이나 인턴사원이 입사하면 매번 같은 이유로 혼쭐이 난다. '전망이 좋다' '성장성이 높다'처럼 정성적인 표현을 쓰기 때문이다. 그들은 나름대로 열심히 분석한 결과를 보고하는 것이겠지만 우리의 일은 숫자로 말하지 않으면 아무 소용이 없기에 처음부터 강하게 육성시킨다. 진정한 투자자로 다시 태어나려면 음식점이나 카페에 갈 때마다 좌석 수, 메뉴의 평균 가격, 테이블 회전율을 계산하는 것이 몸에 배어야 한다. 원재료 가격이 얼마이기에 이 정도 규모의 매장을 유지할 수 있는지, 점원을 몇 명 고용하고 점주는 얼마를 벌 것인지 계산하는 게 즐거워야 한다.

'회계'라는 단어를 백과사전에서 찾아보면 '경제적 실체에 관해 이해관계를 가진 사람들에게 존재하거나 발생한 현상을 화폐액으로 나타내는 과정'이라고 나온다. 여기에서 경제적 실체는 상장기업이 되겠고 이해관계를 가진 사람들은 주식투자자가 되겠다. 다시 말하면 투자자에게 상장기업의 현황이나 변화하는 움직임을 해당 국가의 화폐로 설명해주는 것이다. 그런데 그 설명을 이해할 수 없다면 당연히 투자할 수 없다. 모르는 상태로 하는 것은 투자가 아니라 투기에 가깝다.

회계를 공부하라 하면 꼭 서점에 가서 《회계원리》 책부터 집어 드는 사람들이 있다. 과거 게임산업이 유망하다 했더니 다음 방문했을 때 책상 위에 《컴퓨터 게임 개론》, 《컴퓨터 게임의 이해》(참고로 정확한 제목은 아님을 알린다.)와 같은 책들을 잔뜩 쌓아 놓고 계셨다는 서울대 출신 어르신을 연상케 한다. 대학교에서 가르치는 회계 수업 내용과 공인회계사들이 하는 일은 재무제표를 만드는 것이다. 우리는 재무제표를 만들 필요까지는 없다. 이미 만들어진 재무제표를 읽고 이해할 수 있으면 된다. 이해되지 않을 정도로 어려운 재무제표를 가진 기업에는 투자하지 않으면 그만이다.

재무제표는 재무상태표, 손익계산서, 자본변동표, 현금흐름표 이 네 가지로 구성된다. 재무상태표는 자산내역이라고 이해하면 쉽다. 현금, 유가증권, 부동산 등 기업이 가진 자산의 내역을 나열한다. 그중 타인의 자본을 빌린 내역은 부채라는 항목에 기재된다. 자산에서 부채를 빼면 자기자본으로, 내 돈이라는 뜻이다. 자본은 다시 주주가 출자한 돈(자본금과 자본잉여금)과 기업이 벌어들인 돈(이익잉여금)으로 나눌 수 있다. 손익계산서는 기업용 가계부다. 고객에게 판매한 수입(매출액)부터 시작해 기업의 경영에 사용한 각종 지출(매출원가 및 판매

비와 관리비 등)을 제하고 난 이익까지 기록한다. 자본변동표는 재무상
태표의 자본 항목 변화를 좀더 자세히 기록하는 장부다. 주로 손익계
산서의 마지막 항목인 순이익을 어떻게 사용하는지가 나와 있다. 순
이익은 주주의 몫이므로 발생한 만큼 자기자본이 늘어야 하지만, 주
주에게 배당금을 지급했다면 그만큼은 빼고 자본에 기재하는 식이
다. 사실 가계부와 가장 비슷한 재무제표는 현금흐름표다. 현금흐름
표는 발생주의의 특성상 손익계산서에 기록할 수 없는 현금성 거래
를 기록한다. 참고로 발생주의란 현금의 수수와 관계없이 수익은 실
현되었을 때, 비용은 발생되었을 때 인식되는 개념이다. 기간손익을
계산함에 있어 수익과 비용을 대응시켜야 하므로 수익과 비용을 경
제가치량의 증가 또는 감소의 사실이 발생한 때를 기준으로 하여 인
식하는 것을 말한다.

현금의 이동이 수반되지 않는 거래라는 게 무슨 뜻일까? 사실 부
모님 세대에서는 상상할 수 없는 일이었겠지만, 스마트폰 어플리케
이션으로 가계부를 쓰는 지금은 여러분의 가계부에서도 흔히 발견할
수 있다. 요새는 현금보다 신용카드 결제가 훨씬 보편적이다. 신용카
드는 현금이 없어도 결제할 수 있다. 구매자는 짧게는 수 일, 길게는
한 달 정도 후에 돈을 내고, 판매자도 이미 제품과 서비스는 제공했
지만 대금 수령까지 비슷한 기간을 기다려야 한다. 신용카드로 물건
을 구입했을 때 가계부 앱에 뭐라고 기입하는가? 현금으로 구입했을

때와 마찬가지로 구매금액을 입력한다. 이런 것이 발생주의다. 기업 간 거래는 이러한 외상거래(매출채권, 매입채무)가 훨씬 빈번하다. 반대로 보유한 자산의 가치가 증감하는 등 현금흐름표에는 나오지 않고 재무상태표나 손익계산서에만 등장하는 경우도 있다. 예를 들어 부동산 경기가 호조를 보여 보유한 사옥의 가치가 상승했다면 경제적 실질은 변한 것이다. 그러나 실제로 매도하기 전까지는 현금거래가 수반되지 않기 때문에 현금흐름표에 기록하지 않는다.

너무 복잡하다고 생각하는가? 걱정하지 마라. 투자 아이디어를 설명하는 데는 추정 손익계산서를 작성하는 정도만 되어도 충분하다. 당신이 어떤 사업 아이템을 개발했다고 하자. 이 사업을 하기 위해서는 주변의 동의가 필요하다. 사업 자금이 부족해서 자금을 유치해야 할 수도 있고, 가깝게는 배우자를 설득해야 할 수도 있다. 그러려면 이 사업에 얼마가 필요하고, 얼마의 시간이 지나면, 얼마를 벌 수 있는지를 설명해야 한다.

jtbc의 〈돈길만 걸어요-정산회담〉이라는 프로그램을 녹화할 때 가장 기억에 남는 연예인 패널은 양세찬 씨와 송은이 씨였다. 양세찬 씨는 미세먼지가 심해지는 것을 보고 공기청정기 관련 주식을, 송은이 씨는 고속도로 통행요금이 비싸 그 고속도로를 운영하는 회사의 주식에 관심을 가졌다고 했다. 실생활에서 자신만의 관점으로 투자 아이디어를 발굴한 것은 매우 칭찬할 일이다. 그러나 역시 그것이 얼마짜리 비즈니스인지 계산하지는 못했다. 수년간 대학 투자동아리에서 공부한 친구들도 이 계산을 어려워한다. 그런데 딱 한 달만 우리 회사에서 인턴으로 근무하면 금세 숙달되어 번듯한 투자자로 거듭날 수 있다. 익숙해지기만 하면 그 계산은 그다지 어렵지 않다는 뜻이다.

대학생들의 꿈은 취업이고, 신입사원의 꿈은 이직이다. 그리고 대부분 직장인들은 쿨하게 사표를 던지는 날을 꿈꾼다. 개인적으로는 자영업이 회사 다니는 것보다 몇 배는 어려운 일이며, 어설프게 준비를 해서는 쫄딱 망하기 십상이라고 생각한다. 그럼에도 불구하고 좋아하는 것과 잘하는 것을 구분하지 못하고 창업에 나서는 이들이 많다. 그중 우리나라 사람들이 가장 좋아하는 창업 아이템이 카페일 것이다. 집에서는 암막 커튼을 치고 살지만 카페에서는 곧 죽어도 햇살이 뜨거운 테라스 자리를 고집하고, 몇 날 며칠이 지나도 읽히지 않던 책도 카페의 백색 소음과 함께라면 술술 넘어가는 경험, 다들 있을 것이다. 다음부터 나올 내용은 이렇듯 커피를 너무 사랑하고 카페에서 즐기는 여유로움에 반한 사람들을 위해 쓴 정말 쉬운 경제 단편소설이다.

회계가 무엇인지부터
알아야 한다

1. 주린이, 레모네이드 팔다

김주린은 31세 직장인이다. 대학에서는 디자인을 전공하고 지금은 인터넷 회사에서 일한다. 회사 생활은 대체로 만족스럽다. 팀원들은 따뜻하고 친절하다. 회사에서 업무 능력도 인정받고 있다. 가끔 주변에서 "회사에서는 그림을 그리는 거냐?"라고 물었을 때, 아니긴 하지만 아니라고 대답했다가 또 다른 질문이 꼬리에 꼬리를 물고 나올 것을 뻔히 알기에 "그렇다"고 얼버무리는 것 빼고는 말이다. 하지만 누구나 그렇듯 만족 여부와 무관하게 가끔은 회사를 그만두고 '다른 일을 하면 어떨까?' 생각할 때도 있다. 그리고는 여느 직장인들처럼 다시 금세 포기하고 출근시각 알람 때까지 한 번 더 쪽잠을 청하기 바쁘다.

코로나19는 지난 1년간 모두를 힘들게 했다. 딱 하나 김주린의 생활을 윤택하게 바꿔준 것이 있다면 재택근무다. 이제는 바이러스가 종식되고 더 이상 마스크 쓴 사람을 찾아보기 힘들 정도가 되었지만, 직종의 특성상 일주일에 이틀은 재택근무를 할 수 있다. 사실 재택근무가 도입된 초기에는 급한 업무가 있을 때를 제외하고는 '땡땡이'도 많이 쳤다. 그런데 어째서인지 일상이 된 이후에는 이것 또한 몸에 익숙해져서 사무실에서 근무하는 것과 다를 바가 없어졌다. 사실 생각해보면 회사에서도 서로 메신저로 얘기하지 않았던가?

아침에 집 주변 공원을 한 바퀴 달리면서 보니 내일부터 동네 축제가 시작된다는 것 같다. 이 공원은 옛날에 철도가 지나가던 곳이었는데 노선이 바뀌면서 버려졌던 곳이다. 주변이 재개발에 들어가면서 이곳은 녹지로 조성되었다. 지방자치가 활성화되면서 자치구별로 행사를 많이 열기 시작한 것이 벌써 몇 년 전부터다. 아마 10년쯤 된 것 같기도 하다. 이름 모를 트로트 가수만 나오는 그런 축제에 평소라면 관심이 없었을 것이다. 그러나 코로나19 종식 직후에 열리는 행사다 보니 친구들과도 몇 번은 얘기할 정도로 화제가 되었다.

김주린은 친구들에게 카톡을 남겼다.

"오늘 보니까 우리 동네 축제 내일부터더라?"

내심 '같이 가보면 어떻겠냐?' '전에 얘기했지 않냐' 느낌의 권유였지만 메시지 뒤 '1'이 없어지는 데는 시간이 꽤 걸렸다.

"갑자기 회사에서 급한 일이 생겼네."
"나도 좀 어려울 것 같은데? 이번에는 패스하자."

어느 정도는 이렇게 될 줄 알고 있었다. 나이를 먹고 행동 반경이 달라지면서 친구들과 모이는 것도 점점 어려워졌다. 대부분 모임은 실제 만나는 날까지 시간이 많이 남아 군불을 땔 때가 재미있는 것이지, 정작 만날 때가 되면 하나둘씩 빠져 취소되는 경우가 대부분이다. 이런 상황이 지속되니 말을 꺼내는 쪽이 더 조심스럽다.

오늘도 재택근무다. 하지만 오늘은 오랜만에 '근무'를 떼고 놀아보기로 한다. 어차피 이번 주는 팀장이 휴가이니 직장인들 용어로 '어린이날'이라 별다른 위험 요소도 없다. 동네 축제를 어슬렁거려 볼 생각이다. 그런데 웬걸? 어슬렁거리기 어려울 정도로 사람들이 많다. 역시 사람이 사람을 만나고 부대끼고 싶은 것은 보편적인 본능인가보다. 동유럽에서 데려온 듯한 서커스단, 제로페이 표식을 세워 둔 액세서리 가게들, 아이들의 눈길을 잡아 끄는 인형 뽑기 등 추억 속에서 끄집어낸 그대로의 모습으로 동네 축제는 북적이고 있었다.

특별히 무엇을 사거나 즐기는 것은 아니었지만 이곳저곳 구경하며 돌아다니다 보니 갈증이 느껴져 음료수 파는 곳을 찾았다. 떡볶이나 타코야끼를 파는 푸드트럭은 눈에 보이는데 이상하게도 음료수 자판기 하나 찾을 수가 없다. 아이스 아메리카노가 절실하다. 머릿속으로 떠올려보니 공원 근처에는 편의점이나 카페도 없다. 공원 앞에 있던 카페 하나는 코로나19의 여파를 견디지 못하고 폐업하고 무인 아이스크림 가게로 바뀐 지 오래다. 공원 입구에서부터 걸어서 10분 이상 가야 목을 축일 수 있다. 공원 안의 음수대는 왠지 내키지 않는다.

집으로 돌아오면서 곰곰이 생각해봤다. '왜 축제에 음료수 파는 곳이 없을까?' '잘 팔릴 것 같은데…' 마침내 '내가 팔아보면 어떨까?'에 이르렀다. 가끔 친구들이 집에 놀러 오면 칵테일을 만들어주곤 했는데 반응이 썩 괜찮았다. 제주로 휴가를 떠났을 때 원데이 클래스를 들은 이후 유튜브로 틈틈이 공부했던 터다. 어차피 내일과 모레는 주말이다. '까짓것 한번 해보자.' 집에 들어와서 냉장고를 뒤져보니 탄산수와 레몬, 올리고당이 있다. 어디선가 사은품으로 받았던 소형 아이스박스도 있다. 일단은 레모네이드를 팔아 보기로 한다.

토요일 아침 김주린은 집에서 이것저것 챙겨 공원으로 출발했다. 편의점에서 얼음 몇 봉지와 빈 컵만 사면 준비는 끝이다. 이렇게 되고 나니 친구들이 축제에 오지 않는 것이 오히려 다행처럼 느껴졌다. 이런 장면을 들키는 것은 뭔가 부끄러울 것 같다. 큰 나무 밑에 자리를 맡고 테이블과 의자를 폈다. 이제 장사 시작이다.

레모네이드 1,500원
계좌이체만 가능 (케이뱅크 100-162-250002)

축제에 온 다른 주민들도 김주린과 같은 생각을 했나 보다. 목청 껏 외친 적도 없는데 꾸준히 팔린다. 오전 10시부터 장사를 시작했는데 낮 1시가 채 되기도 전에 탄산수 20개 들이 한 박스를 다 비웠다. 집에서 가지고 나온 전부다. 장부를 따로 적을 정신은 없었다. 어차피 메뉴가 하나밖에 없어 그럴 필요도 없었을 것 같다. 빈 병들을 아이스박스에 담기도 전에 인터넷은행 앱을 켰다. 딱 3만 원이 들어왔다. 시급으로 계산하면 원래 연봉과는 비교도 안 되게 낮지만 일단 자신이 만든 음료가 '완판'되었다는 것 자체만으로도 신기했다. 설레는 밤이 될 것 같다.

여기에서 3만 원은 매출액이라고 한다. 매출액은 판매량과 판매단가의 곱으로 이루어진다.

■ 개인사업자 레모네이드 매출액

20잔/일 × 1,500원/잔 = 30,000원

    어떤 투자 아이디어를 가졌든 그 가치를 계산할 때의 시작은 매출액이어야 한다. 그래서 손익계산서의 가장 위도 매출액이다. 매출액을 추정할 때 주의해야 할 것은 크게 두 가지다. 소비자가격과 기업의 판매가격이 다를 수 있다. 예를 들어 임플란트 회사를 분석한다고 해보자. 임플란트 전문 네트워크 치과(네트워크 병원은 여러 지역에서 같은 이름을 쓰고 주요 진료기술과 마케팅 등은 공유하는 일종의 프랜차이즈 병원을 뜻한다. 여기에서는 치과에만 한정하기 위해 네트워크 '치과'라는 용어를 사용했다.)에서 '임플란트 99만 원'과 같은 광고를 본 적 있을 것이다. 하지만 실제로 임플란트 기업들이 치과에 파는 가격은 10~20만 원 수준이다. 치과는 중간 유통마진과 함께 시술비용을 더해 이익을 남긴다. 따라서 치과를 분석할 때는 (우리나라는 영리법인이 의료행위를 할 수 없지만, 해외에는 병·의원도 많이 상장되어 있다.) 환자가 지불하는 임플란트 가격을 판매단가로 산정해야겠지만, 임플란트 제조기업에 투자하기 위해서는 임플란트 판매가격을 파악해야 한다. 술이나 담배 같은 제품은 소비자가에 세금이 많이 포함되어 있어 더 주의를 요한다. 대부분의 제품에는 부가가치세 10%가 부과되어 있기 때문에 예를 들어 11,000원짜리 제품을 파는 회사의 실제 판매단가는 10,000원이다. 여기에 주세와 교육세까지 붙어 출고가가 600원이라면 도매가는 1,278원이

185

된다. 최근 주세를 종가세(從價稅)에서 종량세(從量稅)로 바꾸는 논의를 하고 있는데 이렇게 되면 수입맥주의 경쟁력이 약화될 거라는 것도 이 때문이다. 현행의 종가세에서는 출고가가 낮은 맥주를 수입해 '네 캔에 만 원' 하는 마케팅을 할 수 있었지만, 종량세로 바뀌면 아무리 출고가가 낮은 맥주를 가져오더라도 용량이 같으면 국산 맥주와 세금이 같기 때문에 가격 경쟁력이 약화된다.

계산을 할 때에 자주 저지르는 또 다른 실수는 매출액이 시장 규모를 넘어서는 오류다. 어떤 제품이 소비자의 구미를 당기게 하여 빠른 성장을 하는 일은 생각보다 자주 있다. 그런데 문제는 이 빠른 성장률이 장기간 유지된다는 가정을 하면서부터 발생한다. 5년 후, 10

주류 출고가와 세금, 소비자 가격의 예

	소주 1병	맥주 1캔	와인 1병
출고가	495	600	8,089
총 세금	559	678	3,746
주세**	356	432	2,427
교육세***	107	130	243
부가세****	96	116	1,076
도매가	1,054	1,278	11,835
유통마진	596	722	8,165
소비자가	1,650	2,000	20,000

- 단위: 원
- ** 소주 및 맥주는 원가의 72%, 와인은 30%
- *** 소주 및 맥주는 주세의 30%, 와인은 10%
- **** 원가+주세+교육세의 10%

년 후의 매출액이 전체 시장 규모를 초과하는 결과가 나오는 것이다. 시장 점유율은 100%를 넘을 수 없다. 동네 축제에 방문하는 사람이 하루에 1,000명이라고 하면 김주린의 레모네이드가 아무리 인기가 있어도 하루에 2,000잔 이상은 팔리기 어려울 것이다. 지금 이 글을 읽고 있을 때는 '누가 그런 명청한 실수를 하겠느냐?'고 웃어 넘길 수 있다. 하지만 장담컨대 매우 자주 발생한다. 스마트폰이나 전기차와 같이 새로운 시장을 만들어내는 경우는 논외라고 생각할 수도 있다. 시간 점유율이라는 말을 들어 보았는가? 전통적인 시장 점유율의 개념에서 디즈니랜드의 경쟁사는 유니버설 스튜디오나 씨월드일 것이다. 그러나 디즈니랜드의 경영자가 실제로 걱정하는 것은 동종의 테마파크가 아니라 유튜브나 닌텐도. 동영상과 게임의 유혹을 물리치고 가족과 함께 나들이를 떠나느냐 마느냐에서 이미 디즈니랜드의 매출액이 결정되기 때문이다. 이처럼 소비자의 관심과 시간을 빼앗아야만 살아남을 수 있는 현대 사회에서는 시장 점유율을 따지기 보다 시장을 창출하는 것이 훨씬 더 중요하다.

그러나 종국에는 이 또한 마찬가지다. 우선 매력적인 시장에는 경쟁자들이 뛰어들게 마련이다. 경쟁자가 없어 시장 점유율 100%를 유지할 수 있다는 비현실적인 가정을 하더라도 총 시장 규모는 고객의 가처분소득의 총합을 벗어날 수 없다. 에르메스 버킨백과 강남의 아파트를 가지고 싶지 않은 사람이 어디 있겠는가? 하지만 모두가 가지지는 못하는 것과 같다. 전 세계적으로 테슬라 주식이 인기를 끌면서 급기야는 목표 시가총액을 20조 달러라고 하는 얘기까지 들었다. 이는 세계 최대 시가총액을 자랑하는 아마존의 13배를 넘는 수치다. (미연에 오해를 방지하기 위해 밝혀두지만 나는 테슬라를 싫어하지 않는다. 훌륭한 회사라고 생각한다. 자체 브랜드 급속 충전시설인 슈퍼차저가 있는 집에 산다면 다음 차로 구매하고 싶을 정도다.) 그런데 20조 달러는 아니지 않나? 미국의 전체 가계소비 지출은 21조 달러다. PSR 1배(기업의 적정 시가총액이 매출액과 같다는 뜻)라고 가정했을 때 미국의 모든 집에서 매년 테슬라 1대를 구매해야 한다는 의미다. 참고로 현대차는 0.4배, 폭스바겐은 0.35배이므로 1배 정도면 상당히 후하게 쳐준 셈이다. 미안하지만 그런 일은 일어나지 않는다. 테슬라의 디자인이 아무리 섹시해도, 주행거리가 아무리 길어도, 자율주행 기술이 아무리 뛰어나도 그렇다.

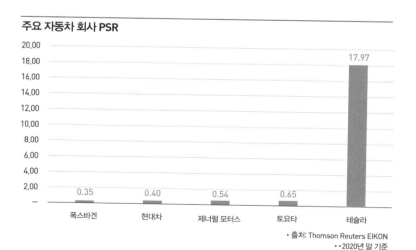

주요 자동차 회사 PSR

- 출처: Thomson Reuters EIKON
- 2020년 말 기준

2. 본격적으로 장사를 시작한 주린이

첫날 장사가 잘 되자 김주린은 주말 내내 컴퓨터 앞에서 시간을 보냈다. 이번 달에는 축제를 여는 구(區)가 어디인지, 서울에서 1년에 열리는 축제는 총 몇 개인지, 혼자 나가서 하루에 팔 수 있는 레모네이드는 몇 잔인지 계산했다.

3시간이 채 안 되는 시간 동안 20잔을 팔았으니 축제가 열리는 오전 10시부터 오후 10시까지 12시간 동안 계속 판매를 하면 80잔 정도는 팔 수 있을 것 같았다. 주린이가 살고 있는 곳뿐 아니라 대부분의 구에서 일 년에 네 번씩 계절이 바뀔 때마다 축제가 열렸다.

■ 개인사업자 레모네이드 시장 규모

서울 25개 구 × 4회/연 × 80잔 = 8,000잔

8,000잔 × 레모네이드 1,500원/잔 = 12,000,000원

시장 규모는 무려 1,200만 원이다. 대부분 손님들도 맛있다고 해주었고, 레모네이드를 만드는 일은 별로 어렵지도 않았다. 그냥 휘휘 만들어 건네면 되기 때문에 말수가 적은 김주린에게 부담되는 일도 아니었다. 어쩌면 새로운 적성을 찾은 줄도 모르겠다.

다만 문제가 되는 것은 구마다 축제가 겹치는 날이 많다는 점이었다. 조사해보니 보통 자치구 축제라는 것이 2주 동안 하기 때문에 한 축제당 주말은 4일이다. 코로나19 이전이던 재작년 기준으로 주린이가 판매할 수 있는 축제일은 대략 계절당 8일씩 총 32일에 불과했다. 몸이 한 개라는 것이 아쉬울 따름이다.

■ **수정된 개인사업자 레모네이드 시장 규모**

주말 2일 × 참석 가능한 축제 수 4개 × 4계절 × 80잔/일

= 판매일수 32일 × 80잔/일 = 2,560잔

2,560잔/연 × 레모네이드 1,500원/잔 = 3,840,000원

김주린이 깨달은 것은 생산능력이다. 동네 축제의 음료수는 분명 TAM(Total Addressable Market, 총 도달 가능 시장 규모로서 제품과 서비스가 발생시킬 수 있는 최대 매출액)이 큰 아이템이다. 그런데 주말을 이용해 모두 참석할 수 있다고 믿었던 축제일이 지역별로 겹치는 경우가 많아 실제로 음료를 동시다발적으로 공급하기가 어려워졌다. 숫기 없는 김주린 입장에서는 친구나 가족을 동원할 용기가 없다. 결국 혼자 짐을 나르고 레모네이드를 만들어야 한다.

기업에서도 생산능력이 부족한 일은 자주 일어난다. 시장도 크고 제품도 좋은데 팔 수가 없다니 얼마나 아쉬울까? 그래서 투자할 때

는 시장 규모와 함께 생산능력도 반드시 체크해야 한다. 생산능력을 검토하지 않고 매출액이 무한정 늘어날 수 있다고 가정하는 것은 하수(下手)다. 그렇지만 생산설비 증설을 고려한다고 해서 모두가 고수(高手)가 되는 것은 아니다. 기업이 생산능력을 늘리는 일은 시간과 비용이 들어갈뿐더러 공장의 준공식이 곧 양산(量産)일도 아니다. 필립 피셔는 "넓은 시장, 뛰어난 제품, 훌륭한 경영자를 가진 기업에 투자하라"고 말했다. 그의 아들 켄 피셔는 이러한 기업에 "일시적 결함이 있을 때 투자하라"고 말해 화룡점정을 찍었다. 그가 이야기한 일시적 결함 중 많은 케이스를 차지하는 것이 증설과 관련되어 있다. 제품이 인기를 끌어 새로운 공장을 지으면 새로운 직원을 숙련시켜야 하고, 최신식의 장치이지만 시험가동 중에 예상치 못한 문제가 발생해 정상적인 생산 수준에 도달하는 데까지 항상 계획보다 시간이 더 걸린다는 것이다. 주가는 신제품의 인기나 공장의 증설이라는 뉴스에 빠르게 반응하지만 또 변화가 기대한 것보다 느리거나 변변치 못하면 금세 하락한다. 첫 뉴스에 바로 발 빠르게 투자하는 것은 매우 운 좋은 사람들에게만 해당되는 일로, 대부분은 주가가 한참 오른 후에 따라잡기 바쁘다. 그러나 켄 피셔의 말대로 회사는 항상 계획보다 더 많은 투자자들이 손실을 입게 된다. 첫 뉴스와 1차 주가 상승에 대해 '황금 보기를 돌같이 한다'면 오히려 그 뉴스의 진실성과 기업의 변화에 대해 차분하게 분석할 시간이 생긴다. 그러고는 모두가 그 주식을 내팽개칠 때 확신을 가지고 2차 상승을 맛볼 수 있다.

생산능력 하면 삼양식품 이야기를 또 빼놓을 수 없다. 오랜 기간 투자하는 동안 이 기업의 생산시설은 몇 차례 변화를 겪었다. 예전의 삼양식품은 농심과 오뚜기에 밀려 생산능력에 여유가 있는 편이었다. 그러다 갑자기 불닭볶음면이 히트를 치면서 공장이 부리나케 돌아가기 시작했다. 야근, 특근을 하는 것으로 모자라 기존의 공장에 생산라인을 더 놓았다. 이 시기 공장에 방문했다면 좁은 공간에 생산시설을 억지로 밀어 넣었다는 것을 쉽게 알 수 있었다. 급히 생산라인을 늘리다 보니 생산과정이 꼬불꼬불할 뿐 아니라 근로자들이 빽빽이 근무하고 있어 견학하는 내내 민폐가 될까 죄송스러울 정도였다. 이후 수출 전용 시설을 확충했는데 그곳은 자동화가 잘 되어 있어 투입되는 인원도 적었고 무엇보다 일렬로 쭉 뻗은 라인이 시원시원해 보였다. 회사는 두 배 이상 빠른 고속 생산시설이라며 거듭 자랑을 했다.

주식시장에서는 삼양식품이 새로운 공장을 짓는다는 풍문이 들릴 때마다 주가가 들썩거렸다. 생산 현장에서 얼마나 치열하게 고민하고 시행착오를 겪는지는 별로 중요치 않았다. '공장을 새로 지을 정도인 것을 보니 수출 주문량이 어마어마한가 본데?'라는 기대감만 가득했다. 공장 건설은 지방자치단체와의 갈등으로 지연되었다. 기존의 본사가 있던 강원도 원주시에서는 고용 유발 효과를 기대하고 같은 지역에 추가 건설을 요구했지만, 삼양식품은 고심을 거듭했다. 지방정

부와의 협력관계도 중요했지만 투자비나 물류 편의성도 무시할 수 없었기 때문이다. 몇 차례나 발표를 번복하는 등 헛물을 켠 뒤에 경상남도 밀양군으로 신공장 부지를 결정했고, 주식시장의 등락이 무색하리 만큼 아직까지도 완공되지 않았다.

제분(곡식이나 약재 따위를 빻아서 가루로 만드는 일) 공장도 비슷한 모양새를 띠었다. 삼양식품은 라면 회사인 만큼 밀가루를 많이 사용하는데, 밀가루는 제분 회사로부터 사와서 이용해왔다. 그런데 회사 규모가 계속해서 커지다 보니 밀가루를 사오는 것보다 직접 밀을 사와서 밀가루를 만드는 것이 원가에도 유리하고, 공정에도 편리하겠다는 생각이 들었다. 그래서 제분 공장을 만들었고 이 역시 주가에는 호재로 작용했다. 제분 회사에 주던 마진을 더 이상 주지 않아도 되니 수익성이 좋아질 것이라는 판단이었다. 그런데 제분 공장은 방문할 때마다 너무 깨끗했다. 알고 보니 가동되지 않고 있었는데 제분 공장을 지었다는 이유로 기존 밀가루 거래처에서 공급에 난색을 표한다는 것이었다. 밀가루 회사들의 반응도 이해는 간다. 큰 고객을 빼앗길 수 있는 상황에서 무슨 일이든 못하랴? 삼양식품은 제분 공정의 노하우가 충분하지 않아 당장 모든 밀가루를 자체 생산으로 대체할 수 없었다. 이에 경영진은 제품 판매가 더 중요하다고 판단하고 제분 공장의 본격 가동을 당분간 유보한 바 있다.

김주린은 생각했던 것보다 시장 규모가 작아 다소 실망했다. 하지만 400만 원에 가까운 부수입은 무시할 수 없는 돈이다.

'에라, 모르겠다. 일단 시작하자!'

이제 본격적으로 장사를 시작하기로 했으니 원가를 계산해보기로 한다. 지난 금요일에는 집에 있던 재료들로만 팔았기 때문에 비용이 들어가지 않았다.

■ 레모네이드 한 잔당 제조단가(물건 한 단위를 제조하는 데 들어가는 가격)

탄산수 400원/병 + 레몬 200원/반 개 + 얼음 200원/잔 + 기타 부재료* 100원 = 900원

• 컵, 빨대, 올리고당 등

■ 개인사업자 레모네이드 매출원가

900원/잔 × 2,560잔/연 = 2,304,000원

■ 개인사업자 레모네이드 매출총이익

매출액 3,840,000원 − 매출원가 2,304,000원 = 1,536,000원

매출총이익률 = 매출총이익 1,536,000원 ÷ 매출액 3,840,000원 = 40%

'150만 원 정도 남는구나. 아니지, 마트랑 축제 장소랑 돌아다니려면 차도 필요한데 어쩌지?'

참고로 김주린은 운전면허는 있지만 장롱면허라 운전을 못 한다고 보는 것이 맞다. 사실 자가용도 없다. 본인 시급을 빼고 계산한 것은 초보 사업가라 어쩔 수 없다 치지만, 앞서 계산한 제조단가와 매출원가는 변동비만 반영되어 있어 큰 문제다.

동생 김동학에게 전화를 해본다. 그는 대학생이지만 사실 집에서 놀고 있는 것과 다를 바 없다. 요새 준비 중인 영국 유학도 항상 영어가 커리어의 발목을 잡는다고 생각한 김주린이 술김에 권해서 하게 된 일이다.

"그래서 내가 뭘 해주면 되는데?"
"주말마다 운전만 좀 해주면 돼."
"얼마 줄 건데? 차는? 누나 차도 없잖아."
"차는 쏘카 빌리면 돼. 하루에 5만 원 어때?"
"콜!"

쏘카는 마트를 들렀다 축제 장소까지 가서 반납하기로 했다. 쓰레기만 잘 처리하면 돌아올 때는 짐이 없어 지하철을 이용할 예정이다. 이제 고정비가 생겼다. 쏘카 대여료 5,000원과 동생 일당 5만 원은 매출액과 무관하게 지출된다. 이전에 매출원가라고 생각했던 것은 변동비, 매출총이익이라고 생각했던 것은 공헌이익이었다. 공헌이익은 보통 제품 또는 상품 단위별 이익을 계산하기 위해 사용한다. 상장기업은 개인사업자 레모네이드와 달리 이미 생산이나 판매를 위한 간접비용을 지출하고 있는 경우가 많다. 따라서 매출액 증감에 따른 이익의 변화를 계산할 때는 공헌이익을 사용하면 좋다.

■ 개인사업자 레모네이드 공헌이익

매출액 3,840,000원 − 변동비 2,304,000원 = 1,536,000원

공헌이익률 = 공헌이익 1,536,000원 ÷ 매출액 3,840,000원 = 40%

언뜻 보면 매우 쉬운 개념 같다. 김주린이 레모네이드를 예상대로 하루에 80잔을 팔아도, 그것보다 덜 팔아도 더 많이 팔아도 쏘카 대여료와 동생의 일당은 변하지 않는다. 기업이 지출하는 매출원가 중에서는 매출액과 비례하지 않는 항목들도 꽤 있다. 생산능력이 충분하다는 가정 하에서 제품이 더 팔린다고 기계장치를 더 들일 필요는 없다. 기름칠은 좀더 해줘야겠지만 공장의 전구를 더 밝은 것으로 바꿀 필요도 없고, 출입구의 지문인식기를 하나 더 달 필요도 없다. 직접 생산라인에 들어가는 노동자는 늘어나지만, 그 인력을 감독하는 관리자까지 충원하지는 않아도 된다.

허니버터칩 인기를 배경으로 크라운제과에 투자할 때 이러한 오해가 가장 극심했던 것 같다. 당시 크라운제과의 영업이익률은 5%대에 불과했다. 허니버터칩이 아무리 많이 팔린다 해도 영업이익률이 낮으니 기업가치 개선분이 크지 않을 것이라는 편견이 팽배했다. 회사의 주식 담당자나 재무 담당 임원조차도 "우리 회사는 그렇게 돈을 벌 수 없다"고 무 자르듯 말했다. 그러나 내 생각은 달랐다. '과자류 시황이 안 좋으니 기계장치와 생산직은 한가하다. 추가 생산에 따른 고정비 증가가 낮을 것이다' '과자류는 광고비와 유통회사나 판촉사원에게 지급하는 판매촉진비가 높을 뿐 원재료비는 낮은 비즈니스다. 허니버터칩은 소비자들이 못 사서 안달이니 직접비만 들이면 별다른 마케팅 없이도 잘 팔릴 것이다'고 생각했다. 실제로 크라운제과의 가동률은 50%, 원재료비는 40%에 불과했다. 극단적으로 보자면 매출액이 두 배(가동률 100%) 될 때까지 공헌이익률은 60%라는 뜻이다. (물론 원재료 외에도 운반비, 포장비, 판매수수료 등 필수적인 변동비가 존재하지만, 대강의 계산을 위한 것이니 독자 분들의 넓은 양해를 바란다.) 수차례 회사와 미팅을 하면서 노트북에 엑셀을 켜서 직접 추정한 재무제표를 가지고 설명했다. 화자와 청자가 바뀐 것 같지만, 투자자가 회사에 "향후 귀사의 실적은 이렇게 변할 겁니다"라고 설명한 것이다. 이후 2015년 크라운제과의 매출액은 전년 대비 1,200억 원이 늘어났고, 영업이익은 250억 원 증가했다. 허니버터칩의 공헌이익률은 20%를 넘은 셈이다. 영업이익률과 공헌이익률을 구분하지 못하는 투자자라면 같은 아이디어를 가지고도 크라운제과에 투자하지 못했거나, 투자했더라도 충분한 수익을 얻지 못했을 것이다. 아직도 내가 크라운제과의 실적을 브리핑할 때 임직원의 의아했던 표정과 실제 실적과 주가가 폭증한 후의 미팅에서 계면쩍어 하던 표정이 잊히지 않는다.

■ 수정된 개인사업자 레모네이드 매출원가

900원/잔 × 2,560잔 + (쏘카 5,000원 + 동생 일당 5만 원) × 판매일수 32일

= 변동비 2,304,000원 + 고정비 1,760,000원 = 4,064,000원

■ 수정된 개인사업자 레모네이드 매출총이익

(1) 매출액 3,840,000원 − 매출원가 4,064,000원 = −224,000원

(2) 공헌이익 1,536,000원 − 고정비 1,760,000원 = −224,000원

매출총이익률 = 매출총이익 −224,000원 ÷ 매출액 3,840,000원 ≒ −6%

적자다. 큰일이다. 공헌이익이 고정비이자 손익분기점이라고도 할 수 있는 1,760,000원을 넘지 않았기 때문에 매출총이익이 적자로 변한 것이다. 돈을 더 벌어야 한다. 결국 김주린은 두 가지 선택을 하기에 이른다.

'일단 가격을 올려야겠어. 어차피 줄 서서 사 먹을 정도였잖아? 카페 가면 적어도 3,000~4,000원은 받을 텐데…. 일단 2,500원으로

시작하자.'

■ **가격 인상을 반영한 개인사업자 레모네이드 공헌이익**

매출액 = 2,500원/잔 × 2,560잔/연 = 6,400,000원

변동비 = 900원/잔 × 2,560잔/연 = 2,304,000원

공헌이익 = 매출액 6,400,000원 − 변동비 2,304,000원 = 4,096,000원

공헌이익률 = 공헌이익 4,096,000원 ÷ 매출액 6,400,000원 = 64%

■ **가격 인상을 반영한 개인사업자 레모네이드 매출총이익**

(1) 매출액 6,400,000원 − 매출원가 4,064,000원 = 2,336,000원

(2) 공헌이익 4,096,000원 − 고정비 1,760,000원 = 2,336,000원

공헌이익률이 40%에서 64%로 크게 늘었다! 변동비는 전혀 변하지 않았는데 매출액만 증가했기 때문이다. 여기에서 매출액 증가분은 모두 공헌이익이 되었다. 변동비는 매출액에 따라서 변한다고 했지만, (다음에 나올 판매수수료 등의 개념을 제외하면) 일반적으로 판매량에 비례한다. 그래서 가격 인상으로 매출액이 증가할 경우에는 변동비가 늘어나지 않아 수익성이 대폭 개선된다. 앞서 원재료 가격이 10% 오른 것을 핑계로 음식값까지 10% 올려 받은 해장국집 주인이 기억나는가? 그렇다면 경쟁이 치열할 경우 해장국 가격을 올리기가 쉽지 않았다는 것도 기억할 것이다. 그만큼 가격 인상은 실제 경영활동에

서 잘 일어나지 않는다. 만일 당신이 눈여겨보는 기업이 경쟁사나 소비자의 눈치를 보지 않고 가격을 인상할 수 있다면 그 기업을 놓치지 마라! 주식부자들이 공헌이익이 높은 비즈니스를 주목하는 것도 그 때문이다. 가격을 올리기는 쉽지 않고, 더구나 가격 인상만으로 수십 퍼센트, 수 배의 매출액 성장을 일구는 것은 더더욱 어렵다. 어릴 적 100원 하던 아이스크림이 20년이 흐른 지금은 1,000원씩 한다. 가격이 10배나 오른 재화를 찾는 것도 쉬운 일은 아니지만 20년이라는 기간을 생각해보면 연 12%에 불과하다. 같은 기간 PG(Payment Gateway, 전자상거래에서 가맹점을 대신해 신용카드사와 계약을 체결하고 결제 및 지불을 대행하는 대가로 수수료를 받는 업체) 거래액은 5,000배 이상 성장했다. 다시 말하지만 많이 파는 것이 제일이다. 이익률이 높으면 비즈니스 모델이 훌륭하다고 할 수 있지만, 기업의 가치는 어디까지나 이익의 절대 규모로 결정된다.

초보 펀드매니저 시절, 우리나라에서 주식형 펀드를 가장 많이 파는 신영자산운용의 투자철학에 무릎을 탁 친 적이 있다. 영업이익률(영업이익을 매출액으로 나눈 것으로 가장 기본적인 수익성 지표)이 낮은 회사를 산다는 것이다. 영업이익률이 높으면 좋은 비즈니스이므로 적(敵)들에게는 군침이 도는 먹잇감이다. 금방이라도 경쟁이라는 전쟁이 벌어지면 이를 방어하기 위해서 가격도 낮추고, 마케팅비도 지불하는 등 수익성이 깎일 수 있다. 영업이익률이 깎이면 자연히 영업이익이 감소하고 기업가치도 하락하게 마련이다. 그런데 이미 영업이익률이 한 자리 초반으로 낮다면 경영자 입장에서 적자를 보지 않기 위해 부단히 애를 쓸 것이므로 영업이익률이 더 하락할 가능성은 크지 않다. 반대로 영업이익률을 조금만 개선시켜도 영업이익의 증가폭은 꽤 클 수 있다.

상점에서 현금으로 구매를 하면 현금영수증을 발급받을 수 있다. 소비자는 연말정산 때 소득공제를 받을 수 있어 좋고, 나라는 거래를 투명하게 하여 정책을 입안하는 데 도움을 받을 뿐 아니라 부가가치세나 소득세 등 세수를 확충할 수 있다. 기업들 간에는 세금계산서라는 것을 발행하는데 이것도 대부분 전자 형태다. 이 전자세금계산서 발행을 우리나라에서 가장 많이 하는 회사가 비즈니스온이다. 이 분야도 한번 사용 방식에 익숙해지면 다른 회사의 프로그램으로 바꾸는 것이 쉽지 않은 강력한 전환비용을 가지고 있다. 따라서 고객사와 계약을 맺고 설치하고 나면 그 다음부터는 수수료가 꾸준히 발생한다. 영업이익률이 높을 수밖에 없다. 주식시장에 상장할 2017년 당시 매출액은 135억 원, 영업이익은 57억 원으로 영업이익률이 42%가 넘었다. 파는 것의 절반 가까이 이익으로 남는다는 뜻이다. 좋은 기업 같은가? 좋은 기업 맞다. 그러나 좋은 주식은 아닐 수 있다. 먼저 상식적으로 영업이익률이 이보다 더 높아지기는 어렵다. 설상가상으로 전자세금계산서는 이미 대부분의 기업들이 사용하고 있다고 봐도 무방할 정도로 성숙한 시장이다. 기업가치(는 곧 이익이고, 이익은 곧 주가다.)를 올리려면 새로운 산업으로 진출해야 한다. 그곳에는 어떤 새로운 적들이 기다리고 있을지 모른다. 당분간 전자세금계산서 사업부 돈으로 기약 없는 투자를 해야 할 수도 있다. 실제로 2019년 영업이익률은 39%대를 기록하며 상장 때와 비교해 3%포인트 하락했다.

반면 신영자산운용이 많이 투자하는 자동차 부품 산업에는 수천억, 조 단위의 매출액을 내면서도 영업이익률은 1~2%에 불과한 회사도 수두룩하다. 아이러니하게도 영업이익률이 높으면 현대차와 같

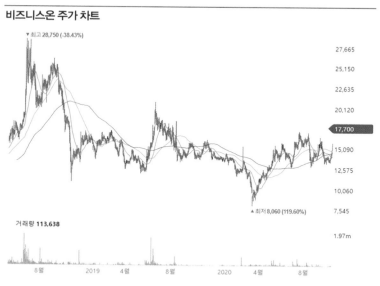

비즈니스온 주가 차트

▼최고 28,750 (-38.43%)

27,665
25,150
22,635
20,120
17,700
15,090
12,575
10,060

▲최저 8,060 (119.60%)

7,545

거래량 113,638

1.97m

8월 2019 4월 8월 2020 4월 8월

• 출처: 네이버 금융

영업이익률이 높은 회사와 낮은 회사의 영업이익 변화

	영업이익률이 낮은 회사	비즈니스온
매출액	100	100
영업이익률(현재)	1.0%	39.0%
영업이익(현재)	1	39
영업이익률 (1%p 증가 후)	2.0%	40.0%
영업이익 (영업이익률 1%p 증가 후)	2	40
영업이익 증감율	100.0%	2.6%

은 고객사가 납품단가를 인하하라고 요구할 수 있다. 이 때문에 '이익을 어떻게 하면 줄일까?'라는 웃지 못할 고민을 하기도 한다. 참고로 재무제표에 드러나는 회계상 이익을 줄인다는 뜻으로, 실제 회사가 돈을 적게 벌기 위해 노력하는 것은 아니다. 어쨌든 영업이익률이 1%인 회사를 가정해보자. 앞서 나온 비즈니스온과 비교하면 비즈니스 모델이 훌륭한 것은 아니다. 그러나 여차저차 노력하여 영업이익률을 1%포인트만 개선시키면 영업이익이 두 배가 된다. 농담 삼아 얘기하면 이 1%는 경영자의 법인카드 한도만 줄여도 달성할 수 있는 숫자다. 비즈니스온이 영업이익률이 1%포인트 변할 때 영업이익이 2.6%밖에 변하지 않는 것에 비하면 어마어마하다. 신영자산운용은 이렇게 영업이익률은 낮지만 꼭 필요한 제품을 만드는 회사에 장기 투자해두면 언젠가 반드시 이익률이 개선되는 때가 오는데 이때 영업이익의 극적인 개선에 주가가 급등하면 매도한다고 한다.

장사를 나갈 때마다 동학이 일당을 주고도 7만 3,000원씩 남았다. 그보다 더 좋은 것은 세상을 바라보는 눈이 달라졌다는 점이다. 회사를 다닐 때는 퇴근시간과 빨간날만 기다렸다. 회사가 나에게 주는 월급은 어느새 당연한 것이 되어 버렸고, 그 몫보다 조금 덜 일하는 것이 회사생활의 목표가 되다 보니 하루에 가장 많은 시간을 보내는 곳이 불편했다. 이제는 다른 의미로 주말이 기다려진다. 열심히 일한 만큼 돈이 들어오고 손님들에게 웃으며 응대하는 것이 자연스럽다. 회사에 매어 있다는 생각을 하지 않게 되자 분명히 일주일이 더 짧아졌는데 오히려 더 즐겁다.

딱 한 가지 걱정되는 것은 동생이다. 레모네이드를 파는 한나절 넷플릭스를 보느라 시간 가는 줄 모르는 것 같긴 한데 최근 부쩍 날씨가 쌀쌀해지면서 기다리는 것이 마냥 즐겁지만은 않을 수 있겠다는 생각이 들었다.

'혹시 그만둔다고 하면 어쩌지?' '처음에 물건 나르는 것만 도와주고 집에 가겠다고 하면?' '뒷정리하는 것도 혼자 하려면 꽤 일일 것 같은데….'

처음에 동생 일당 5만 원은 고정비라고 생각했다. 그런데 지금 와서 동생이 빠지겠다고 하면 더 큰일이다. 그 전에 먼저 수를 써야 한다. 그렇다고 일당을 올려주자니 또 고정비가 늘어 적자가 될까 걱정이다.

"동학아, 너 일 좀 더 해야겠다."

"무슨 소리야?"

"그냥 운전만 할 게 아니라 너도 옆에서 레모네이드 팔면 좋잖아."

"난 그냥 쉬다가 정리나 도와줄까 했는데?"

"그러니까."

"뭐가 그러니까야?"

"어차피 시간 때워야 하잖아. 이거 엄청 쉽거든. 그냥 만들고만 있으면 그냥 팔려. 내가 만드는 법 알려줄게. 매출의 30% 어때?"

"30%? 그게 얼마 정도 되는데?"

"정확히는 몰라도 돼. 지금 일당보단 훨씬 많을 거야."

김주린이 선택한 두 번째 변화는 판매사원의 고용이었다. 판매량을 늘리면서도 매출액의 일부에 대해서만 지불해 나머지는 고스란히 창업자의 이익으로 남기겠다는 계산이다. 처음 기업가치를 추정할 때는 고정비가 편리하다. 숫자가 변하지 않고 생각대로 투자 아이디어가 실현되어 매출액이 늘어나면 영업 레버리지 효과로 수익성도 높아지기 때문이다. 그러나 반대로 매출액이 예상만큼 나오지 않으면 이미 정해진 비용에 허덕일 수 있다. 하나 더 유의할 점은 고정비 또한 늘어날 수 있다는 것이다. 김주린은 동생 김동학이 임금 인상을 요청하기 전에 다른 방안을 생각해냈지만, 실제 기업의 영업 활동에서는 그리 호락호락하지 않다. 인건비와 임차료는 물가 상승에 따라 인상되기 마련이다. 경영자의 판단에 따라서는 설비나 인력의 선투자가 이루어지면서 매출액보다 고정비가 더 가파르게 상승할 수도 있다. 특히 성장 초기 단계에 있는 회사들은 더 주의해야 한다. 최근 투자를 검토 중인 중국 성형수술 리뷰 사이트 쏘영(So-Young International)은 메가트렌드와 경제적 해자를 모두 갖추고 있다. 중국에서 성형수술이나 미용시술을 하는 사람 두 명 중 한 명이 이 회사가 운영하는 사이트나 앱을 이용한다. 의사 입장에서는 당연히 이 플랫폼에 광고를 할 수밖에 없다. 그러나 매출액이 빠르게 늘어나는 만큼 인건비 등 고정비용도 빠르게 증가하고 있어 투자 실행까지 난관이 많이 남아 있다. 당신도 이제 회사에서 받는 급여나 복지 포인트를 생각할 때 투자한 회사의 늘어난 고정비도 같이 떠오른다면 완전한 투자자의 길로 들어섰다고 말할 수 있다.

동생 김동학이 가져가는 것은 판매수수료라고 한다. 레모네이드의 원재료나 운반비와 같은 제품의 생산에 직접적인 비용을 매출원가라고 한다면 본사의 경비, 판매사원의 급여나 광고선전비 등 기업의 경영 제반에 필요한 비용을 판매비와 관리비라고 한다. 줄여서 판관비라고도 부른다.

판매수수료는 매출액에 비례하는데 백화점, 홈쇼핑 등을 유통경로로 활용할 경우 발생한다. 최근에는 게임이나 미디어 등 콘텐츠 유통 기업들에 한해 구글 플레이스토어, 애플 앱스토어에도 지불할 수 있다. 가끔은 판매수수료를 제외한 부분만 매출액으로 잡는 경우도 있다. 이 경우를 순(純)매출 방식이라고 한다. 반대로 모든 매출액을 기록하는 방식을 총(總)매출 또는 거래액(GMV: Gross Merchandise Value)이라고 한다. 예를 들어 2019년 PG 업체인 KG이니시스를 통해 거래된 금액은 22조 2,000억 원이었다. 하지만 같은 기간 KG이니시스의 매출액은 5,000억 원에 못 미쳤다. 이는 거래액 대비 KG이니시스가 수취하는 수수료율이 2% 전후라는 뜻이다.

다만 법적으로 매출액을 계상할 수 있는 기준을 잘 따져보는 것은 중요하다. 재화의 소유권이 완전히 이전되어야만 매출액으로 기록할 수 있다. 쉽게 말해 재고의 부담을 덜어낸 쪽이 매출액을 기록하는 주체가 된다. 백화점은 입점한 업체로부터 수수료를 받는 것이 대부분의 매출액이다. 그래서 총매출과 순매출의 차이가 크다. 그러나 할인마트는 대부분 제조사나 도매상으로부터 상품을 매입하여 (이 순간 제조사나 도매상은 매출액을 기록하고, 그 상품은 할인마트의 재고가 된다.) 일정 수준의 유통마진을 붙여 소비자에게 판매한다. 따라서 총매출과 순매출의 차이가 별로 없다. 비슷해 보이는 비즈니스 모델이라도 총매출을 쓰는 회사는 매출액이 크다 보니 이익률이 낮아 보이고, 순매출을 쓰는 회사는 이익률이 높아 보인다.

    과거 임플란트 회사들은 치과 의원에 제품을 가져다 놓고 이를 모두 매출액으로 기재했다가 문제가 되었다. 실은 치과의사가 제품을 환자에게 식립한 만큼만 수금하고 있었기 때문에 매출액은 발생했지만 매출채권만 쌓인 채 판매대금은 수취하지 못했다. 여기서 말하는 매출채권은 기업이 상품을 판매하는 과정에서 발생한 채권으로 외상매출금과 받을어음 등 '외상판매대금'을 가리킨다. 결국 사용하지 않고 남은 임플란트 제품들은 매출이 취소되는 지경에 이르렀다. 치과에 보관된 기간이 길어 상품성이 떨어진 경우 다른 의원에 판매할 수도 없어 손실을 떠안아야만 했다. 감독당국은 실제 재고부담이 임플란트 회사에 있어 매출액을 기재하는 것이 부당하다고 보고 재무제표 작성원칙을 변경하도록 지시했다. 현재는 실제 사용된 임플란트 제품만을 매출액으로 인식하거나 현실적으로 그러기 어렵다면 경험적으로 적정 반품률을 추정하고 그에 대해 반품충당부채(이미 매출이 발생했지만 향후 반품되어 환불해야 하는 것으로 추정되는 금액을 부채로 기록하는 재무상태표 계정)와 **대손상각비**(반품충당부채와 같이 실제로 현금 유출이 발생하지는 않았으나 자산의 감소가 우려되는 정도를 충당금으로 설정할 경우, 같은 금액을 사전에 인식하는 손익계산서상 비용)를 기록하고 있다.

■ 개인사업자 레모네이드의 손익계산서

매출액 = 김주린 사업부 매출액 + 김동학 사업부 매출액

    = 2,500원 × 2,560잔/연 + 2,500원 × 2,560잔/연

    = 6,400,000원 + 6,400,000원

    = 12,800,000원

매출원가 = 김주린 사업부 변동비 + 김동학 사업부 변동비 + 고정비

    = 900원 × 2,560잔/연 + 900원 × 2,560잔/연 + 55,000원 × 32일

    = 2,304,000원 + 2,304,000원 + 1,760,000원

    = 6,368,000원

매출총이익 = 6,432,000원

판매비와 관리비 = 김동학 사업부 매출액 6,400,000원 × 판매수수료율 30%

    = 1,920,000원

영업이익 = 4,512,000원

이제 동학이 일당은 걱정할 필요가 없다. 아니, 그 정도가 아니라 어엿한 사업가가 되었다. 연봉이 450만 원 오른 것과 마찬가지다.

3. 주린이, 진짜 카페 차리다

장사를 시작하기 전 주말은 늦잠을 자는 것이 국룰(국제경기 룰에서 유래한 신조어로, 현재는 국민적인 룰이라는 뜻으로 쓰인다. 유머러스한 뉘앙스로 정식적으로 규정된 것은 아니지만 보편적으로 통용되거나 유행하는 규칙 및 행위 등을 말한다.)이었다. 가끔 눈이 빨리 떠지는 날에는 이불 속에서 손과 머리만 내놓고 스마트폰으로 유튜브를 보며 뒹굴뒹굴하기 일쑤였다. 그러나 이제 주말의 두 번 중 한 번은 장사 준비로 일찍 일어나다 보니 축제가 없는 날에도 자연스럽게 눈이 일찍 떠진다. 오늘은 지난번 인스타그램에서 보고 저장해둔 2021 서울 카페&베이커리 페어에 가보기로 했다.

'이렇게 다양한 창업 아이템이 있었다니… 나도 해보고 싶다!'

이미 마음 속으로는 어엿한 사업가라고 생각하고 있었지만, 카페&베이커리 페어에 다녀온 후부터는 주중에도 카페를 차릴 생각으로 머리가 가득 찼다. 사실 몇 개월째 지역 축제를 찾아 다니며 레모네이드를 팔다 보니 장사에 대한 자신감이 붙었다. 시간이 흐르면서 레모네이드뿐만 아니라 위스키를 조금 섞어 하이볼도 팔아보고 코카콜라도 쌓아놓고 팔기 시작했다. 사람들을 대하는 것도 한결 자연스러워졌다. 카페를 차리면 일단은 직접 레몬청을 담가 수

제 레모네이드, 레몬차, 레몬 칵테일을 시그니처 메뉴로 내놓을 생각이다. 맥주도 몇 가지 준비하고 디저트 메뉴들은 박람회에서 봐 두었다. 인터넷으로 주문만 하면 그날그날 배송해준다며 별다른 준비는 필요 없다고 했다.

"김 댈(대리)님, 저 회사 때려칠까봐요."
"또? 왜?"

후배의 한탄에 자기 속마음을 들킨 것 같아 놀랐지만 짐짓 모른 체하며 되물었다.

"팀장이 또 저한테 뭐라고 하는 거 들으셨죠? 본인이 상무님하고 의사소통이 안 된 걸 가지고 왜 저한테 그러는지…."

별 얘기 아니다. 어느 회사에서나 있을 법한 뒷담화일 뿐.

"카페나 차릴까 봐요. 아니면 편의점이나…. 요새 오토로 돌릴 수 있는 것도 많다 던데."
"오토? 오토가 뭐야?"
"댈님은 회사 진짜 오래 다니실 건가 봐요. 팀장이 좋아하는 이유가 다 있다니까. 오토라고 돈만 투자하면 점장이나 매니저까지 채용해서 그냥 놀면서도 돈 쉽게 버는 거 있어요."

'사업은 아무나 하는 게 아니란다, 얘야.'

누구나 카페 주인을 꿈꾼다. 자영업이라는 것이 사실 얼마나 힘든지, 따박따박 나오는 월급이라는 것이 얼마나 달콤한지 실제로 시작해보지 않으면 모른다. 기껏해야 사업자등록도 없이 월세나 부가가치세 한 번 내지 않고 음료수 몇 번 팔아본 게 전부이지만 김주린은 회사 후배의 말에 코웃음 쳤다. 그리고 얼마나 많은 초보 카페 주인들이 양산될까를 생각하며 그들보다 자신이 훨씬 나을 것이라는 생각에 속으로 쾌재를 불렀다.

"동학아, 다음주부턴 음료수 팔러 안 갈 거야."

"왜? 무슨 일 있어?"

"나 카페 차릴 거거든. 이제는 주말에 짬짬이 준비하고 오픈하면 회사 그만두려고."

카페&베이커리 페어에서 받았던 명함과 팜플렛을 토대로 스터디를 하며 계획을 세워 나갔다. 석 달에 60만 원 하는 바리스타 자격증 학원도 끊어 퇴근 후에 부지런히 다녔다. 카페 자리는 처음 축제에 참가했던 공원 근처로 알아보기 시작했다. 뭔가 그래야 의미가 있을 것 같았다. 계산해보니 사업에 필요한 초기 투자금은 대략 1억 원 정도다.

■ 주식회사 레몬카페 창업비용

보증금 5,000만 원

인테리어 비용 1,500만 원

커피머신, 냉장고 등 집기 구매 2,000만 원

초기 운전자금 등 잡비 및 예비비 1,500만 원

문제는 아직 1억 원이 없다는 거다. 마이너스 통장은 퇴사하면 바로 상환 요청이 들어온다고 해서 꿈도 꿀 수 없다. 퇴직금은 퇴직을 해야 나올 것이고 그마저도 2,000만 원 남짓이다. 그동안 모아 놓은 돈을 다 합쳐도 5,000만 원 조금 넘을 것 같다. 절반이나 부족하다. '괜히 숲세권에 가게를 차리기로 했나?' 하는 생각도 든다. 하지만 다른 곳으로 옮겨 보증금을 조금 낮춘다고 해도 여전히 돈이 부족하다는 데 안도(?)했다. 역시 장사는 목 아니겠어? 돈을 마련해야 한다.

"엄마, 돈 좀 있어?"

"왜? 얼마나?"

"5,000만 원?"

"엄마가 그런 큰 돈이 어디 있니? 아빠한테 물어봐라."

"아빠, 딸이 옛날부터 사업하고 싶어 했던 거 알지? 이번에 카페를 차리려고 하는데…."

"사업 그거 쉬운 거 아닌데…."

"아빠 퇴직금 받은 거 다 주식하고 있다고 했지? 나한테 5,000만 원만 투자해라. 응?"

"일단 아빠한테 사업계획서 한번 들고 와 봐."

"예스!"

딸이 성인이 다 됐어도 아빠는 여전히 딸 바보다. 아빠 찬스를 써서 5,000만 원을 조달했다. 그런데 아빠가 조금 특이한 조건을 제시했다. 투자금 5,000만 원의 절반은 투자가 아니라 빌려주는 것이니 사업이 실패하더라도 반드시 갚아야 한다는 것이다. 나머지는 안 갚아도 된다는 뜻인가?

그렇다. 오랜 기간 증권맨이었던 아빠는 김주린에게 자산과 부채, 자본의 개념을 설명해주었다. 주식회사 레몬카페 이름으로 가지고 있는 것은 그것이 설령 타인의 돈을 빌린 것이라 하더라도 모두 자산이라고 한다. 가지고 있는 형태에 따라 현금이라면 현금, 예금이라면 예금, 부동산이라면 부동산이라는 이름과 그 가격이 같이 기록된다.

■ 주식회사 레몬카페 자산총계

현금 10,000만 원

그리고 자산총계를 조달한 방법을 기록한 것이 자본과 부채다. 향후 이익을 공유할 주주의 돈으로 조달한 것을 자본, 원금과 이자의 상환의무를 지되 이익이 많이 나더라도 나눌 필요 없는 채권자의 돈으로 조달한 것을 부채라고 한다.

■ 주식회사 레몬카페 재무상태표

자산총계 10,000만 원

현금 10,000만 원

부채총계 2,500만 원

아빠론 2,500만 원

자본총계 7,500만 원

자본금 7,500만 원

이익잉여금 0만 원

눈치챘는가? 자산총계는 부채총계와 자본총계의 합이다. 그리고 주주의 돈인 자본총계는 크게 주주가 출자한 자본금과 회사가 주주에게 벌어준 이익잉여금으로 나뉜다. 결국 여러분들이 찾아야 할 것은 이익잉여금이 늘어나는 회사다. 이익잉여금은 배당금의 원천이기도 하다. 주주의 몫인 자본총계가 큰 회사 중 일부는 계속해서 주주에게 손을 벌리는 나쁜 회사도 있다. 돈을 어느 정도 투자해줬으면 그 이상으로 돌려줘야 마땅한데, 사업을 계속 실패하거나 끊임없이 새로운 투자가 필요한 기업은 그야말로 '깨진 독에 물 붓기'다.

손익계산서를 보면 하수, 현금흐름표를 보면 중수, 재무상태표를 보면 고수라는 말이 있다. 투자 공부를 조금 하다 보면 손익계산서에 나오지 않는 거래를 현금흐름표로 파악할 수 있다. 그리고 진정한 고수는 몇 년치의 재무상태표만 훑어봐도 그 회사가 걸어온 길을 꿰뚫어본다. 유형자산 투자가 많이 필요한 회사인지, 돈을 잘 버는 회사인지, 번 돈을 주주에게 잘 돌려주는지…. 그래서 재무상태표부터 보자고 하는 투자자를 만나면 눈이 번쩍 뜨이고 그 사람 말에 귀를 기울이게 된다.

주식회사 레몬카페의 자본금 7,500만 원은 김주린의 돈 5,000만 원과 아버지의 돈 2,500만 원으로 구성되어 있다. 이것은 경영의 언어로 어떻게 표현할까?

■ 주식회사 레몬카페 주식사무

액면가 5,000원/주

발행주식수 15,000주

자본금 = 액면가 5,000원/주 × 발행주식수 15,000주 = 7,500만 원

아직 레몬카페는 사업이 궤도에 오른 것도 아니기 때문에 할증발

행(주당 기업가치를 액면가보다 높게 인정받아 신주를 발행할 때 액면가보다 비싸게 발행하는 것. 같은 금액을 조달하더라도 주식수가 적게 늘어나기 때문에 기존 주주들에게 유리하다.)을 하지도 않았다. 그래서 주식회사 레몬카페의 주주는 납입한 금액대로 지분율이 결정되었다.

- **주식회사 레몬카페 주주명부**

  김주린 10,000주 = 납입금 5,000만 원 ÷ 액면가 5,000원/주

  (지분율 약 66.7%)

  김개미 5,000주 = 납입금 2,500만 원 ÷ 액면가 5,000원/주

  (지분율 약 33.3%)

여기서 일반 투자자들이 자주 오해하는 것을 두 가지 짚고 넘어가자. 바로 액면가와 유보율이다. 증권게시판 같은 곳에 보면 "액면가보다 주가가 낮으니 너무 싸다"라든지 "유보율(기업의 잉여금을 자본금으로 나눈 비율)이 엄청 높으니 정말 좋은 주식이다"라는 얘기를 흔히 볼 수 있다. 액면가는 액면가일 뿐이다. 주가의 싸고 비쌈은 현재의 기업가치와 비교해서 결정하는 것이지 액면가와 비교하는 것이 아니다. 상법상 주식회사는 액면가 이하의 주식 발행을 금지하고 있기는 하나, 이것이 액면가 이하로 주가가 떨어지지 못한다거나 최소한 액면가만큼의 가치를 가진다고 보장하는 것은 절대 아니다. 유보율도 마찬가지다. 최초 액면가 기준 자본금 대비 현재 기업의 크기를 나타내

는 것일 뿐 저평가되었거나 현금 유동성이 큰 것과는 전혀 무관하다.

이제 자본금이 모였으니 거래에 들어간다. 거래? 회계에서는 돈이 드나드는 것을 모두 거래라고 한다. 먼저 부동산을 찾아갔다.

"사장님, 저 그때 본 카페 자리 계약하려구요."

"아이구, 시간이 너무 지나서 안 들어오는 줄 알았지. 잘 왔어요. 그때 보증금 5,000만 원짜리 보고 갔지?"

"네, 맞아요."

"요새 권리금 없이 상가 구한다는 게 하늘의 별따기야. 정말 운 좋은 거에요."

그러고 나서는 종로구를 누비기 시작했다. 황학동 주방거리에 가면 싼 집기들을 구할 수 있다. 우리나라에서 가장 싸게 인테리어를 할 수 있는 곳인 방산시장도 다녀왔다. 이제 레몬카페, 오픈만 남았다.

■ 개인사업자 레몬카페 사(社)계부

기초 10,000만 원

10월 10일 보증금 5,000만 원 지출

10월 11일 인테리어 계약금 150만 원 지출

10월 17일 커피 머신, 냉장고 등 집기 할부구매

1회차/10개월 200만 원 지출

10월 25일 인테리어 잔금 1,350만 원 지출

기말 3,300만 원

10월 수입 0원, 지출 6,700만 원, 이월 3,300만 원

아마 대부분의 카페 주인은 위와 같이 기록했을 것이다. 시간순으로 얼마를 벌고 얼마를 썼는지, 현재 은행 계좌에 잔고가 얼마가 남았는지 잘 알 수 있다. 하지만 정말 레몬카페의 가치가 10월 9일은 1억 원이던 것이 10월 25일에는 3,300만 원으로 쪼그라들었을까? 지출한 금액은 카페 영업을 위한 자산이고, 오히려 김주린 머릿속에만 존재하던 계획이 더 진척되었으니 가치가 증가한 것은 아닐까?

재무제표라 하는 것은 애초에 복식부기(複式簿記)에서 태어났다. 복식부기란 단식(單式)부기와 상대되는 개념으로 기업의 자산과 자본의 변화 과정 및 결과를 거래의 이중성 또는 대칭관계를 전제로 기록하는 것을 말한다. 보증금 5,000만 원은 사라진 것이 아니다. 잠깐 임대인의 계좌에 보관되어 있을 뿐이다. 카페의 인테리어와 집기를 위해 3,500만 원(인테리어 계약금 150만 원 + 인테리어 잔금 1,350만 원 + 커피머신, 냉장고 등 집기 할부구매 200만 원×10개월)을 지출했지만 이 또한 없어진 것이 아니라 현금이 유형자산으로 바뀐 것이다.

또 하나 중요한 것이 있다. 바로 발생주의다. 집기의 할부구매를 예로 들면 현금주의에서는 200만 원씩 10개월간 비용이 지출된다고 본다. 하지만 발생주의에서는 집기들이 레몬카페에 들어오고 소유권이 이전된 순간 2,000만 원의 자산이 구매된 것으로 본다. 따라서 10월말 기준으로는 현금이 200만 원 지출되었고, 향후 지불할 돈 1,800만 원을 부채(미지급금)로 기록한다. 그리고 매월 현금이 나가는 만큼 미지급금이 축소된다.

마지막으로 수익·비용 대응의 원칙이다. 인테리어 비용 1,500만 원은 이미 10월에 지출되었지만, 이는 10월에만 사용하기 위한 지출이 아니다. 따라서 1,500만 원을 비용으로 인식하는 것이 아니라 일단 자산으로 기록한다. 그리고 시공한 인테리어를 사용하는 동안(리모델링 전까지 수년간) 나누어서 비용(감가상각비)으로 처리한다. 결국 손익계산서에는 현금이 나간 시점과 무관하게 비용이 발생한 것으로 본다. 이 모든 것이 재무제표를 기업의 실질에 가깝게 기록해 투자자들에게 올바른 정보를 제공하기 위함이다.

카페 주인이 아니라 주식회사의 대표자로서의 김주린은 다음과 같이 기록할 것이다.

10월 10일 레몬카페의 현금이 5,000만 원 줄어들었지만 임대인의

날짜	주식회사 레몬카페	거래상대방
10월 10일	현금 −5,000만 원	임대인 현금 +5,000만 원
	보증금(자산) +5,000만 원	임대인 보증금(부채) +5,000만 원
10월 11일	현금 −150만 원	인테리어업체 현금 +150만 원
	선급금(자산) 150만원	인테리어업체 선수금(부채) +150만 원
10월 17일	현금 −200만 원	주방기기업체 현금 +200만 원
	미지급금(부채) +1,800만 원	주방기기업체 매출채권(자산) +1,800만 원
	주방기기(유형자산) 2,000만 원	주방기기업체 매출액 2,000만 원
10월 25일	현금 −1,350만 원	인테리어업체 현금 +1,350만 원
	선급금(자산) −150만 원	인테리어업체 선수금(부채) −150만 원
	인테리어(유형자산) 1,500만 원	인테리어업체 매출액 1,500만 원

현금은 5,000만 원 늘어난 것처럼 각 거래마다 레몬카페와 거래상대방 간 거래금액의 합이 0이 되는 것을 알 수 있다. 또한 레몬카페나 거래상대방을 막론하고 각 거래일의 거래금액의 합도 0이 된다. (부채 계정은 플러스, 마이너스 기호를 반대로 하여 더하면 된다. 매출액은 손익계산서 계정이므로 판매로 인해 자산이 늘어난 만큼 기재한다.) 같은 날 레몬카페의 입장만 본다면 현금이 5,000만 원 줄어들었지만 보증금이라는 자산이 5,000만 원 늘어났지 않는가? 이익이나 손실이 발생하지 않는 한 계정 하나의 금액이 늘어나면 다른 계정의 금액이 줄어들어서 자산·부채는 변하지 않는다.

이 거래들을 마친 후 재무상태표는 다음 페이지와 같이 바뀌었다.

사계부 기준으로는 현금 1억 원이 3,300만 원으로 줄어들었지만, 재무상태표로는 미지급금(부채) 1,800만 원이 증가하면서 자산총계가 늘어났다. 할부구매로 대금은 1개월 치 납부했지만 커피 머신, 냉장고 등 집기는 이미 레몬카페 소유로 이전되었기 때문이다. 미지급금 계정은 9개월이 더 지나게 되면 현금 1,800만 원이 더 지출되면서 사라진다.

■ **주식회사 레몬카페 재무상태표**

자산총계 11,800만 원

　현금 3,300만 원

　보증금 5,000만 원

　커피 머신, 냉장고 등 집기 2,000만 원

　인테리어 1,500만 원

부채총계 4,300만 원

　미지급금 1,800만 원

　아빠론 2,500만 원

자본총계 7,500만 원

　자본금 7,500만 원

　이익잉여금 0만 원

■ 할부금융이 종료된 이후를 가정한 주식회사 레몬카페 재무상태표

자산총계 10,000만 원

　　현금 1,500만 원

　　보증금 5,000만 원

　　커피 머신, 냉장고 등 집기 2,000만 원

　　인테리어 1,500만 원

부채총계 2,500만 원

　　아빠론 2,500만 원

자본총계 7,500만 원

　　자본금 7,500만 원

　　이익잉여금 0만 원

레몬카페 그랜드 오픈
11월 1일
영업시간 10:00 ～ 22:00

　사직서를 내는 순간까지 마음을 졸였다. 장돌뱅이처럼 지역 축제를 돌아다니면서 음료수를 파는 것보다 훨씬 발전한 것이지만 매달 25일마다 통장에 콕콕 박히는 월급이 사라진다는 것은 걱정이 되지 않을 수 없다. 항상 친동생처럼 대해주던 팀장에게 떠난다는 말을 꺼낸다는 것도 쉬운 일은 아니었다.

그러나 카페를 오픈한 뒤부터는 그런 감상에 젖을 시간도 부족했다. 그냥 음료수를 파는 것과는 천지차이였다. 임차료만 내면 내 가게인 줄 알았는데, 관리비는 또 얼마나 많이 나오는지…. 부가가치세와 카드수수료가 아깝다는 생각이 들면서 왜 동대문에서 옷 파는 언니, 오빠들이 현금으로 하면 DC해준다고 하는지도 깨닫게 되었다. 그렇지만 금세 월 매출 1,000만 원을 기록할 만큼 장사는 잘됐다. 공원에 사람이 몰리는 주말에는 주문받기에도 벅차 손님이 비운 자리를 정리하기도 힘들었다. 결국 아르바이트생을 고용했다.

"아빠한테 빌려간 돈 이자 갚을 때 되지 않았니?"

"에이, 안 그래도 드리려고 했죠."

"그래? 그렇게 호기롭게 얘기하는 것 보니 장사가 꽤 잘 되나 보다, 우리 딸?"

"벌써 제 월급 정도는 나오는 걸요?"

"주주로서 회계장부열람권(상법 제466조에 의거 발행주식총수의 100분의 3 이상에 해당하는 주주는 회사에 회계장부·서류를 열람 및 등사를 청구할 수 있다.)을 사용해도 되겠지?"

"그럼요. 아빠한테 잘 배우고 있잖아요."

■ **주식회사 레몬카페 한 달 치 손익계산서**

매출액 1,000만 원

매출원가 440만 원

   원재료 구입대금 400만 원

   카드 수수료 40만 원

매출총이익 560만 원

판관비 375만 원

   아르바이트생 급여 75만 원

   임차료 250만 원

   관리비 50만 원

영업이익 185만 원

영업외손익 −20만 원

   아빠론 이자비용 −20만 원

법인세차감전이익 165만 원

"음… 하나 빼먹은 게 있는 걸?"

"그래요? 빠짐없이 적은 것 같은데… 이상하다."

김주린이 간과한 것은 감가상각비다. 앞서 커피 머신, 냉장고 등 집기에 2,000만 원, 인테리어에 1,500만 원, 총 3,500만 원을 지출했음에도 불구하고 재무상태표에는 자산으로 기록했다. 그 이유는 발생주의와 수익·비용 대응의 원칙에 따른다고도 했다. 집기와 인테리어는 구입하는 순간 비용이 들어가는 것이 아니라 레몬카페를 운영하는 동안 사용한 만큼만 비용으로 반영하는 것이다. 다만 집기와 인테리어 같은 유형자산은 매출액 또는 판매량에 정확히 비례해서 사용량을 계산하기 어렵기 때문에 편의상 내용연수를 정해 감가상각한다. 내용연수란 통상적으로 유형자산을 사용할 수 있는 기간을 말한다. 예를 들어 건물은 15~30년, 차량운반구(자동차)나 기타 집기는 3~7년 정도를 내용연수로 정한다. 단, 토지는 계속해서 사용할 수 있는 자산으로 보고 감가상각하지 않는다. 주식회사 레몬카페의 유형자산은 5년을 내용연수로 하여 감가상각하기로 했다.

직장생활을 청산하고 처음 창업을 할 때는 초기 투자비용에 민감할 수밖에 없다. 하지만 실제 영업이 시작된 이후에는 본인이나 가족의 급여를 생각하지 않고 이윤을 계산하는 것처럼 초기 투자비용을 잊어버리는 것도 흔한 실수 중 하나다. 수년간 열심히 번 돈을 프랜차이즈 본사가 요구하는 인테리어 비용에 다 헌납한다는 뉴스가 나오는 것도 이 때문이다.

개인적으로도 자산운용사 창업 초기 영업수익이 적어 월급을 가져가지 못한 적이 있었다. (참고로 무형자산을 판매하는 서비스업의 경우 매출액 대신 영업수익이라는 단어를 사용한다.) 그래도 생활비는 필요했기 때문에 부업으로 에어비앤비 플랫폼을 통해 게스트하우스를 운영했다. 장기적으로 회사를 성공시킬 자신은 있었지만 고객 자산을 모으고

자본시장에서 인정받기까지 시간이 필요했기에 가장 적은 자본과 시간 투입으로 수익을 창출할 수 있는 부업을 찾은 결과였다. 이때 감가상각비의 중요성을 몸소 깨닫게 해준 것이 침대 매트리스였다. 초기 투자비용을 줄이기 위해 이케아에서 '싸구려' 매트리스를 구매했다. 사진상으로만 예쁘게 보이면 그만이었다. 그런데 시간이 갈수록 매트리스가 내려앉고 급기야는 등에 스프링이 배겨서 아플 지경이 되었다. 당연히 게스트들의 불만이 늘어났고, 매트리스를 정기적으로 교체해야만 했다. 주식회사 레몬카페가 만약 당장의 이익에 눈이 멀어 재투자를 게을리한다면 결국 집기나 인테리어가 노후화되어 손님의 방문이 뜸해질 수 있다. 그렇다면 기업가치의 최상단에 있는 매출액이 줄어들 것이다. 고정비용이 있는 상태에서 매출액이 줄어들 때의 무서움은 여러 차례 설명한 바 있다. 혹여 재투자를 게을리했을 뿐만 아니라 감가상각비를 감안하지 않고 남은 이익을 모두 배당하거나 2호점 오픈에 투자했다면 여유 자금이 부족해 손님이 줄어드는 광경을 '손가락 빨며' 지켜만 보는 불행한 상황에 처할 수도 있다. 그만큼 감가상각비는 중요한 회계 계정 중의 하나다.

"그러면 아빠, 내가 준 손익계산서에 오류가 또 있는 것 같아."

"그래? 어떤 부분이지?"

"이번 달에 실제로 쓴 원재료는 400만 원이 아니라 200만 원이거든. 내가 무조건 제품 가격은 원재료의 5배수로 정해서 정확히 알

거래	주식회사 레몬카페	거래상대방
원재료 구매	현금 −400만 원	식자재업체 현금 +400만 원
	재고자산 +400만 원	식자재업체 매출액 +400만 원
제품 판매	현금매출 +900만 원	손님 지출(비용) −900만 원
	현금 +900만 원	손님 현금 −900만 원
	외상매출 +100만 원	단골회사 접대비(비용) −100만 원
	매출채권(외상매출금) +100만 원	단골회사 미지급금(부채) +100만 원
	매출원가(원재료 사용) 200만 원	없음
	재고자산(원재료) −200만 원	없음
	이익 800만 원	없음

아. 근데 혹시 몰라서 좀더 사둔 거거든. 그러면 현금주의로는 −400만 원이지만 수익·비용 대응의 원칙에 따르면 200만 원만 반영해야 하는 것 같아. 그렇지?"

"우리 딸 이제 회계 박사 다 됐네?"

"그리고 세금도 아직 내지는 않았지만, 결국 낼 돈이니까 기록해두는 게 좋을 것 같아. 혹시 무서운 주주님께서 다 배당하라고 할 수도 있잖아?"

앞서 말한 거래를 반영하면 주식회사 레몬카페는 원재료를 구입하는 데 400만 원을 사용했지만, 손익계산서에는 실제 사용한 200만 원만 기록하면 된다. 나머지 200만 원은 현금이 재고자산으로 바뀌었다고 볼 수 있다. 또 이익은 800만 원이지만, 재무상태표상 현금은 600만 원만 늘어난다. 이 역시 나머지 200만 원은 아직 사용하지 않은 재고자산에 묶여 있다.

'묶여 있다'는 표현을 쓸 정도로 기업의 경영자들에게는 재고자산을 적정 수준으로 줄여서 관리하는 것이 영원한 숙제다. 재고자산이 너무 부족하면 구매하러 온 손님을 돌려보내야 할 수 있고, 그렇다고 너무 많은 재고자산을 보유하면 손익계산서와 별개로 현금이 더 많이 필요해진다. 이는 결국 주주나 채권자들에게 자주 손을 벌리게 만들고 꼭 필요한 투자를 주저하게 한다. 이미 많은 경영학 서적에도 다뤄질 만큼 유명해진 일본 토요타 자동차의 JIT(Just In Time) 정책도 재고 관리 방법이다. 자동차 부품의 생산라인마다 생산량과 재고량을 나타내는 간판을 달아 생산 첫 단계부터 마지막 단계까지 꼭 필요한 만큼만 적시에 생산한다.

또 재고자산이 과다하게 늘어나는 것은 경영이 부실해지는 증거로도 볼 수 있다. 매출원가에는 다양한 요소가 들어가지만 극도로 단순화하면 다음과 같다. (참고로 별도의 제조과정을 거칠 필요 없이 한 쪽에서 사온 물건을 다른 쪽으로 파는 유통업은 실제로도 그렇다.)

매출원가 = 기초재고 − 기말재고

레몬카페가 영업을 시작한 11월 1일 미리 구입해둔 원재료 재고자산은 400만 원이었다. 그리고 11월 30일에 남은 재고자산은 200만 원이다. 그렇다면 사용한 원재료(매출원가)는 당연히 200만 원일 것이다. 매일매일 원재료를 얼마나 썼는지 굳이 세지 않더라도 기초와 기말의 재고자산만 확인하면 그 차(差)가 바로 매출원가다. 그런데 기말에도 재고자산이 줄지 않고 창고에 많이 쌓여 있다면 어떤 상황일까? 손님이 잘 오지 않는다는 뜻이다. 만일 그럼에도 불구하고 아르바이트생이 항상 같은 양의 원재료를 주문한다면 어떨까? 사용하는 원재료보다 더 빨리 재고자산이 늘어날 것이다. 재미있는 것은 기말재고가 늘어나면 매출원가가 감소하는 효과가 있다. 손님이 오지 않아 매출액은 늘지 않음에도 불구하고 이익이 개선되는 요상한(?) 모습이 나타난다.

원재료 매입 > 원재료 사용 → 기말재고 증가

매출원가(감소) = 기초재고(불변) − 기말재고(증가)

매출액(유지) − 매출원가(감소) = 매출총이익(증가)

■ 수정된 주식회사 레몬카페 한 달 치 손익계산서

매출액 1,000만 원

매출원가 298만 원

  원재료 구입대금 200만 원

  카드 수수료 40만 원

집기 및 인테리어 감가상각비 58만 원[*]

매출총이익 702만 원

판관비 375만 원

아르바이트생 급여 75만 원

임차료 250만 원

관리비 50만 원

영업이익 327만 원

영업외손익 −20만 원

아빠론 이자비용 −20만 원

법인세차감전이익 307만 원

법인세 34만 원[**]

순이익 273만 원

• (집기 2,000만 원 + 인테리어 1,500만 원) ÷ 내용연수 5년 ÷ 12개월

  = 58.3…만 원 ≒ 58만 원

•• 법인세차감전이익 307만 원 × 과세표준 2억 원 이하 법인세율(주민세 포

  함) 11% = 33.7…만 원 ≒ 34만 원

김주린은 딱 한 달 치의 원재료만 구비하기로 원칙을 세워 두었기 때문에 재고자산의 문제는 딱히 와닿지 않았다. 로스팅 전의 원두는 유통기한이 길고 나머지도, 냉장고에 넣어두면 몇 달은 거뜬할 재료들이다. '장사가 잘 되는데 무슨 걱정이람?'이라는 생각도 컸다.

사실 그보다는 최근 단골이 된 회사에서 주문한 외상거래가 마음에 걸렸다. 매일 아침에 두세 명 테이크아웃, 점심 때는 일주일에도 몇 번씩 다 같이 와서 왁자지껄하게 떠들다 가는 회사라 매상에 상당히 도움이 된다. 금융회사라고 들었는데 입고 다니는 행색이나 얘기하는 분위기는 전혀 그렇지 않았다. 김주린도 세간에서 자유분방하다고 알려진 회사를 다녔지만, 분명히 그보다는 더 편안해 보였다. 무슨 게임회사나 광고회사 같았다.

　　"사장님, 저희 다음주 토요일에 회사 고객님들 모시고 하는 행사가 있거든요."
　　"아, 네…."
　　"그때 점심식사 대용으로 쓸 샌드위치하고 음료를 주문해야 하는데, 혹시 주말에도 영업하시나요?"
　　"네, 그럼요. 몇 개 정도 필요하신데요?"
　　"100인분요."

　　'대박!'

　　"그런데 저희 이사님께서 그러시는데 이번 달 법인카드 한도가 좀 일찍 차셨다고 결제는 다음달에 해도 되냐고 여쭤보셨거든요."
　　"…당연히 해드려야죠. 그렇게 하세요."

차마 거절하지 못했다. 한꺼번에 100만 원이면 꽤 큰 돈 아닌가? 그런데 그게 마음의 짐이 될 줄이야! 3주가 넘는 시간 동안 '혹시 못 받는 것 아냐?' 하는 생각이 몇 번이고 들었다. 12월이 되면서부터 는 하루하루 주문했던 그 어린 친구의 얼굴만 기다렸다.

앞서 '주식회사 레몬카페 원재료 구매 및 제품 판매 거래'에서 매출채권(외상매출금) 항목만 다시 보자. 단골 금융회사에 판매한 금액 100만 원은 매출액이다. 거래상대방인 금융회사 입장에서는 판관비의 접대비 계정에 -100만 원으로 기록했을 것이다. 하지만 금융회사가 현금을 줄 때까지 레몬카페의 재무상태표에는 매출채권(외상매출금), 금융회사의 재무상태표에는 미지급금으로 기록된다. 향후 현금을 지불할 때 레몬카페는 매출채권 -100만 원, 현금 +100만 원으로 금융회사는 미지급금(부채) -100만 원, 현금 -100만 원으로 바꿔 쓰면 된다.

■ 주식회사 레몬카페 외상 판매 거래

주식회사 레몬카페	거래상대방
외상매출 +100만 원	단골회사 접대비(비용) -100만 원
매출채권(외상매출금) +100만 원	단골회사 미지급금(부채) +100만 원

재고자산이 늘어나는 것만큼 매출채권이 늘어나는 것도 위험하다. 돈을 내줄지 모르는, 더 나아가서 구매 의사가 있는지 알 수 없는

고객에게 제품을 넘기는 셈이기 때문이다. 가끔 홈쇼핑이나 다단계 판매 쪽에서 "일단 써보시고 마음에 안 들면 언제든 환불하세요" 또는 "체험해보시고 결제는 나중에 해도 됩니다"라는 문구로 현혹한다. 그러나 그 회사는 현금으로 회수하기 어려운 매출채권을 가지고 있거나 현금을 받았지만 언제든 환불해줘야 하기 때문에 실제로는 그 현금을 적절한 곳에 사용할 수 없거나 언제든 출금할 수 있어 매우 적은 이자만을 받는 요구불 예금 등에만 넣어둬야 할 것이다. 고객에게 간 제품이 실은 여전히 이 회사의 재고자산과 마찬가지인 데다 훼손 위험까지도 지고 있다고 할 수 있다. 수리, 세탁 등의 이유로 반품받은 물건을 다른 고객에게 바로 팔 수 없기 때문이다.

이러한 문제를 미연에 방지하기 위해서 매출채권회전율과 재고자산회전율를 계산해보면 된다. 각 산업과 비즈니스 모델마다 매출채권과 재고자산을 관리하는 기간은 천차만별이기에 절대적인 기준은 없다. 이해를 돕기 위해 펀드매니저가 되기 위한 첫 면접에서 받았던 질문 중 하나를 공개한다. "이마트의 매출채권회전일수는 매입채무(매출채권과 반대되는 개념. 제품이나 상품 판매를 목적으로 구매한 재고자산의 결제를 차후에 할 목적으로 발행한 어음 등의 단기 채무) 회전일수보다 짧다. 이유가 무엇인가?" 답은 간단하다. 이마트가 대형 할인점으로서 납품하는 제조회사보다 구매자 교섭력이 높기 때문이다. 구매자 교섭력은 구매자가 산업구조에 미치는 영향력의 크기를 말한다. 구매량이 많을수록, 구매자가 가격에 민감할수록, 구매하는 재화 또는 서비스가 차별화되어 있지 않아 대체가 쉬울수록, 구매자가 생산시설을 갖추어 직접 조달할 후방통합의 위협이 있을수록 시장에 가지는 영향력이 크다. 다시 본론으로 돌아가면 그렇다고 해서 이마트가 무조건 좋은 주식이고, 이마트에 납품하는 기업이 무조건 나쁜 주식이라는 것은 아니다. 또한 매출액이 늘어나는 상황 속에서는 당연히 매출채권과 재고자산의 절대금액이 늘어나게 마련이다. 그래서 나온 것이 회전율 지표다.

회전율은 특정 시점의 자산을 대응되는 1년간의 손익계산서 항목으로 나눠 계산한다. 매출채권은 매출액과, 재고자산은 매출원가와 대응시키면 된다. 이렇게 1년간의 영업활동 동안 매출채권과 재고자산이 몇 회 발생하는지를 볼 수 있다. 그리고 이 회전율 지표가 동종업계의 것보다 좋은지 나쁜지를 비교하면 시장 내 지위 역시 파악 가능하다. 하지만 그 지표가 개선되고 있는지 악화되고 있는지를 보는 것이 더 중요하다.

■ **주식회사 레몬카페 회전율 지표**

매출채권 회전율

= 매출액 12,000만 원(1,000만 원/월 × 12개월) ÷ 매출채권 100만 원

= 120회

재고자산 회전율

= 매출원가 3,576만 원(298만 원/월 × 12개월) ÷ 재고자산 200만 원

= 17.8⋯회 ≒ 18회

혹시 직관적으로 회전율 지표가 몇 회가 적당한지 잘 모르겠다면 365일을 회전 횟수로 나눠보자. 그러면 평균적으로 외상값을 며칠 만에 받는지, 재고자산을 며칠 정도 보관하는지를 보여주는 회전일 수가 나온다. 레몬카페의 경우 매출채권이 3일 만에 회수되기 때문에 대부분 현금거래를 하고 있음을 뜻한다. (카드사들도 결제대금을 나중에 준다. 하지만 이해의 편의를 돕기 위해 카드를 제외해 현실성을 떨어뜨린 점 독자들의 넓은 양해 바란다.) 그리고 재고자산이 매출원가로 투입되는 데까지 걸리는 시간은 평균 20일 정도로 김주린이 한 달치의 원재료만 산다는 계획에 부합하는 것으로 보인다.

■ 주식회사 레몬카페 회전율 지표

매출채권회전일수 = 365일 ÷ 120회 = 3.0416⋯일 ≒ 3일

재고자산회전일수 = 365일 ÷ 18회 = 20.27⋯일 ≒ 20일

김주린은 카페 오픈 이후 처음으로 재무상태표를 다시 작성해보았다. 한 달이 지나 집기 할부금 200만 원을 추가로 냈으며, 그만큼 미지급금(부채)은 줄어들었다. 또 상환한 할부금과 무관하게 시간의

흐름에 따라 자산가치는 조금 깎였다. 감가상각된 것은 인테리어도 마찬가지다. 손익계산서에는 273만 원의 이익이 기록되었지만 꼭 그만큼 현금이 늘어난 것은 아니다. 사실 기초의 3,300만 원보다는 더 줄었다. 하지만 걱정하지 않는다. 일부는 매출채권과 재고자산이라는 계정으로 바뀌 기록되어 있을 뿐이니까.

■ 한 달 후 주식회사 레몬카페 재무상태표

자산총계 11,907만 원

　현금 3,165만 원

　매출채권 100만 원

　재고자산 200만 원

　보증금 5,000만 원

　커피 머신, 냉장고 등 집기 1,967만 원

　인테리어 1,475만 원

부채총계 4,134만 원

　미지급금 1,600만 원

　미지급비용(법인세) 34만 원

　아빠론 2,500만 원

자본총계 7,773만 원

　자본금 7,500만 원

　이익잉여금 273만 원

주식회사 레몬카페 매출액부터 순이익까지의 거래상대방 흐름도

손익계산서 계정	거래상대방
매출액	카페 손님
− 매출원가	커피 도매상(원재료, 감가상각비), 카드회사(판매수수료) 등
= 매출총이익	
− 판매비와 관리비	종업원(급여), 임대인(임차료) 등
= 영업이익	
+ 영업외손익	차입금 대주(이자비용)
= 세전이익	
− 법인세	국가
= 순이익	주주(배당금 등)

위 재무상태표에서 가장 눈여겨봐야 할 것은 이익잉여금 273만 원이다. 이 금액은 꼭 한 달 치 손익계산서의 순이익과 같은 금액이다. 순이익 273만 원이 현금흐름과 다르다는 것은 이미 여러 차례 설명했다. 하지만 자산의 형태가 현금 증가가 아니었을 뿐 주식회사 레몬카페의 자본총계는 273만 원 증가했다. 고객에게서 받은 돈은 매출액이 된다. 여기에서 커피 도매상에게는 원재료 구입비를, 카드회

238

사에는 카드 수수료를 낸다. 이것이 매출원가이고, 매출액에서 매출원가를 차감하면 매출총이익이 된다. 아르바이트생과 가게 임대인에게 주는 급여와 임차료 등은 판관비라고 한다. 매출총이익에서 판관비를 제하고 나면 영업이익이다. 기업의 가치를 평가할 때 매출액 다음으로 기본이 되는 숫자다. 하지만 여기서 끝이 아니다. 영업과는 무관하지만 회사 입장에서 추가로 드나드는 수익 또는 비용을 영업외손익이라고 한다. 레몬카페는 영업외수익이 없고, 아빠론 이자만 지출된다. 마지막으로 국가에 납부하는 세금까지 빼고 남은 돈은 모두 주인(주주)의 몫이다. 그것을 순이익이라고 한다.

재무상태표에서 자본총계는 회사가 가진 모든 자산(자산총계)에서 갚아야 할 돈(부채총계)을 빼고 남은 것이다. 최초에는 김주린과 김개미(아버지)가 납입한 자본금밖에 없었지만, 향후 레몬카페가 벌어들이는 돈은 이익잉여금에 차곡차곡 쌓인다. 물론 순손실을 기록했다면 이익잉여금이 아니라 누적결손금이라는 이름으로 기록되고 그만큼 자본총계가 줄어든다. 이익잉여금이 충분한 상황에서 일시적으로 순손실을 기록했다면 이익잉여금이 조금 줄어드는 데 그칠 수도 있다. 이 이익잉여금은 회사가 돈을 어떻게 벌어왔는지에 대한 이정표이자 증거다. 또 충분히 누적된다면 이익배당금의 재원으로도 활용된다.

4. 세계일주 떠난 주린이

주식회사 레몬카페는 계속 승승장구했다. 수년이 지나는 동안 방송도 몇 차례 탔다. 상가 한 귀퉁이의 작은 가게에서 시작했지만 이제는 1층 전부를 사용하고 있다. 아빠에게 빌렸던 돈도 다 갚은 지 오래다. 아빠는 사업이 잘 되는 한 지분은 절대 팔 수 없다고 계속 가지고 계신다. 아직까지 회사를 다니고 있는 친구들은 모두 김주린을 부러운 눈초리로 바라본다.

"주린아, 너 이제 완전 금수저나 마찬가지겠다? 놀고 먹어도 돈도 계속 들어오고? 너무 부럽다!"

'내가 놀고 먹는다고? 직원 교육도 시켜야지, 신메뉴도 구상해야지, 거래처랑 단가 협상해야지⋯. 커피만 안 내린다고 노는 거냐? 하긴, 에휴⋯ 니들이 뭘 알겠냐?'

그냥 그렇다고 대답하는 것이 빠르다. 그리고 오늘 밥값만 쿨하게 계산하면 된다. 어차피 자본가와 노동자의 삶은 다르다. 서로 영영 이해할 수 없을지도 모른다.

"근데 너는 언제까지 카페 할 거야?"

"언제까지라니?"

"너 원래 세계일주 하는 게 꿈 아니었어? 가게는 직원한테 맡기고 다녀와도 되지 않아? 아니면 누가 산다는 사람 없어? 싹 팔아버리고…."

"이걸 팔라고?"

"너 혹시 마에자와 유사쿠라고 몰라? 조조타운(ZOZOTOWN, 한국의 무신사와 같은 온라인 패션 편집샵이다. ZOZO라는 티커로 도쿄증권거래소에 상장되어 있으며, 현재는 야후재팬의 자회사다.)이라는 일본 패션몰을 창업한 사람인데 회사 매각하고 요새 유튜버로 활동하는 괴짜 있어. 최근 통장에 1조 있다고 인증까지 했거든."

"아, 그러고 보니 우리도 팔라는 사람 있긴 있어. 건물주가 바뀐다고 하더라구."

몇 년 전에 처음으로 대형 외상거래를 해서 김주린의 마음을 졸이게 했던 그 회사다. 사세(社勢)가 확장되었는지 사옥을 찾고 있는데 이 건물이 딱이라고 했다는 거다. 오피스라고는 찾아보기 힘든 공원 주변에, 마당이 있고, 건물 자체도 나즈막해서 아무리 생각해도 금융회사가 들어올 만한 건물이 아닌데 왜 딱이라고 했는지는 잘 모르겠다. 하지만 생각해보면 애초에 그들이 하는 행동이나 하고 다니는 차림새도 금융인과는 거리가 멀었다.

"사장님, 안녕하세요? 이렇게 뵙게 되네요."

"네, 안녕하세요? 저희 가게를 인수하고 싶다고 하셨다구요."

"네. 저희 회사가 사옥을 찾는데, 항상 이런 분위기의 건물이면 좋겠다는 생각을 해왔거든요. '몇 년 동안 돈 많이 벌어서 꼭 사야지, 그 전에 누가 사가면 어쩌지?' 하는 생각도 많이 했구요."

"그런데 왜 저희 가게까지? 재건축하실 거라면 막말로 그냥 내쫓아도 되실 텐데…."

"아유, 그럴 수야 있나요?"

얘기를 들어보니 어차피 1층에는 카페를 하려고 했단다. 그런데 본인들의 사무공간이 아닌 곳이라도 꼭 직접 소유하고 경영하는 것이 꿈이라 인수 제안을 하는 것이라 했다. 카페 운영방침이나 분위기는 너무 마음에 들어 그대로 유지할 계획이고 직원들도 계속 일해주면 더 좋겠다고도 했다. 사실 이쯤 되면 운 좋은 건물주를 만난 것이나 마찬가지다. 언뜻 대표가 유튜버로도 활동한다고 들었는데 이미지 관리를 위해서 호의를 베푸는가 싶기도 했다. 왜 가끔 있잖은가? 연예인들이 빌딩을 사고 재건축을 한다는 명목으로 기존 세입자를 내쫓았다가 세간의 비난을 받는 일. 물론 이것도 매각 가격을 잘 받을 수 있을 때 이야기다.

"인수하려는 가격을 들어보고 결정해야 할 것 같아요."

"그럼요. 혹시 개인사업자이신가요? 법인이신가요?"

"주식회사로 되어 있어요."

"잘 됐네요. 저희에게 재무제표 먼저 보내주시면 검토 후에 연락 드리겠습니다."

■ 주식회사 레몬카페 손익계산서

매출액 72,000만 원

매출원가 20,064만 원

   원재료 14,400만 원

   카드수수료 2,880만 원

   감가상각비 2,784만 원

매출총이익 51,936만 원

판관비 31,920만 원

   급여 17,520만 원

   임차료 12,000만 원

   관리비 2,400만 원

영업이익 20,016만 원

영업외손익 0만 원

법인세차감전이익 20,016만 원

법인세 2,202만 원

순이익 17,814만 원

"7억 2,000만 원 정도 드릴까 하는데 어떠신가요?"

큰 돈이다. 하지만 4년이면 벌 수 있는 돈이다.

"혹시 제 가게의 인수 가격을 왜 7억 2,000만 원으로 책정하셨는지 여쭤봐도 될까요?"

"순이익의 6배 정도로 제안하려는 겁니다."

"순이익의 6배라면 10억 원은 넘어야 하지 않나요? 작년 재무제표에 순이익이 1억 8,000만 원 정도일 텐데요."

"네. 맞습니다. 하지만 저희는 표준화된 이익을 사용하거든요."

표준화된 이익이란 유지 가능한 이익과 같은 말이다. 새로운 건물주는 지금의 이익이 조금 과대평가되어 있어, 향후에는 줄어들수 있다고 설명했다. 먼저, 사장인 김주린이 급여를 적게 받고 있었기 때문에 새로 고용할 점장의 연봉으로 3,000만 원 정도는 더해야 안정적일 거라고 덧붙였다. 또 근처에 최근 유행하는 스타벅스의 드라이브스루(고객이 주차하지 않고 차를 탄 채로 매장을 이용할 수 있는 서비스) 매장이 들어올 예정이기에 레몬카페의 홍보를 게을리할 수 없다고 했다. 매출액의 5% 정도를 SNS 광고비로 집행할 계획이란다. 다맞는 말 같았다.

■ 표준화된 이익 기준 주식회사 레몬카페 손익계산서

매출액 72,000만 원

매출원가 20,064만 원

  원재료 14,400만 원

  카드수수료 2,880만 원

  감가상각비 2,784만 원

매출총이익 51,936만 원

판관비 38,520만 원

  급여 20,520만 원

  임차료 12,000만 원

  관리비 2,400만 원

  광고비 3,600만 원

영업이익 13,416만 원

영업외손익 0만 원

법인세차감전이익 13,416만 원

법인세 1,476만 원

순이익 11,940만 원

"대표님 말씀이 맞는 것 같네요. 그런데 왜 하필 6배죠? 사실 누구한테 제 회사를 넘길지는 알아야겠어서 검색하다가 대표님 책 《부자들은 이런 주식을 삽니다》를 읽었거든요."

"아…."

"거기 보면 이익을 회사채 금리로 나누라고 하셨잖아요. 저희 회사 순이익 1억을 지금 회사채 금리 10%로 나누면 10억 정도는 주셔야 하는 것 아닌가요?"

"훌륭하시네요! 투자의 고수셨군요?"

건물주의 논리는 이랬다. 김주린의 말이 성립하려면 레몬카페가 언제까지나 영업을 할 수 있다는 보장이 있어야 한다. 예를 들어 어떤 이유로 6년 동안만 영업을 할 수 있다고 가정해보자. 10억 원을 주고 인수했는데 6년 동안 벌어들인 돈이 6억 원에 불과하다면 나머지 6억 원은 고스란히 손실이다. 최소한 10년 이상은 영업을 할 수 있어야 원금을 회수할 수 있다. 그런데 왜 하필 6년인가? 건물주는 상가임대차보호법을 이유로 들었다. 2019년부터 최초 임대차 계약부터 10년까지는 임차인이 계약갱신요구권(상가임대차보호법 제10조, 임차인이 임대차기간 만료 전 6개월부터 1개월까지 사이에 임대인에 계약갱신을 요구할 수 있으며, 이 경우 임대인은 정당한 사유가 없는 한 이를 거절할 수 없다.)을 행사할 수 있는데, 주식회사 레몬카페는 영업한 지 4년이 흘렀기 때문에 6년이 남았다. 6년 후에는 어느 건물주라도 영업이 잘 되는 카페의 임차료를 대폭 인상하거나 자신이 직접 운영하려고 군침을 흘릴 거라는 뜻이다. 그렇게 되면 주식회사 레몬카페의 수익성은 장담할 수 없게 된다.

이것이 내가 규제 산업을 싫어하는 이유다. 경제적 해자를 왜곡해 이해하는 투자자들은 한국전력을 많이 거론한다. 전기는 필수재이고 한국전력은 법률로서 우리나라 전력공급(전력생산은 별개다.)을 독점하고 있다. 논리 속에서 치열한 경쟁을 이겨내고 보석 같은 노하우를 가지게 된 회사는 영속할 수 있다. 그러나 그 독점이 규제에 의해 만들어진 것이라면 언제든지 바뀔 수 있다. 단적인 예로 최근 더불어민주당에서는 신재생에너지 발전 비율 확대를 위해 한국전력의 전력생산을 허용하는 법안을 발의했다. 왜 한국전력의 전력생산 시장 진입은 허용하는데 민간 발전사업자들의 전력공급 시장 진입은 영영 불허할 것이라 생각하는가? 만일 전력공급의 독점이 깨진다면 한국전력의 기업가치를 계산할 수나 있을까?

더구나 규제의 보호를 받는다는 건 바꿔 말하면 규제기관의 지도와 감독에 순응해야 하는 것이다. 독점의 진정한 과실은 가격 인상에서 찾을 수 있는데, 한국전력은 정부 허가(라고 쓰고 국민 정서라고 읽는다.) 없이 전기 가격을 인상할 수 없다. 주식회사 레몬카페도 마찬가지다. 김주린의 사업역량이 상권에 무관하다면 특정 건물주의 입김에 휘둘릴 필요가 없고, 건물주 또한 임대료를 대폭 인상하는 것과 같이 김주린을 함부로 대할 수 없다. 스타벅스는 건물주들이 모시고 싶어 하는 브랜드라고 하지 않는가? 스타벅스는 그 로고 자체로 고객을 끌어들이는 브랜드 가치가 있기 때문이다.

초보 투자자가 언제 파는지를 묻는다면, 투자를 조금 공부한 사람은 밸류에이션(가치평가) 방법을 묻는다. PER을 써야 하는지, EV/EBITDA를 써야 하는지, 적정 PER은 몇 배인지, 이익은 작년 것을 써야 하는지 올해 것을 써야 하는지를 제일 궁금해한다. 참고로 말하면 EV/EBITDA(Enterprise Value/Earnings Before Interest, Tax, Depreciation and Amortization)에서 EV는 시가총액에서 순현금을 뺀 값으로 인수자가 인수 후 바로 회수할 수 있는 금액을 뜻하고, EBITDA는 영업이익에서 비현금성 지출을 더한 값으로 회계적 이익과 관계없이 실제로 기업이 벌어들이고 있는 영업현금흐름을 뜻한다.

하지만 그런 것은 주식시장이 결정한다. 그리고 항상 바뀐다. 노력해도 알 수 없는 것은 배제하고 스스로 할 수 있는 분야에 집중해야 한다. 워런 버핏도 정확히 틀리는 것보다 적당히 근사값을 맞추는 쪽이 낫다고 했다. 여기에서 우리가 할 수 있는 분야란 기업이 경쟁우위가 있는지, 그것을 지키려면 어떻게 해야 하는지, 그랬을 때 얼마동안 얼마의 이익을 벌 수 있는지를 파악하는 것이다.

김주린은 이번에도 새로운 건물주의 말에 설득되고 말았다.

"아빠, 저번에 얘기했던 카페 매각 성사됐어."
"그래? 잘 됐구나! 얼마로 결정했니?"

"7억 2,000만 원."

"지금까지 수고 많았네, 우리 딸. 앞으로는 어떻게 할 계획이야?"

"좀 쉬면서 생각해보려구. 근데 아빠, 그 쪽 대표님께서 현금은 필요 없으시다고 회사 통장에 남은 돈 있으면 배당해서 가져가래. 현금 2억 1,000만 원에 매각대금까지 합치면 거의 10억이야!"

■ 주식회사 레몬카페 재무상태표

자산총계 53,561만 원

  현금 21,214만 원

  매출채권 0만 원

  재고자산 1,200만 원

  보증금 20,000만 원

  유형자산(집기, 인테리어 등) 11,147만 원

부채총계 0만 원

자본총계 53,561만 원

  자본금 11,250만 원

  주식발행초과금 3,750만 원

  이익잉여금 38,561만 원

이익이 꾸준히 나면서 김주린의 말대로 보유하고 있는 현금은 2억 원을 넘었다. 회사의 규모가 커지면서 재고자산, 보증금, 유형자산도 늘었다. 그것 외에도 변화가 있다. 자본금이 7,500만 원에서 1억 1,250만 원으로 50% 증가했다. 영업 면적을 확대하면서 보증금과 집기, 인테리어 투자를 늘렸기 때문이다. 당시 사업이 성장하던 초기라 현금이 충분치 않아 아버지가 다시 한 번 투자를 해주었다. 이것을 유상증자라고 한다. 이때 주식회사 레몬카페의 성장 가능성을 높게 보고 액면가보다 두 배 높은 주당 1만 원에 투자한 바 있다. 그래서 주식발행초과금(주식의 액면금액을 초과하여 발행한 경우 발행금액과 액면금액의 차액)이라는 항목도 생겼다.

유상증자를 하면 회사에 현금이 유입되니 기업의 규모는 확실히 커지지만, 발행주식수가 늘어나 주당 기업가치는 발행가액에 따라 개선되기도 하고 희석되기도 한다. 기업가치를 높게 평가받으면 발행주식수는 조금 늘어나면서 유입되는 현금이 크기 때문에 긍정적인 반면, 기업이 어려울 때 구원투수로부터 투자받게 되면 발행주식수가 크게 늘어나 부정적일 수 있다. 주식회사 레몬카페의 매각 사례에서도 인수가액이 같은 7억 2,000만 원이라 하더라도 발행주식수가 유상증자 전후인 1만 5,000주와 2만 2,500주일 때의 주당 매각가격은 주당 3만 2,000원에서 4만 8,000원까지 큰 차이가 난다.

■ 주식회사 레몬카페 유상증자 관련 주식사무

액면가 5,000원/주

발행가 10,000원/주

기존 발행주식수 15,000주

신규 발행주식수 7,500주

자본금

= 기존 자본금 7,500만 원 + 액면가 5,000원/주 × 신규 발행주식수 7,500주

= 11,250만 원

주식발행초과금

= (발행가 10,000원 − 액면가 5,000원) × 신규 발행주식수 7,500주

= 3,750만 원

■ 주식회사 레몬카페 유상증자 후 주주명부

김주린 10,000주

= 기존 보유주식수 10,000주 (지분율 약 44.4%)

김개미 12,500주

= 기존 보유주식수 5,000주 + 납입금 7,500만 원 ÷ 발행가 10,000원/주 (지분
율 약 55.6%)

　　신규 상장하는 기업들도 대부분 새로운 성장동력을 위해 기업공
개를 선택한다. 상장회사로서 더 많은 규제를 받고, 늘어난 주주 수
만큼 많은 감시와 잔소리를 각오하고 투자금을 유치하는 것이다. 물
론 가끔은 기존 대주주의 주식매각을 위한 상장도 없지 않다. 이를

구주 매출이라고 한다. 일반적으로 상장주식을 거래하면 시장을 형성한다는 의미 외에 별다른 부가가치를 창출하지 못한다. 그렇기에 더욱 유상증자 또는 신규 상장주식 공모는 의미가 깊고 성스러운 일이다. 이와 대조적으로 최근 공모주 시장은 SK바이오팜과 카카오게임즈의 '따상' 행진 이후 아무런 분석 없이 돈 놓고 돈 먹는 노름판과 같이 변질되어 버렸다. 심지어는 상장 이후 주가가 하락하면 기업의 최대주주나 기관투자자를 힐난하는 경우도 있다고 하니 안타까울 따름이다.

한편 김주린과 아버지 김개미는 총 2억 1,214만 원의 현금배당을 결정했다. 발행주식수 2만 2,500주로 나눈 주당 배당금은 약 9,428원이다. 김주린의 주식 매입가는 액면가인 5,000원이므로 배당수익률이 200%에 육박한다. 김개미는 최초 매입한 5,000주는 김주린과 같은 5,000원에, 유상증자에 참여한 7,500주는 발행가 1만 원에 투자했으므로 평균 매입단가는 8,000원이 된다. 김개미의 배당수익률도 100%가 넘는다.

김주린, 김개미 배당수익률

	매입단가	주당배당금	배당수익률
김주린	5,000	9,428	189%
김개미	8,000	9,428	118%

• 단위: 원

주식회사 레몬카페	거래상대방
현금 −2.1억	주주 현금 +2.1억
이익잉여금 −2.1억	주주 배당금수입 +2.1억

■ 주식회사 레몬카페 배당금 지급 후 매각 전 최종 재무상태표

자산총계 3.2억

　현금 0.0억

　매출채권 0.0억

　재고자산 0.1억

　보증금 2.0억

　유형자산(집기, 인테리어 등) 1.1억

부채총계 0.0억

자본총계 3.2억

　자본금 1.1억

　주식발행초과금 0.4억

　이익잉여금 1.7억

　주식회사 레몬카페의 경우 매각대금을 축소하기 위해 이른바 '폭탄 배당'을 한 것이므로 어쩔 수 없지만, 배당금수입은 15.4%의 배당소득세 원천징수를 할 뿐 아니라 연간 2,000만 원 이상에 대해서는 근로소득이나 사업소득과 합산해 최대 46.4%의 고율로 과세하는

금융소득종합과세 대상이므로 주의해야 한다. 또한 기존에 투자하고 있던 주식의 가치가 이미 고평가되어 있을 경우 배당수익으로 투자할 만한 새로운 주식을 찾아야 하는 부담도 따른다. 배당주 투자가 무조건 좋은 건 아니라고 하는 것도 바로 이 때문이다. 투자의 귀재 워런 버핏도 "배당을 주는 기업보다는 그 재원으로 재투자를 하여 주주의 이익을 늘릴 수 있는 회사에 투자하라"고 여러 차례 말했다. 그가 회장으로 있는 버크셔 해서웨이도 신규 투자처를 찾지 못할 때만 배당을 지급할 것이라고 했으며, 실제로 아직까지 배당금을 지급한 적은 없다.

말이 나온 김에 배당주 투자에 대해서 한 가지만 더 조언을 하고 넘어가고자 한다. 배당주 투자에는 흔히 두 가지 속설이 있다. 첫 번째가 배당수익률(배당금÷주가)이 높은 기업을 사라는 것이다. 기본적으로는 맞는 이야기다. 하지만 이 또한 주식회사 레몬카페의 사례처럼 일시적인 것은 아닌지 꼭 살펴봐야 한다. 한두 번 많은 배당금을 받았다고 기뻐하는 중에 주가가 그 이상으로 하락하고, 그 이후에는 배당금이 지급되지 않거나 그 금액이 축소된다면 오히려 영구적인 자본손실을 입을 수도 있다.

단적인 예로 과거 영풍제지라는 기업이 있었다. 창업주가 작고하면서 보유하던 주식을 미망인에게 상속했는데, 미망인이 공교롭게도 재혼한 후처(後妻)라 재벌의 배우자였음에도 상속세를 낼 여력이 부족했다. 때문에 상속세 납부를 위해서 3년간 배당수익률 10%가 넘는 폭탄배당을 실시했다. 그러나 결국 회사는 큐캐피탈파트너스라는 사모펀드로 매각되었고, 그 이후부터는 배당금의 규모가 주가의 1% 수준으로 되돌아왔다. 이처럼 어떤 주식을 배당주로서 투자하기 전에는 꾸준히 돈을 벌어들이는지, 최대주주의 의지 또는 기업문화가 주주환원을 많이 하는지를 반드시 확인해야 한다.

두 번째 속설은 연말에 사면 투자 기간 대비 짧은 시간에 배당을 받을 수 있으니 기간수익률이 높다는 것이다. 배당금은 회계기간 종료일, 그러니까 12월 결산 기업의 경우 12월 31일에 주주명부에 기재되어 있는 주주를 대상으로 지급한다. 지급시기는 정기주주총회 후 1개월 이내인데, 일반적으로 정기주주총회가 회계기간 종료일 후 3개월 이내 개최하도록 되어 있으므로 보통 4월 중이라고 볼 수 있다. 그러니 1월에 주식을 산 사람은 배당을 받기까지 15개월 가까이 걸리는데, 12월에 산 사람은 4개월 밖에 안 걸린다는 이야기다. 하지만 세상은 그리 호락호락하지 않다. 기업이 이익을 내고 배당을 지급하는 것은 극히 당연한 일로, 많은 투자자가 이미 알고 있는 뉴스다. 그래서 배당을 많이 지급하는 것으로 소문난 회사는 12월이 가까워질수록 주가가 올라 배당수익률이 떨어지게 마련이고, 12월 28일이 지나면(12월 31일은 한국거래소 폐장일로 주식시장이 열리지 않는다. 주식은 매매

2일 후 결제되기 때문에 배당을 받고 싶다면 매년 마지막 거래일의 이틀 전인 12월 28일까지 매수해야 한다.) 예정된 배당금 지출만큼 기업가치가 떨어진 것을 반영해 주가가 떨어진다. 이를 배당락(配當落)이라고 한다. 배당은 받지만 그만큼 주가가 떨어졌기 때문에 실제 수익을 얻었다고 볼 수 없는 것이다.

"엄마, 내가 집 인테리어 신청해뒀어. 이번 주말쯤 업체에서 실측하러 올 거야."

"아니, 뭐 그런 걸 하니? 엄마 필요 없다."

"그냥 좀 받아 둬. 딸이 멀리 여행 가니까 마음 쓰여서 그런 거야. 그리고 엄마 것만 사는 것도 아니야. 동학이 이름으로는 경차 하나 계약했어. 걔도 이제 데이트 좀 하고 다녀야지."

"그럼 아빠는?"

"아빠가 돈 제일 많이 번 거 알지?"

김주린, 김개미 투자수익률

	매입단가	주당배당금	매각단가	투자수익률
김주린	5,000	9,428	32,000	729%
김개미	8,000	9,428	32,000	418%

• 투자수익률 =(매각단가+주당배당금)÷매입단가−1
•• 단위: 원

제4장

실전, 전문 투자자는 이렇게 투자한다

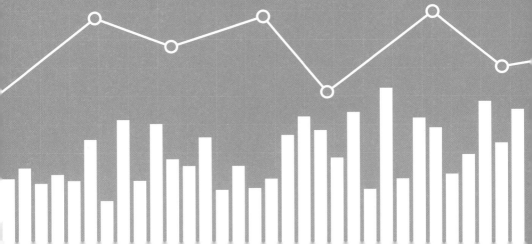

기관투자자에 대한 오해

주식시장의 부진이 계속될 때마다 개인투자자들이 흔히 하는 말이 있다. "기관 때문이다." 기관투자자의 일원으로서 그 말 한마디로 개인투자자들의 시름을 덜고 동학개미운동의 원동력을 유지하는 불쏘시개가 될 수 있다면 기꺼이 받아들일 수 있다. 그러나 누군가를 비난하는 것이 수익에 도움 되지 않기에, 좀더 각자를 담금질하라는 의미에서 기관투자자들에 대한 오해 몇 가지를 바로잡고 싶다.

먼저 기관투자자는 하나의 덩어리가 아니라 개인투자자와 같이 여러 사람들의 집합체다. 다만 정보제공의 편의상 기관, 외국인, 개인으로 분류할 뿐이다. 그래서 서로 각기 생각도 다르고 투자하는 종목도 다르다. 같은 종목에 대해서도 의견이 갈릴 때가 많다. 애초에 모두의 의견이 같다면 주식시장에서 거래가 성립하지 않을 것이다. 그렇다면 왜 기관이 사면 오르고 개인이 사면 떨어질까? 이유는 단순하다. 기관은 개인에 비해 호가에 덜 민감해서다. 상장주식의 일간 거래대금은 적어도 수천만 원에 이른다. 개인투자자의 전체 주식투자금액과 비슷한 수준이다. 참고로 신한금융투자의 조사에 따르면 동학개미운동 당시 개인투자자의 평균 매수금액은 2,981만 원이었다. 따라서 원하면 한 호가에도 원하는 만큼의 종목을 사거나 팔 수 있다. 하지만 그 돈이 너무 소중하기 때문에 10원이라도 싸게 사고 10원이라도 더 비싸게 팔고 싶어 매매에 많은 시간과 공을 들인다.

한때 대형 증권사와 거래할 일이 있어 담당 팀장을 만난 적이 있다. 그분께서 '초보 사장'이었던 나에게 조언하기를 최소 가입금액을 높이라고 했다. 이유를 물으니 최소 가입금액이 낮으면 고객군이 넓어지는데, 속칭 'VIP'로 불리는 거액자산가들은 누구나 가입할 수 있는 상품에 매력을 느끼지 못한다는 것이 첫 번째 이유였고, 두 번째 이유는 소액 투자자들은 그 돈으로 꼭 인생역전을 이뤄야 하기에 기대수익률이 높음과 동시에 쌈짓돈을 모두 맡기기 때문에 손실에 매우 예민하다는 것이다. 손실 감수 능력이 떨어지는 투자자가 기대수익률이 높아서는 안 된다. 결국 이런 고객들을 받으면 클레임만 늘어나고 고객이나 운용사나 돈을 버는 것과는 반대의 길을 걷게 된다는 이야기였다. 회사의 설립 이념이 있어 팀장님의 조언은 완곡히 거절했지만, 개인투자자가 어떤 마음으로 주식을 투자하는지 잘 알게 된 계기였다.

한편 펀드매니저의 일은 고객의 돈을 불리는 것이다. 굴리는 돈이 개인투자자에 비해 상대적으로 많고 그 돈을 놀려서도 안 된다. 따라서 수익의 기회가 있다면 얼마(평균 매입단가)에 사느냐 보다 얼마(총 매수수량 또는 매입금액)를 사느냐가 더 중요하다. 그래서 사야 할 종목은 비싸게라도 사는 것이다. 반대로 기업의 가치가 훼손되어 팔아야 할 종목은 하한가에라도 팔아버린다. 우물쭈물하다가 행동에 옮기지 못하면 손실은 더 커진다. 잘 알겠지만, 한 사람이 사려면 다른 쪽은 팔아줘야만 한다. 그래서 기관이 산다는 것은 개인이 판다는 것이고, 기관이 판다는 것은 개인이 산다는 것이 될 수밖에 없다. 우리나라에서 투자하는 외국인은 대부분 기관투자자이니 외국인과 기관은 하나로 봐도 무방하다. 그리고 이것이 기관이 사면(개인이 팔면) 오르고, 개인이 사면(기관이 팔면) 떨어지는 이유다.

기관투자자가 고급 정보를 많이 가지고 있기 때문에 수익률이 좋을 것이라는 점도 큰 오해다. 일단 기관도 수익률이 천차만별이고 개인투자자 중에서도 훌륭한 실력을 가진 분이 많다. 기관이 얻는 정보가 그리 대단한 것도 아니다. 누구나 조금만 노력하면 얻을 수 있는 수준이다. 개인투자자라고 증권사 보고서를 볼 수 없는 것도 아니고,

기업탐방을 못 다니는 것도 아니다. 특히 요새 여의도의 분위기는 과거와 달라서 공모펀드를 운용하는 거대 기관투자자의 입김이 줄어들고, 소형 투자자문사나 사모펀드 운용사들의 영향력이 커지고 있다. 또한 일명 매미(매니저 출신 개미의 줄임말. 과거 펀드매니저로 일했으나 현재는 전업 개인투자자인 이들을 칭한다.)나 애미(애널리스트 출신 개미)의 투자금도 무시할 수 없다. 이러한 주요 투자 주체의 변화는 증권사 등 투자정보 제공자의 행태도 바꿔 놓았다. 과거에는 주력 펀드매니저들만을 대상으로 특별한 정보를 주면서 영업하는 데 급급했다면 이제는 누구나 접근 가능한 단체 채팅방을 개설하거나 유튜브 채널을 운영하는 등 정보를 폭넓게 제공하는 쪽으로 선회하고 있다.

물론 아직도 실적 발표나 특정 이슈에 있어 기관투자자의 정보 습득이 개인보다 빠른 것은 사실이다. 그러나 이는 오히려 장기적인 기업가치 분석과 동떨어져 불필요한 매매를 조장하는 경우가 더 많다. 앞서 기업을 항공모함에 비유한 바 있다. 기업이 새로운 길을 찾아 방향을 트는 데는 적게는 수개월, 길게는 1, 2년까지도 걸린다. 하지만 한 번 기업가치가 개선되기 시작하면 그 추진력은 수년간 이어진다. 하루, 이틀 더 빨리 매매해서 돈을 버는 것은 경마장에서 1등 경주마를 맞추는 운과 다르지 않다. 건전한 투자를 위해서는 정보의 양이나 시의적절성보다 정보에 대한 해석 능력이 훨씬 중요하며, 이는 개인투자자도 충분히 기를 수 있는 소양이다.

마지막으로 기관투자자들의 매매동향에 초연해야 한다. "모 증권사에서 매수보고서를 내놓고는 다음 날부터 팔기 시작한다"라고 비난하는 것만큼 우스운 일도 없다. 우연의 일치로 보고서를 발간한 증권사와 매도 우위 창구가 같을 수는 있지만 증권사는 매매를 주선하는 중개인일 뿐 실제로 주문을 내는 쪽은 자산운용사와 투자자문사의 펀드매니저들이다. 아니, 개인투자자인 당신일 수도 있다. 특정 애널리스트의 세미나를 들었다고 해서, 특정 증권사의 보고서를 봤다고 해서 그 증권사 창구를 이용하라는 법도 없다. 그리고 증권사의 의견과 반대로 매매하려고 하는데 굳이 그 증권사를 이용하는 바보 같은 펀드매니저가 어디 있겠는가? 아울러 한 명의 펀드매니저가 보유한 종목 수가 수십, 수백 개에 이르기 때문에 한두 종목쯤은 기업가치를 면밀히 따지지 않고 사거나 팔기도 한다. 자동차나 대형 가전제품을 고를 때는 심사숙고하지만 점심 메뉴는 쉽게 고르는 것과 같은 이치다.

　갓 초보 티를 벗은 투자자들은 본인들이 좋아하는 투자회사의 매매내역을 엿보고 따라하기도 한다. 펀드를 가입하면 운용보고서에 주요 매매내역이 나오기도 하고, 발행주식수의 5% 이상 보유한 경우 금융감독원 전자공시서비스에서도 찾아볼 수 있어서 가능한 일이다. 하지만 이 또한 하나의 팁으로만 여기고 직접 분석을 꼭 해야 한다. 예를 들어 1조 원짜리 펀드에 어떤 주식을 1%만 담아도 100억 원이나 된다. 만일 그 주식의 시가총액이 1,000억 원이었다면 지분율이 10%에 달하기 때문에 그 회사의 주주나 투자를 검토하는 사람에게는 그 펀드의 움직임이 중요할 수 있다. 그러나 그 운용사에 해당주식을 맡아 분석하던 연구원이 퇴사하게 되었다면 펀드매니저 입장에서는 눈 깜짝 하지 않고 팔아버릴 수도 있는 금액이다. 보수적으로하한가에 체결되었다고 가정해도 손실은 0.3%에 불과하기 때문이다.

주식시장에서 항상 승자는 외국인이라는 말이 있다. 이것은 또 왜그럴까? 아시아의 작은 나라인 우리나라에까지 와서 투자하는 외국인은 투자의 고수라고 해도 과언이 아닐 것이다. 좋은 기업을 알아보고, 그 가치를 계산하고, 주가가 기업가치에 수렴할 때까지 기다릴 줄아는 투자자임에 분명하다. 그들이 외국인이라서 투자수익을 거두는것이 아니라, 제대로 된 투자관을 갖고 있기에 성공하는 것이리라.

우리나라는 '한강의 기적'을 이루었던 고속 성장기를 지나 성숙 경제에 진입하고 있다. 당연했던 성장이 둔화되자 한정된 자원을 조금이라도 더 가지기 위해 서로 다투기 바쁘다. 자가와 전세, 보수와 진보, 남성과 여성으로 나뉘어 대립각을 세우느라 성장의 엔진이 식어가고 있다. 대한민국을 다시 뜨겁게 달구는 길은 훌륭한 기업을 한 마음한 뜻으로 응원하는 올바른 투자 문화에서 시작해야 한다. 다같이 잘버는 때가 되어 기관투자자에 대한 오해도 불식되기를 기대해본다.

우리의 제1가치는
고객 수익률

배달의 민족을 운영하는 ㈜우아한형제들 본사에 가보면 '송파구에서 일 잘하는 법 11가지'라는 재미있는 벽보가 붙어 있다. "9시 1분은 9시가 아니다"와 같은 특유의 위트를 섞은 사훈과도 같은 것이다. 내 책상에는 그것을 흉내내 '당산동에서 일을 더 잘하는 5가지 방법'이라는 글을 붙여 두었다. 그 첫 번째가 "우리의 제1가치는 고객 수익률이다"로 시작한다. 실제로 우리 회사의 모든 업무 프로세스는 고객 수익률에 맞춰져 있다. 절대 회사의 이익이나 개인의 복지가 아니다. 심지어는 고객의 심리적 만족감도 수익률 앞에서는 후순위다. 고객의 마음을 안정시키고 기쁘게 하기 위해서는 조금 덜 벌더라도 안전해 보이는 (하지만 수익은 나지 않는) 자산에 투자하고 그럴싸한 말을 하면 된다. 하지만 높은 수익률을 위해서는 불안한 마음의 터널을 지나

더퍼블릭자산운용

당산동에서
일을 더 잘하는
5가지 방법

1. 우리의 제1가치는 고객 수익률이다. 수탁고에 집착하지 않는다.
2. 우리는 상장주식 하우스다. 다른 데 눈 돌리지 않는다.
3. 우리는 종목 장인이다. 시장과 상관없이 오를 종목은 오른다.
4. 우리는 현금으로 공평하게 보상한다. 고용과 복지에 낭비하지 않는다.
5. 우리는 계속해서 정진한다. 불로소득은 없다.

가야 하고, 때로는 고객을 다그쳐야 할 경우도 있다.

　하루는 과거 큰 운용사의 본부장까지 역임하고 현재는 개인 돈으로만 1,000억 원 이상의 자금을 운용하는 K씨를 만난 적이 있다. 으레 그렇듯 어떤 투자를 하시느냐고 묻자 웬걸, 욕조의 마개와 같은 투자를 한다는 것이 아닌가? 목욕을 위해 욕조에 물을 받을 때 물이 빠지지 않도록 배수구를 막는 마개 말이다. 잘 이해되지 않아 좀더 자세한 설명을 부탁했더니 엔씨소프트 투자 사례를 알려주었다. 엔씨소프트가 자사의 IP(Intellectual Property, 지적재산권)를 이용해 리니지 모바일이라는 게임을 출시했을 때 대부분의 투자자들은 '과거 PC 버전일 때 이 정도 수익을 내던 게임이었으니' '보통 모바일 게임은 이

만큼은 버니까' '해외 사례를 볼 때 매출이 얼마 나겠네'와 같이 어림잡아 생각하고 투자했다. 그렇기 때문에 실제 게임이 출시되고 주가가 어느 정도 오르자 확신의 강도가 떨어지게 되고 주식을 팔아 수익을 실현하는 쪽으로 움직일 수밖에 없었다. 그러나 K씨는 달랐다. 자비로 아르바이트생을 고용하고 최신 스마트폰을 사다 준 다음 하루 종일 게임을 시켰다. 아르바이트생이 여느 게이머들과 달랐던 점은 게임 내에서 아이템이 나올 때마다 엑셀 프로그램에 아이템의 이름, 아이템을 획득하기 위해 시도한 횟수 등을 전부 기록해 보고해야 한다는 것이었다. 이 엑셀 자료는 고스란히 아이템 획득의 확률을 계산하는 데 쓰였고, 그 데이터를 게임 산업 관계자에게 문의하는 이른바 크로스 체크까지 한 후 투자에 활용했다고 한다. 이러한 치밀함 덕분에 주가의 움직임에 휘둘리지 않고 확실하고 큰 수익을 챙길 수 있었다는 것이다. 마개라는 것은 이처럼 발생할 수 있는 변수들을 본인이 통제할 수 있을 정도로 틀어막는다는 일종의 상징이라고 했다. 그날 저녁식사는 투자금을 유치하기 위한 자리였는데 '내가 이런 사람에게 주식투자로 돈을 벌어준다는 것이 가당키나 하냐?'는 부끄러운 마음에 몇 숟가락 뜨지도 못하고 나왔던 기억이 있다. 그리고 한동안 나의 SNS 프로필 사진은 욕조 마개로 해두었다.

물론 타인의 사례만 있는 것은 아니다. 이번에는 내가 전문가로서 일반 투자자를 뛰어넘는 수익을 올리기 위해 어떤 일까지 하는지 삼양식품에 투자했던 여정을 통해 소개해볼까 한다.

삼양식품을 투자하게 된 계기는 한 통의 전화에서 시작됐다. 오랜 기간 알고 지내던 지인이 '불닭볶음면 수출금액이 분기에 100억이 넘는다더라'는 풍문을 알려주면서부터다. 보통 같으면 '에이' 하면서 넘길 일이었지만, 이미 여러 번 그 지인의 얘기를 그렇게 한 귀로 듣고 한 귀로 흘렸던 것이 미안해서 대강 알아본다는 것이 대박의 시작이었다.

아무 근거도 없는 말이지만 우리 회사 안에서는 '"말이 안 되는데?"라는 말이 세 번 나오면 대박 난다'는 속설이 있다. 투자의 세계는 참으로 효율적이어서 특정 제품의 히트, 어떤 기업의 이익 증가, 친숙하던 주식의 저평가 등을 재빠르게 주가에 반영한다. 주가가 오를 것이 뻔한데 나 혼자 알게 되는 경우는 매우 드물다. 알고 보면 계산 실수이거나 알아채지 못한 리스크가 존재하는 경우가 대부분이다. 전문 투자자가 실수를 한다고? 당연히 한다. 연간 이익을 분기 이익으로 잘못 보고 계산했다든지, 이자비용이 큰 회사인데 영업이익만으로 계산했다든지 하는 일은 섹시한 주식을 찾았다는 흥분을 김 빠지게 만든다. 첫 번째 "말이 안 되는데? 그렇게 잘 된다고?" 하면서 데이터를 수집해보고, 두 번째 "말이 안 되는데? 이렇게 싼데 주가가 아직 안 올랐다고?" 하면서 검산(檢算)을 하고, 세 번째 "말이 안 되는

데? 이것 좀 봐. 내가 놓친 게 있나?"를 하면서 집단지성의 힘을 빌리는데, 대부분 세 번째까지 가지 않고 투자 아이디어를 드롭(Drop, 타동사로 하던 일 또는 논의를 중단하다는 뜻을 가지고 있다. 업계에서 흔히 쓰는 표현으로 적절한 다른 표현을 찾지 못해 외래어를 그대로 사용한 점을 양해 바란다.)한다.

그런데 이러한 일이 일년에 한두 번씩은 꼭 발생한다. 그것을 실제 투자로 연결시키느냐 마느냐가 그 해 투자 농사를 결정짓는다고 해도 과언이 아니다. 다행히 삼양식품은 놓치지 않은 케이스였다. 관세청의 수출입 실적을 보니 우리나라의 대(對) 중국 라면 수출이 빠르게 늘어나고 있었다. 팔도의 '도시락'이 러시아의 국민 음식이 되었다는 뉴스는 들어봤지만 그 매운 불닭볶음면이 외국에 팔리다니 금시초문이었다. 이때 확인한 것이 유튜브의 외국인 먹방이었다. 중국과 동남아의 이슬람 문화권 인플루언서들이 불닭볶음면을 후후 불어가며 먹는 영상을 어렵지 않게 찾아볼 수 있었고, 시청자 댓글의 반응은 더욱 뜨거웠다.

행동경제학자들은 투자자들이 수익을 낼 때의 뇌파가 도박, 마약, 섹스할 때와 같은 수준이라고 한다. 누군가 "투자자로서 언제 가장 기분이 좋은가?"라고 묻는다면 주저없이 투자할 기업을 처음 발견했을 때라고 답한다. 동료들을 설득했을 때의 지적 희열, 큰 수익을 냈을 때의 만족감, 과거의 무용담을 자랑할 때의 우월감과 명예 모두 기쁘지만 그 어떤 것도 처음 발견하고 본격적인 분석에 들어가기 전까지의 그 짜릿함에 비길 수 없다. 이 짜릿함을 좀더 길게 느끼는 나만의 비법은 직접적이고 확실한 검증을 가장 나중에 하는 것이다. 하나의 아이디어가 주변의 몇 가지 단서들로 조합되어 같은 방향을 가리키고 있을 때 그 기분이 더 고조된다. 삼양식품도 마찬가지다. 관세청에 집계된 라면 수출이 삼양식품 것인지는 삼양식품에 물어보는 게 가장 빠르다. 하지만 혹시 아니라고 하면 어쩌나? 이 흥분을 좀더 느끼고 싶다. 그래서 먼저 경쟁사인 농심과 오뚜기에 전화했다. 농심에서는 수년 전부터 몇 차례나 미디어에 노출된, 하지만 실제 기업가치에는 큰 영향을 못 미치는 미국 법인 얘기를 했다. 아니라는 뜻이다. 오뚜기는 예나 지금이나 수출이 별로 없다. 삼양식품일 가능성이 커졌다. 이제 전화를 해본다.

"최근 불닭볶음면 수출이 많이 늘어나지 않으셨나요?"
"네. 잘 되고 있습니다."
"혹시 어느 정도인지 알려주실 수 있나요?"
"죄송하지만, 그건 좀 곤란합니다."

1차 난관에 부딪혔다. 심증은 있지만, 그것만으로 투자할 수는 없었다. 이렇게 공식적인 IR 루트가 막혔을 때 자주 쓰는 방법이 있다. 처음 다니던 회사 선배 어깨너머로 배운 방법이다. 일명 대학생 코스프레. 상대방이 투자자라면 왠지 정확한 정보를 줘야 할 것 같고, 그것 자체가 일로 느껴진다. 일은 누구나 하기 싫다. 그러나 상대방이 학생이라면 얘기가 다르다. 회사 동료들끼리는 회사나 상사 흉을 봐도, 밖에서 자기 회사 욕을 들으면 발끈하는 것처럼 누구든 자기 회사에 대해 관심을 가져주면 기쁘고 우쭐해지게 마련이다. 또 어떤 직원이든 자신의 학생 시절이 떠올라 전화를 한 용기가 갸륵하게 느껴지고, 뭐 하나라도 더 가르쳐주고 싶어진다. 경영학과 학생으로 위장해 마케팅팀에 연락을 취했다. 내수 업체의 해외 판로 확장에 관한 논문을 준비하고 있다고 하니 일사천리로 해외 진출 배경과 최근 분위기까지 들을 수 있었다.

다음은 이런 정성적 퍼즐 조각을 데이터들과 조합할 차례였다. 삼양식품이 이번 분기에 라면을 얼마만큼 수출했는지를 미리 알아야 할 필요가 있었다. 며칠 밤낮을 한국무역통계 정보포털의 관세청 통계자료를 가지고 씨름했다. 먼저 식품 중에서도 가공식품, 그중에서도 면류, 면류 중에서도 라면 자료만을 따로 뽑아냈다. 그리고 지역별 수출에서 서울특별시 성북구(본사 소재지)와 강원도 원주시(원주공장 소재지), 세관별 통관내역에서 익산세관(익산공장 소재지)의 금액을 합치자 삼양식품이 사업보고서를 통해 공시한 수출 금액과 정확히 맞아떨어졌다. "유레카!" 회사가 함성과 환호성으로 가득 찼다. 이제 더 이상 농심과 오뚜기, 팔도를 신경 쓰지 않고 삼양식품만의 정확한 데

한국무역통계 정보포털(TRASS) 홈페이지 화면

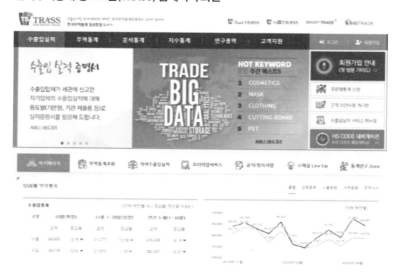

• 출처: 한국무역통계 정보포털

이터를 추출할 수 있게 되었다. 여기에 중국 알리바바(Alibaba)에서 운영하는 쇼핑몰 타오바오(Taobao)에 가입해 매일 업로드되는 불닭볶음면(중국명 화계면) 판매 상점의 개수와 판매량을 집계할 준비도 끝났다. 더 이상 망설일 이유가 없었다. 투자를 집행했다.

주가는 순조롭게 상승하는 듯했다. 하지만 금방 두 번째 위기가 찾아왔다. 2대 주주였던 현대산업개발이 주식을 처분한다는 공시가 나온 것이다. 현대산업개발은 삼양식품이 화의(기업이 파산 위험에 직면했을 때 법원의 중재를 받아 채권자들과 채무 변제협정을 체결하여 파산을 피하는 제도)에 처했을 때 경영권 지지 목적으로 채권단으로부터 지분을 매입했다. 이른바 '백기사'다. 하지만 이것은 선대(先代) 회장 때의 인연이 만들어준 것으로, 두 회사 모두 대표이사가 바뀐 상황에서는 더 이상 보유할 명분이 없어진 것이다. 그런 와중에 수년간 지지부진하던 삼양식품의 주가가 조금 오르기 시작하자 매도하기로 결정한 듯했다. 제아무리 기업가치가 우상향한다 한들 전체 발행주식의 20%에 달하는 매도물량이 쏟아지면 주가는 오르기 어렵다. 혹 그 동안 불닭볶음면의 인기가 식는다면 말짱 도루묵 아닌가? 무조건 막아야 했다.

이런 의사결정은 현대산업개발의 재무 부서에서 했겠지만, 분명 IR 부서의 의견을 물었을 터였다. 현대산업개발 주식에는 일말의 관심도 없었지만 무작정 연락을 취해서 미팅을 잡았다. 당연한 얘기겠지만 현대산업개발에서는 불닭볶음면 수출에 대해서는 전혀 인지하고 있지 못했다. IR 담당자는 의아해했다. 얘기는 들어주겠지만 우리 회사에 돈을 맡기라는 둥의 말은 꺼내지도 말라고 경고했다. 지금 돌이켜보면 황당한 그림이지만, 용산아이파크몰의 현대산업개발 본사에 가서 현대산업개발 IR 부서와 재무 부서 직원들 앞에서 삼양식품 주식이 왜 좋은가를 발표했다. 2~3배는 오를 주식인데 지금 팔면 반드시 후회할 것이고 윗사람들에게 문책을 당할 수도 있다는 엄포도 잊지 않았다. 이번 미팅 한 번으로 현대산업개발을 설득했는지는 확신할 수 없었다. 그러나 다행히 그들은 2019년 9월 아시아나항공 인수 때까지 3년간 주식을 매도하지 않았다. (아시아나항공 인수 시도를 하지 않았더라면 더 좋았겠지만…) 같은 기간에 내가 현대산업개발에 벌어준 돈만 300억 원 정도다. 대기업인 현대산업개발의 입장에서는 작은 돈일지 모르나, 농담 삼아 이 정도면 우리 회사에 30억은 맡겨야 하지 않느냐고 얘기하는 좋은 안줏거리가 되었다.

현대산업개발 사건 이후로 마음이 약간 조급해졌다. '주가가 좀더 빨리 올랐으면 좋겠다'는 생각이 들었다. 그래서 이번에는 증권사 애널리스트들을 찾아 나섰다. 당시 삼양식품은 음식료 업종 내에서 소외된 중소형주에 불과했다. 적극적으로 삼양식품의 수출에 대해 알리고 기업가치 계산에 필요한 정보들을 제공했다. 심지어 노트북을 들고 다니며 관세청 홈페이지에서 월별로 수출실적을 뽑아내는 방법까지 시연해준 적도 한두 번이 아니었다. 이후로 삼양식품 IR 부서에서는 투자자들의 기업탐방 요청도 받아주게 되었고, 음식료 업종 애널리스트들 사이에서는 당연히 분석자료를 발표해야 하는 필수 기업으로 자리잡게 되었다.

그러나 주가가 올라도 문제였다. 훌륭한 주식이 되려면 좋은 기업의 발견, 저평가되고 소외되었을 때의 투자, 시장의 관심과 열광, 더나아가 투자자들의 예상보다 더 크게 성장하는 기업의 능력까지 필요하다. 여기에서 예상 이상의 성장이라 함은 훌륭한 기업가의 리더

십, 창의성과 열정으로 똘똘 뭉친 조직문화 또는 운 좋은 시대의 흐름이 가져온다. 한편 투자자 입장에서 훌륭한 주식은 사랑하는 사람을 만나는 운명과도 비슷해서 그 운명을 잡지 못하면 큰 수익도 낼 수 없다. 운명의 상대를 놓친 후에 헛헛한 마음에 어중간한 상대 여럿과 시간을 보내 봐야 마음은 채워지지 않듯이 애매한 주식들은 조금의 수익과 손실을 거듭하면서 시간만 흐르게 할 뿐이다. 그렇기 때문에 좋은 주식을 만났을 때 최대한의 수익을 내야만 한다. 삼양식품의 주가는 불닭볶음면의 성장, 현대산업개발의 매도 중단, 시장의 관심이 하모니를 이뤄 빠르게 상승했지만, 이미 많은 투자자들의 관심을 한 몸에 받아버린 탓에 우리만의 엣지가 사라졌다. 회사 동료들끼리는 애널리스트들에게 정보 취득 방법을 알려준 것을 농담 삼아 "황금 알을 낳는 거위의 배를 갈랐다"고 표현할 정도였다.

이제는 다음 스텝이다. 과연 삼양식품은 투자자들의 기대 이상으로 성장할 수 있을까? 이 질문에 대한 답을 내기 위해서는 이 기업이 소비자의 기호에 맞게 움직이고 있다는 점을 몸으로 느껴야 했다. PC 앞에 느긋이 앉아서는 우리만의 정보를 찾을 수 없었다. 그때 착안한 것이 공장 방문이었다. 당시 불닭볶음면의 인기는 날로 치솟고 있었지만, 오래된 공장의 생산능력이 뒷받침되느냐가 관건이었다. 또 회사와 여의도 증권가에 잡음이 끊이지 않았던 할랄 인증 과정에 대한 검증도 할 수 있으리라 기대했다. 할랄은 허락된 것을 뜻하는 아랍어로, 무슬림이 먹거나 사용할 수 있도록 이슬람 율법에 따라 도살·처리·가공된 식품에만 부여된 인증 마크다. 이슬람 국가에 제품을 수출하기 위해서는 반드시 취득해야 했다.

문제는 회사에서 공장 견학을 허락하지 않는다는 데 있었다. 그때 착안한 것이 주주총회였다. 주주총회는 자본주의의 꽃으로 주식을 가진 자가 회사의 주인이라는 것을 가장 선명하게 표현할 수 있는 자리다. 가치투자의 우드스탁이라고 불리는 버크셔 해서웨이의 주주총회는 3일 동안 열리며, 본 행사 때는 수만 명의 주주들이 워런 버핏 회장과 찰리 멍거 부회장을 조금이라도 가까이에서 보기 위해 장사진을 이룰 정도다. 그러나 안타깝게도 우리나라에서는 대부분 수분 안에 끝나는 요식행위(법률행위를 구성하는 의사표시가 일정한 방식에 따라 행해질 것을 필요로 하는 행위)의 의미만을 가진다. 연단에 선 발표자는 경영보고를 인사치례 정도로 해치우고, 의장의 말이 끝나기도 전에 거수기(회의에서 손을 들어 가부를 결정할 때 주견 없이 남이 시키는 대로 손을 드는 사람을 낮잡아 이르는 말) 역할을 하는 사람들이 "동의합니다"를 외친다. 행사장에 5분만 늦어도 주주총회가 이미 끝나 있는 경우도 많이 봤다. 투자자는 단기 차익에만 몰두해 의결권에 관심이 없고, 경영자는 주주를 동반자가 아닌 성가신 존재로 보기 때문이다. 당연한 얘기지만 일부 그렇지 않은 회사들도 있다. 예를 들어 식품업체 풀무원은 상당 시간 주주와의 질의응답 시간을 가지고, 공장 견학을 안내하는 등 훌륭한 주주총회 문화를 이끌어가고 있다.

　삼양식품은 주주총회를 본사가 있는 서울특별시 성북구가 아니라 강원도 원주시에서 평일 오전 9시에 개최했다. 가능하면 일반 주주의 참석을 제한하려는 의도 같았다. (뒤에서도 설명하겠지만, 실제로는 전혀 그렇지 않다. 삼양식품은 전자투표제를 앞장서서 도입하는 등 주주의 권익보호에 힘쓰고 있다.) 미팅 때마다 시큰둥하던 회사의 주식 담당자 또한 주주총회에 참석한다고 하니 손사래를 치며 이제는 많은 정보를 제공할 테니 굳이 안 오셔도 된다고 말리기까지 했다. 하지만 그럴 수 있나? 새벽 같이 기차를 타고 공장 입구의 삼엄한 경비까지 지나서 주주총회장에 도착했다. 안면이 있던 담당자와 간략히 인사를 나누고 행사장에 들어서자 아니나 다를까 양복을 쫙 빼 입은 사람들이 가득했고 그들은 누가 시키기라도 한 듯 연단 쪽만 바라보고 있었다. 재미있는 것은 요새 개인투자자나 여의도 펀드매니저들은 그렇게 양복을 입지 않는다는 점이다. 아마도 대부분 삼양식품 직원들이었을 것이다. 그들은 오히려 우리가 들어서자 놀란 눈치로 웅성대는 것 같았다.

　주주총회는 일사천리로 진행되었다. 그도 그럴 것이 실적도 주가도 우상향하고 있었기 때문에 주주들은 경영진을 신뢰했고 불만이 있을 것도 없었다. 일은 여기서 시작된다.

"별다른 의견이 없으시면 이상으로 삼양식품 주주총회를 마치도록…"

"의장! 의사진행발언 있습니다!"

나는 일말의 망설임 없이 큰소리로 외쳤다. 운동권으로 유명한 대학교에서 공부했던 것이 이렇게 도움이 될 것이라는 걸 '이놈의 학생회는 언제 끝나나?' 하고 졸면서 하품하던 때는 미처 알지 못했다. 발언자유의 원칙에 따라 의장은 고의로 의사진행을 방해하기 위한 것이 아니라면 주주의 발언을 원칙적으로 허가해야 한다. 장내가 술렁였다. "대체 우리 회장님께 어떤 말을 하려는 것인가?" 그보다 "저 사람은 누구인가?" 하지만 삼양식품 전인장 회장은 당황한 기색 없이 발언을 허락했다.

"안녕하십니까? 귀사 주식을 1%가량 보유 중인 더퍼블릭투자자문(현 더퍼블릭자산운용의 전신) 김현준입니다. 먼저 불닭볶음면의 전 세계적인 성공에 힘입은 실적 성장과 주가 상승에 대해 주주의 한 사람으로서 감사 말씀드립니다. 저는 사실 주주총회의 안건에 별다른 이견을 제기할 생각은 없습니다. 다만 투자 정보 수집을 위해 공장 견학이 꼭 필요한 바, 이 자리에서 약속해주신다면 제 발언을 마치겠습니다. 그러나 혹시 제 요청을 거절하신다면 주주총회의 모든 안건에 대해 구체적인 질의 시간과 재심의를 요청해 의장님을 불편하게 해드릴 계획입니다."

278

회장 옆에 도열해 있던 임원들이 사색이 된 표정으로 서로를 쳐다보고 회장의 눈치를 살폈다. 주식 담당자는 '분명 아무 말씀 안 하시기로 하셨잖아요?'라는 눈빛을 보냈다.

　　"공장 견학을 요청하신다는 말씀이시지요? 공장장님, 주주총회가 끝난 후 주주님의 공장 투어를 부탁드려도 되겠습니까?"

　　예상 밖의 성공이었다. 실제로 주주총회가 끝난 후 공장을 둘러보게 되었다. 이때 생산시설의 현황과 증설 계획, 할랄 인증의 준비 과정까지 두루 알 수 있었다. 이어서 생산팀장 및 연구소장과의 미팅까지 이어지며 회사의 경영 사항에 대해 여러 얘기를 나눴다. 추후 또 다른 히트를 치게 된 까르보불닭볶음면(불닭볶음면의 자매 브랜드로 까르보나라 스파게티에 쓰이는 크림 소스를 넣은 제품) 등 신제품 개발 비화를 들은 것도 이때다. 구내식당에서 라면으로 점심식사까지 하고 나서야 서울로 돌아오게 됐다. 이때의 무모한 용기는 삼양식품 원주 공장 사람들과의 지속된 인연으로 이어졌고, 단순히 재무제표의 숫자에만 의존하지 않는 다각적인 투자의 원동력이 되었다.

　　동 트기 전이 가장 어둡다고 했던가? 완전한 투자 성공 전 마지막 위기는 가장 힘겨웠던 기억이다. 투자하는 수많은 종목 중 실패하는 일은 부지기수다. 개인적으로 똑같은 실수를 거듭하는 경우만 아니라면 새로운 도전과 그에 따르는 실패는 언제나 더 큰 투자자로 성장

시켜주는 밑거름이 된다고 믿는다. 그러나 손님의 돈을 받아 운용하는 투자회사는 좀더 엄격한 잣대를 적용받는다. 돈은 조금 잃어도 괜찮지만 그것이 신뢰와 직결되는 문제이기 때문에 더욱 신중하고 조심해야 한다. 특히 삼양식품은 이미 포트폴리오 내 가장 많은 편입비중을 차지하고 있던 종목이었기 때문에 반드시 성공해야만 한다는 압박감을 느꼈다. 그런데 이 회사는 시한폭탄 같은 리스크를 하나 지니고 있었다. 기업가치 증분의 많은 비율이 중국 수출에서 나오는데, 당시는 사드 미사일 배치로 중국 정부와 중국인의 우리나라에 대한 적대심이 고조되던 시기였다. 중국인의 한국 방문도 줄어들고 우리나라 연예인의 중국 공연도 뚜렷한 이유 없이 중단되곤 했다. 화장품과 같은 수출 효자 품목들도 앞길을 가로막혀 헤매는 경우도 많았다. 어떻게 보면 삼양식품만 불안한 독주를 하고 있던 셈이다.

그러던 중 정규 주식시장 거래시간이 마감되기 직전 HTS 하단에서 작은 뉴스를 하나 발견했다. "중국 질검총국(중화인민공화국 국가질량감독검험검역총국. 중국 국무원 직속 기구로 수출입식품의 검역 및 품질인증 등의 행정업무를 수행하는 기관), 한국 라면에서 이물질 발견해 수입 통관절차 중단." 머릿속은 하얘지고 눈앞이 노래지는 느낌이었다. 그 라면이 꼭 삼양식품 것이라는 법도 없고, 이물질 혼입(混入)으로 인한 단순 중단일지도 모른다. 그러나 주식시장의 특성상 일단은 급락을 피할 수 없을 터였고, 투매(投賣)는 다시 투매를 불러올 것 같았다. 우리 또한 절대 삼양식품의 문제가 아니고 반드시 수출이 재개된다는 확신을 가지지 못하면 일단 팔아야만 했다. 그러나 그렇게 할 수는 없었다. '지금 이 투자에 실패하면 우리 회사에 나중은 없다'는 생각이 지배적이었다.

먼저 중국어에 능하고 중국 사정에 밝은 지인들을 통해 현지 기사와 공문을 수집해 달라고 부탁했다. 한편 농심과 오뚜기, 삼양식품에서 언론을 담당하는 홍보팀에 연락을 취해 해당 기사의 사실 여부 파악을 요청했다. 다행히 모든 회사에서 "전달받은 바 없다" "사실무근이다"와 같은 답을 받았다. 즉시 해당 언론사에 연락해 기사 재검토를 요청했고, 각 사의 홍보팀에서도 발빠르게 움직였는지 아니면 언론사 자체적으로 기사 내용에 문제가 있었다고 판단했는지 기사는 삭제되었다. 아직까지 방심할 수 없었다. 언론사에서 기사를 내렸어도 네이버에는 아직 남아 있었기 때문이다. 네이버에도 연락을 취했고 결국 다음 날 주식시장 개장 전에 모든 '과거'는 사라졌다. 지인에게 연락을 받기로는 실제 그러한 조치가 있었던 것은 사실이지만, 라면으로 신고한 상자에 다른 물품을 숨겨 들어오던 중국 보따리상에 대한 규제 차원의 일이라고 했다. 그것도 특정 지역의 세관에 한정된 해프닝으로 끝났다. 이 또한 지금 돌이켜보면 '내가 뭐라고' 무식하게 덤볐던 것 같기도 하다.

사실 그날은 학교 후배들이 찾아오기로 한 날이었다. 한바탕 폭풍 같은 일을 마무리할 때쯤 후배들이 사무실에 삼삼오오 들어섰다. 거의 제정신도 아니었고, 다음 날 주식시장이 열리기 전까지는 이 사건이 종결되었다고 볼 수도 없었지만 새까만 후배들이 초롱초롱한 눈망울로 선배를 쳐다보는데 어둡거나 무기력한 모습을 보이고 싶지 않았다. 그래서 더욱 오버해 떠들고 소주잔을 연거푸 들이켰던 것 같다.

그리고 마침내 다음 날 개장시간. 그때까지 아무 뉴스도 나오지 않았고, 어떤 증권 커뮤니티에서도 질검총국이라는 단어를 찾아볼 수는 없었다. 그럼에도 불구하고 주식이 급락한다면 우리도 일단 매도할 각오까지 하고 비장한 마음으로 시초가(유가증권의 매매거래에서 당일 중 최초로 형성된 가격)를 지켜봤다. 다행히 아무 일 없이 지나갔다. 하지만 그 일이 있고 나서 며칠 동안은 촉각을 곤두세운 채 계속 그 이슈가 불거지는지 확인했고, 분명히 숨을 쉬고 있는데도 폐에 공기가 부족한 듯한 느낌에 호흡이 가빠지는 과호흡 증상까지 겪었다. 인터넷에 찾아보니 이제는 흔해진 불안장애, 공황장애의 전초 단계라고 하여 겁을 먹기도 했다. 그때는 이런 증상을 꽁꽁 숨겼는데 시간이 꽤 흐른 뒤 동료들에게 털어놓으니 그들도 다 똑같은 증상을 겪었고, 서로 숨기고 있었던 것뿐이었다.

너무 소설 같은가? (그러니 책에 쓰지 않았겠나?) 삼양식품은 그렇게

근 2년을 다이내믹하게 우리를 울리고 웃게 했다. 다행히 그 이후에는 큰 사고 없이 훌륭한 수익을 안겨주었고, 지금은 이렇게 회고하게 되니 감회가 남다르다.

국내에서 닮고 싶은 투자자나 투자회사를 꼽으라면 망설이지 않고 머스트자산운용을 꼽는다. 그들은 "투자에 영원한 불로소득(不勞所得)은 없다"는 캐치프레이즈를 내세우는데 모두가 같은 목표를 향해 정진하는 투자 세계에서 하나의 방법을 깨우쳤다고 해서 '장땡'이 아니라는 것이다. 우리가 삼양식품의 진가를 알리고자 방법을 공개한 지 수년이 지났다. 이제는 많은 투자자가 관세청의 수출입 데이터를 추적하는 것을 당연한 일로 여긴다. 알려졌거나 쉬운 투자처에는 많은 수요가 몰려 초과수익의 기회를 앗아가 버리기 때문에 계속해서 경험을 축적하고 또 그것을 바탕으로 새로운 시도를 해야 한다. 그렇게 해야만 장기적으로 수익을 낼 수 있다.

매수와 매도
타이밍

"좋은 투자자가 되려면 인내심이 있어야 한다"는 말은 많이 들어봤을 것이다. 그런데 그 인내심을 주가가 떨어졌을 때, 즉 '본전'이 될 때까지 기다리는 것에만 쓰고 있지는 않은가? 그보다 더 중요한 것은 오를 때 섣불리 팔지 않는 인내와 좋은 타이밍이 올 때까지 사지 않고 기다리는 인내다. 기업의 가치는 변하지 않았는데 주가만 하락했다면 기다리는 것도 방법이다. 하지만 대부분은 그 기다림이 너무 고통스러워서 중간에 포기하거나 '본전'만 되면 홀랑 팔아버린다. 그럴 바에는 차라리 마음 편한 예금이 낫다. 반대로 어느 정도 공부를 하고 나면 좋은 종목을 발굴하고 싶어 몸이 근질거린다. 그러다 투자할 만한 기업을 하나 찾으면 금세 많은 돈을 넣는다. 그러고는 다시 매수 후 비자발적 인내 단계에 들어간다.

매수와 매도 타이밍은 기업의 가치를 계산하는 것과 별개로 정해야 한다. 주식시장은 한 방향으로 우르르 몰려 다니는 레밍의 집합소다. 참고로 레밍(Lemming)은 주로 산악지대나 툰드라, 황야에 서식하는 쥐과의 동물로 나그네쥐라고도 불린다. 주로 직선 방향으로 이동하며 개체 수가 많아지면 절벽에서 떨어져 자살하는 것으로도 알려져 있다.

기업의 가치보다 주가가 낮게 매겨져 있어도 주가는 더 떨어질 수 있고, 기업의 가치와 상관없이 끝을 모르고 주가가 상승하기도 한다. 기업이 감자(주식회사가 액면가나 주식수의 감면 등을 통해 자본금을 줄이는 것. 주당 가격은 오르고 같은 비율로 발행주식수가 감소해 시가총액은 변함없는 것이 보통이다.)를 해서 주가가 급등한 것처럼 보이는 것일 뿐인데 뭔가 이유가 있어 주가가 오르는 것 같다는 막연한 추측 때문에 주가가 10거래일 만에 2만 2,900원부터 18만 4,100원까지 8배가 뛴 2016년의 코데즈컴바인 사태가 대표적이다. 물론 주가는 3개월 만에 제자리로 돌아왔고, 2020년인 지금은 3,000원에도 못 미친다.

레밍 중의 하나가 되어 군중심리 속에 투자 실패를 거듭할 것인지, 그 심리를 잘 파악해 역으로 이용할 것인지는 각자의 선택과 훈련에 달려 있다. 이론적으로는 알아도 강인한 투자자가 되기 전까지는 매뉴얼대로 행동하지 않으면 군중 안에 있으면서도 '이번만은 다를 거야'라고 생각하게 된다. 영적인 투자가 존 템플턴은 투자 세계에서 가장 비싼 것을 꼽으라면 "이번만은 다를 거야(This time is different)"라는 말이라고 이야기한 적이 있다. 고평가된 주식을 사서 손실을 보는 것처럼 값비싼 교훈을 치르게 될 것이라는 뜻이다.

매수하는 타이밍은 인도계 헤지펀드 매니저인 모니시 파브라이 (Mohnish Pabrai)의 책《투자를 어떻게 할 것인가(The Dhandho Investor)》에서 힌트를 얻을 수 있다. 참고로 그는 자신의 이름을 건 파브라이 인베스트먼트 펀드를 운영하고 있으며 2007년 워런 버핏과의 점심식사를 65만 달러에 낙찰 받은 후 더욱 유명해졌다. 원제의 '단도(Dhandho)'는 인도 산스크리트어로 부를 창출하기 위한 노력이라는 의미인데 그는 이것을 '성공하면 왕창 벌고, 실패하더라도 조금만 잃는'이라는 뉘앙스로 해석한다. 그러면서 인도계 이민자들이 미국 모텔업에서 승승장구하는 이유로 이야기를 시작한다.

과거 인도계 이민자들은 소득은 적고 식구는 많아 경제 사정에 어려움을 겪었다. 그들에게 경기불황으로 헐값에 나온 모텔을 인수하는 것은 유일한 탈출구였다. 모텔은 장거리 여행 중에 쉬었다 가는 곳으로 입지만 잘 잡는다면 저비용 구조를 만들어 저렴한 객실료를 책정하는 것이 관건인 비즈니스다. 그리고 그 좋은 입지라는 것이 임차료가 비싼 번화가가 아니라 오히려 중심가에서 멀리 떨어져 있어 직원들은 출퇴근에 불편을 겪는 것이 일반적이다. 그러나 이민자들 입장에서 빈방 몇 개면 주거가 해결되고, 집과 일터가 가까워지니 자동차도 필요 없어지며, 카운터 응대나 객실 청소 등의 자잘한 일은 식구들끼리 할 수 있다. 사업을 위해 별다른 투자가 필요하지 않기 때문에 실패하더라도 별로 잃을 것이 없다. 어쩌면 거처를 마련할 수 있다는 것만 해도 대단한 소득일지 모른다. 그리고 이때 쌓인 노하우들을 통해 계속해서 주변 모텔을 인수하다 보니 전국적인 대형 모텔 체인을 경영하는 인도계 사업가들도 많아졌다.

투자도 이렇게 해야 한다. 항상 내가 틀릴 수 있다는 것을 염두에 두어야 하고, 투자 아이디어가 틀렸을 때도 최대한 손실을 줄일 수 있어야 한다. 이해를 돕기 위해 두 가지 투자안을 비교해보겠다. A안에서는 동전의 앞면이 나오면 100만 원을 벌고, 뒷면이 나오면 50만 원을 잃는다. 성공 확률은 50%이므로 기대값은 25만 원이다. B안에서는 앞면이 나오면 50만 원을 벌고, 뒷면이 나오면 벌지도 잃지도

기대값 계산

	A안	B안
수익	100	50
손실	−50	0
순수익	50	50
확률	50%	50%
기대값	25	25

않는다. 이 경우에도 기대값은 역시 25만 원이다. 하지만 당신은 반드시 B안을 선택해야 한다. A안을 따르다 운 나쁘게 뒷면이 몇 번 먼저 나오면 원금을 크게 잃어 나중에 앞면이 나와서 돈을 벌 수 있는 기회 자체를 박탈당하거나, 심리적으로 위축되어 이후 의사결정을 비합리적으로 할 수 있기 때문이다.

투자로만 세계적인 부자가 된 워런 버핏도 연 복리 수익률은 20% 내외다. 이 정도만 확실하게 벌어도 큰 부자가 될 수 있다. 그런데 이상하게도 일반 투자자들은 투자할 때 '이것만 되면'이라는 생각으로 대박을 좇는다. '그것이 안 되더라도'라는 생각을 먼저 해야 한다. 이것이 '단도투자'다. 그런 의미로 후배들에게 자주 쓰는 말이 "그런 일은 일어나지 않는다"다. 좋은 종목을 찾기 위해 불철주야 애쓴다는 것도 잘 알고 "이 종목에 투자합시다"라는 말을 꺼내기까지 얼마나 어려웠을지도 잘 안다. 그러나 선배로서, 상사로서 할 일은 그들이 대박의 환상에서 벗어나 고객 자산을 안전하게 불리도록 가이드라인을 제시하는 것이다. 차세대 엑스레이를 발표하겠다는 이스라엘 회사 나녹스(Nano-X-Imaging)나 수소 트럭을 개발하는 니콜라(NIKOLA)의 세상을 바꾸겠다는 의지에 박수쳐줄 것이 아니라 그것이 제2의 루이싱커피(Luckin Coffee)가 되었을 때의 수익률과 신뢰도 하락에 대해 일깨워주는 것이 먼저다. 투자 대상은 수없이 많다. 앞서 말한 루이싱커피는 중국 최대 카페로 미국 나스닥 시장에 상장하는 등 승승장구했으나, 공매도 전문 기관 머디 워터스(Muddy Waters)가 제기한 회계 부정 문제가 사실로 밝혀지며 상장폐지되었다. 나녹스와 니콜라 또한 머디 워터스가 기업 실체가 부족하다며 주가 하락에 베팅한 상태다.

투자 아이디어가 실패하더라도 잃지 않는 방법에는 두 가지 조건이 있다. 첫째, 기존의 사업 영역만으로도 기업가치를 설명할 수 있을 만큼 충분히 쌀 때 사야 한다. 둘째, 해당 투자 아이디어나 종목에 대해 시장의 관심이 많지 않아야 한다. 사실 첫 번째 조건이 충족되기 위해서는 두 번째가 필수적이다. 그럼에도 두 가지로 나눈 이유는 기업가치를 평가하는 방법은 사람마다 시기마다 천차만별이라 '충분히 싸다'는 것을 주관적으로 해석할 여지가 있기 때문이다.

새로운 약물을 개발 중인 제약회사가 있다고 하자. 진행 중인 임상시험만 통과하면 주가가 크게 오를 전망이다. 만일 많은 투자자가 이 회사의 약물 개발 과정에 대해 관심을 가지고 있다면 임상시험은 성공해야만 한다. 그렇지 않으면 주가가 떨어질 확률이 높다. 혹은 임상시험이 성공하더라도 기대보다 만족스럽지 않은 데이터가 있거나, 상용화에 어려움이 있다면 주가는 떨어질 수 있다. 하지만 이 약물에 대해 모두가 실패할 것이라고 생각한다면 오히려 기회가 있을 수 있다. 성공 확률은 떨어지지만 실패했을 때의 손실보다 성공했을 때의 수익이 훨씬 큰 단도투자의 영역에 있는 것이다. 게다가 만약 기존에 판매 중이던 약품들의 시장성이 좋고 경쟁력이 우수하다면 새로운 약물의 성공 여부와 관계없이 시간이 지나면 기업가치는 오르기 마련이다.

기업의 실적에 기반해 투자하는 경우도 마찬가지다. 보통은 좋은 실적을 발표한 기업을 허겁지겁 뒤따라 사는 경우가 많다. 다행히 이후에도 상승세가 지속된다면 다행이지만 그때의 실적이 일시적으로 개선된 것이거나 운 나쁘게도 사이클의 정점이었다면 어떨까? 주식시장에는 칵테일 파티 이론이라는 것이 있다. 손님이 하나도 없던 파티장은 파티가 끝날 무렵이 되면서 오히려 북적이기 시작한다. 그리고 모두 '파티장이 문 닫기 직전까지 즐기다가 돌아가야지'라고 생각하지만, 막상 문 닫을 시간이 되면 좁은 문 앞에서 허둥대게 된다. 조금 아쉽더라도 먼저 발길을 돌리는 자가 이긴다. 먼저 집에 돌아가더라도 아쉽지 않으려면 손님이 없을 이른 시간에 와서 느긋하게 칵테일을 즐기면 된다. 투자 세계에서도 실적이 더 이상 나빠질 수 없다고 생각할 때 투자하면 잃을 일은 없다. 한편 앞으로 주가가 오를 곳은 무궁무진하다.

현재 사고자 하는 주식이 어디에 위치해 있는지를 파악하는 데 용이한 그림을 하나 덧붙인다. 투자 시계에서는 '긍정적인 어닝 서프라

투자 시계

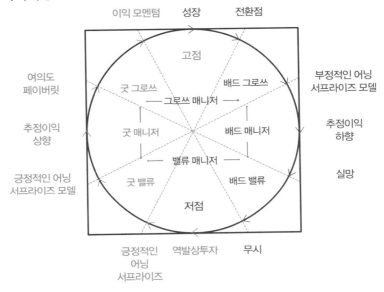

1) 정사각형 바깥에 적힌 단어는 주식시장 참여자의 심리와 반응을 의미한다. 시계 방향 순서대로 설명하면 다음과 같다.

전환점 : 투자심리 정점을 지남

부정적인 어닝 서프라이즈 모델 : 기대에 못 미치는 실적 발표

추정이익 하향 : 애널리스트들이 기대에 못 미치는 실적을 추정치에 반영

역발상 투자 : 투자심리의 저점에서 투자

긍정적인 어닝 서프라이즈 모델 : 긍정적인 어닝 서프라이즈가 발생한 이후 애널리스트들이 그것을 반영해 미래 추정치를 변경

여의도 페이버릿 : 주식시장에서 가장 관심이 뜨거운 종목

이익 모멘텀 : 당분간 성장 지속

2) 원 안쪽에 적힌 단어는 주식의 성격과 성과를 의미한다. 시계 방향 순서대로 설명하면 다음과 같다.

배드 그로쓰(Bad Growth) : 성장률 둔화

배드 밸류(Bad Value) : 주가는 저평가되었으나 아직 저점에 도달하지 못함. 기회비용이 긴 구간

굿 밸류(Good Value) : 주가는 배드 밸류와 같이 저평가되고 상승까지 멀지 않아 기회비용이 짧은 구간

굿 그로쓰(Good Growth) : 성장률 가속화

3) 원 가운데 직사각형에 적힌 단어는 투자자 특성을 의미한다. 시계 방향 순서대로 설명하면 다음과 같다.

그로쓰 매니저(Growth Manager) : 주가의 고평가 여부를 덜 신경 쓰며 성장주에 투자하는 투자자

배드 매니저(Bad Manager) : 주가가 아직 성장률 둔화를 반영하지 못해 이익과 주가가 동시에 하락할 때 투자하는 가장 바보 같은 투자자

밸류 매니저(Value Manager) : 저평가된 가치주에 투자하는 투자자

굿 매니저(Good Manager) : 가치주와 성장주의 교집합에 해당하는 곳에 투자하는 가장 훌륭한 투자자

이즈 모델'에서부터 '여의도 페이버릿(Favorite)'까지 투자하는 것이 좋다고 한다. (참고로 어닝 서프라이즈는 기업이 영업 실적이 예상보다 높아 주가가 큰 폭으로 상승하는 것을 말한다.) 주가가 가장 빨리 그리고 많이 오르는 시기이기 때문이다. 그러나 그 시기를 정확히 맞춘다는 것은 너무 어렵다. 따라서 투자자가 실망하고 무시하는 기업을 고르면 찬찬히 분석할 시간도 생기고 악재가 발생해도 주가가 더 이상 떨어지지 않아 마음이 편하다. 성향상 이것이 어렵다면 '여의도 페이버릿' 이후에 투자하는 일만은 자제하도록 하자. 모두 알고 있는 투자 아이디어에 투자하면 호재에도 주가가 오르지 않을 수 있다. 내 돈을 내가 주체적으로 끌고 가는 것이 아니라 그 기업과 주식시장이 흔드는 꼴이 되어버린다. 또 그림에서는 '여의도 페이버릿'부터 '전환점'까지의 호의 길이가 '실망'부터 '긍정적인 어닝 서프라이즈'까지와 같게 되어 있지만, 일반적으로는 그 기간이 훨씬 짧다. 파티가 밤 12시에 끝날 줄 알았는데, 오늘은 9시까지였던 것과 같다. 몇 차례 얘기했지만 주식시장은 예측 가능한 미래의 일을 모두 현재로 당겨와 주가에 반영하기 때문에 주가가 상승할 때도, 하락할 때도 예상보다 가파르게 움직인다. 문제는 주가가 이미 상승한 상황에서 앞으로 떨어질 일만 남은 것과 이미 하락한 상황에서 앞으로 오를 일만 남은 것은 천지차이라는 점이다.

우리는 최소 세 가지 버전으로 3년 이상의 추정 재무제표를 작성하지 않으면 주식을 사지 않는다. 세 가지 버전이란 부정적, 중립적, 긍정적 시나리오를 의미한다. 기업이 현재 수준의 체력을 유지하거나 이성적으로 판단할 때 충분히 달성 가능한 계획을 중립적이라고 놓고, 그보다 못한 것을 부정적, 약간은 희망 섞인 미래를 가정한 것을 긍정적 시나리오라고 한다. 그리고 기업의 내용이 바뀔 때마다 (적어도 분기에 한 번씩) 이 시나리오를 미세하게 조정한다. 그리고 부정적 시나리오에서도 하락 위험이 낮을 때 주식을 사고, 긍정적 시나리오에서도 상승 여력이 작을 때는 주식을 판다. 좀더 구체적으로 얘기하자면, 누가 뭐래도 당연히 벌어들일 이익을 채권수익률로 나눈 부정적 시나리오의 기업가치보다 주가가 낮다면 마음 편히 주식을 사는 것이다. JW생명과학은 정상적인 식사가 어려운 환자를 위해 영양수액(보통 경정맥 점적주사로 3대 영양소를 비롯해 비타민, 전해질, 미량원소 등을 액체의 형태로 주입하는 일)을 만든다. 그런데 이 회사의 제품은 독일의 프리지니우스(FRESENIUS), 미국의 박스터(Baxter) 등 세계적인 헬스케어 기업들보다 기술력이 우수해 각국으로부터 수출 요청을 받고 있다. 수출은 한 번 시작되면 내수 시장에 비해 규모도 크고 이익률도 좋은 것으로 알려져 있다. 충분히 투자를 검토할 만하다. 그러나 아직 시작되지 않은 수출까지 반영하여 기업가치를 계산한다면 수출이 계획대로 진행되지 않았을 때 손실을 입을 수 있다. 이때 JW생명과학의 기업가치를 내수 사업만으로 계산하는 것이 부정적 시나리오의 한 예라고 하겠다.

하지만 이미 시장에서 어느 정도 관심을 가지고 있는 기업이라면 주가가 낮아지는 일은 드물다. 따라서 기업이 '무시'와 '긍정적인 어닝 서프라이즈' 중간에 있을 때 사야 한다. 또는 코로나19와 같은 거시적인 리스크가 발생했을 때를 놓치지 말자. 워런 버핏의 스승 필립 피셔는《보수적인 투자자는 마음이 편하다》에서 "주식시장 전반에 비관적인 시각이 우세할 때는 아주 훌륭한 기업임에도 순이익의 급성장세가 전혀 반영되지 않는다. 이런 상황이 연출되면 현재 시장이 갖고 있는 이미지와 실제 사실들 간의 차이를 구별할 줄 아는 참을성 있는 투자자들이 돈을 번다. 투자자에게 이런 시기야말로 리스크는 비교적 작으면서 투자 수익은 매우 큰 아주 근사한 기회가 될 수 있다"고 말했다. 하지만 어느 정도 궤도에 오른 기업은 산업의 훈풍을 받으며 알아서 잘 성장하고 있을 가능성이 크다. 이런 기업들은 중립적인 시나리오나 긍정적인 시나리오 사이에서 어떻게 움직이고 있는지만 지켜보면 된다. 마치 양몰이 개가 양떼의 가장자리만 어슬렁거리며 자유로이 풀을 뜯도록 놔두는 것 같은 모양새다. 주가도 움직이는 양과 같이 오르내리겠지만 결국은 우상향해 나갈 것이다.

작은 주가의 변화에 예민하게 반응하면 큰 수익을 놓칠 수 있다. 모바일 게임 회사인 컴투스에 투자한 적이 있었다. 신작 게임 '서머너즈 워'가 공전의 히트를 기록하면서 주가는 1년도 안 돼 4~5배 가까이 올랐다. 그런데 주가가 너무 빨리 오르자 나는 중간중간 야금야금 주식을 팔아버렸다. 포트폴리오 내 적정 비율을 유지한다는 명목이었지만 뒤늦게 보니 '펀드매니저 역할 놀이'에 빠져 훨씬 더 많은 수익을 낼 기회를 놓친 것에 불과했다. 그 이후 가능하면 오르는 주식은 팔지 않겠다는 다짐을 했다.

그렇다고 기업가치를 훌쩍 넘어선 주식을 무작정 가지고 있으라는 얘기는 아니다. 기업의 변화보다 빠르게 움직이는 주가를 조금이나마 붙잡는 방법이 긍정적 시나리오를 통한 매도법이다. 지금은 전혀 매출액을 발생시키지 않더라도 향후 기대되는 신규 아이템, 아직은 적자 사업이지만 시간이 지나 성숙 단계에 진입하면 많은 돈을 벌어줄 사업 등을 가정한 것이 긍정적 시나리오다. 예를 들어 더존비즈온에 투자할 때는 크게 세무회계 프로그램과 클라우드 ERP, 협업툴 위하고(WEHAGO)의 세 가지 가치로 나누어서 분석했는데, 이 중 협업툴 위하고는 아직 의미 있는 매출액을 발생시키지 못하고 있다. 그러나 잠재 시장규모가 매우 크고 기존 제품군의 고객사와 겹치는 시장이라 교차 판매가 가능하다는 점에 큰 점수를 주었다. 또 직접 서비스를 이용해보니 동종의 여러 프로그램을 도입한 중소기업으로서 충분히 만족할 만한 가성비를 선보였다.

다만 현재 시점에서 주가가 너무 많이 올라 긍정적 시나리오에 업종 평균 PER을 적용해도 상승 여력이 작으면 미련 없이 매도해야 한다. 여기에서 업종 평균 PER을 적용한다는 것은 주식시장 참여자들의 기대치를 한껏 반영한다는 의미다. 미래의 이익에 투자자들의 기대감까지 반영한 상황에서 주가가 더 오르려면 미래가 현실이 되는 수밖에 없다. 다만 기업의 변화를 계속해서 시나리오에 반영하는 일을 부지런히 한 투자자는 당연히 실현 가능한 수준인 중립적 시나리오에 적용했을 것이다. 따라서 '미래가 현실이 된다'는 뜻은 시간 여행이 가능하지 않다면 불가능한, 투기가 된다는 의미다.

코로나19 이후 급등한 언택트 주식들은 이전의 세상과는 다른 모습이 펼쳐지리라 단언하는 듯하다. 물론 온라인화가 더욱 가속화되는 등 기존에 없던 생활양식이 생겨나는 것에 이견은 없다. 그러나 코로나19의 종식 이후 과거의 일상으로 회귀할 일부의 가능성조차 차단하는 수준의 고평가 주식들은 단도투자의 영역에서 많이 벗어나 있다. 백신이 개발되지 않기를 바라며 언택트 주식을 사는 것과 마스크 없이 자유롭게 여행을 다니던 때를 그리는 것. 과연 어떤 것이 합리적인 선택일까? 답은 단도투자에 있다.

저평가 주식의
함정

고객을 만나는 자리에서 난감한 일 중 하나는 내 이력에 관한 것이다. "어디 출신이시니 가치투자 스타일이시겠네요?" 이 질문 하나에 오만 가지 생각이 다 든다. 어디서부터 어디까지 설명을 해야 할 지, 설명을 하면 이해는 해줄지 머릿속이 복잡해진다.

먼저 이 부분을 확실히 하고 넘어가야겠다. 가치투자는 동어(同語) 반복이다. 역전(驛前) 앞과 다를 게 없다. 누가 투자를 가치 없이 하고 싶겠는가? 모든 투자는 가치를 따르는 법이고, 가치보다 더 싸게 사는 바겐세일의 기본을 담고 있다. 투자가 아닌 것을 투기로 부를 뿐이다.

그렇다면 가치투자라는 말이 왜 생겼는가? 그레이엄과 도드 마을 주민(워런 버핏의 스승으로 알려져 있는 벤저민 그레이엄은 데이비드 도드와 함께 《증권 분석》이라는 명저를 펴내는데, 이후 워런 버핏은 그들을 추종하는 투자자 무리를 그레이엄과 도드 마을의 주민이라고 표현한다.)이 아닌 사람들이 주식시장에 많이 들어왔기 때문이다. 그들은 자신들만이 '투자자'라고 믿지만 주식시장에 스스로를 투자자라 표현하는 사람들이 늘면서 어쩔 수 없이, 어쩌면 자연스러운 방어기제로 '가치투자자'라는 말을 사용하기 시작했다.

그리고 학계에서는 과거 가치투자자들이 투자한 주식의 스타일을 가리켜 '가치주(Value Stock)'라고 부른다. 가치주는 흔히 성장주(Growth Stock)의 반대말로 쓰여 PER, PBR 등의 밸류에이션 지표가 평균보다 낮게 형성되어 있는 주식을 뜻한다. 성장주는 매출액과 이익이 평균보다 빠르게 증가해 밸류에이션 지표가 다소 높더라도 투자할 가치가 있는 주식을 말한다. 아직 투자 세계에 입문한 지 얼마 되지 않아 선입견이 없는 독자들의 경우 여기에서 이런 질문을 던져야 마땅하다. "매출액과 이익이 성장하면서도 PER이나 PBR이 낮으면 더 좋은 것 아닌가?" "왜 가치주와 성장주를 이분법적으로 나누지?" 정답이다. 가치주와 성장주는 투자론을 연구하는 학자들이 편의상 나눈 것에 불과하다. 왜, 학자들은 그렇지 않은가? '어느 공간이 진공상태여서' '이외의 방해요소가 전혀 없다면' '나머지 조건이 모두 같다면'

과 같은 실제 현실에서 일어나기 어려운 가정을 해서 변수를 통제해 연구한다. 성장주가 성숙 단계에 진입한 이후 시간을 거쳐 가치주가 되기도 하고, 가치주가 어떤 계기로 성장을 시작하기도 한다. 그리고 앞에 말한 것처럼 성장주이면서 가치주인 주식은 가장 매력적인 투자대상이다.

그렇다면 가치투자자들은 왜 가치주에 주목했을까? 불확실성을 싫어하기 때문이다. 우리나라가 배출한 걸출한 투자자 한국투자밸류 자산운용 이채원 대표(2020년 12월 사임했다.)가 스스로를 '겁쟁이'라고 표현했듯 부자들은 태생적으로 불확실성을 싫어한다. 항상 이기는 게임만을 해온 버릇 때문일까? 주변에서 주식으로 돈을 많이 번 사람들을 봐도 그렇다. 모르는 사람을 만날 때 매우 수줍어하고, 술도 잘 못하며 심지어는 운전도 잘 안 하는 사람이 많다. 코로나19 상황에서 정부의 방역수칙을 누구보다도 잘 지키는 사람들도 주식 부자들이다. 신천지발 대유행 전 모두가 아직은 중국만의 일이라고 치부하고 있을 때부터 모임을 꺼렸고, 거리두기가 1단계로 완화되어 많은 이들이 신선한 공기를 쐬고 그간 그리웠던 지인들을 만나러 나올 때도 그들은 "좀더 진정되면"이라는 말을 달고 살았다.

성장주는 시장의 기대치를 충족시키지 못하고 성장을 멈추는 순간 주가가 급락한다. 문제는 언제 성장이 멈출지 알 수 없다는 데 있다. 반면 이미 시장에서 소외되어 있는 가치주는 경영 실적이 나쁘더라도 주가가 급하게 떨어질 일은 없다. 그리고 어떤 이유로 시장의 조명을 받게 되거나 성장을 시작하게 되면 주가가 오르니 단도투자요, 꽃놀이패다. 참고로 바둑에서 패는 쌍방이 서로 마주하여 돌 한 점을 번갈아 가며 따낼 수 있는 형태를 말하는데, 쌍방이 번갈아 따내어 똑같은 싸움을 반복하면 진행이 불가능하므로 한쪽이 따내고 나면 다른 쪽은 한 차례가 지난 후에 따낼 수 있도록 한다. 그중 이기면 큰 이익을 얻고 져도 부담이 가벼운 쪽을 일컬어 마치 봄철에 꽃놀이 하는 기분이 든다고 하여 꽃놀이패라고 부른다.

그런데 최근 가치투자는 몰락하고 있다. 다시 말하면 가치주가 빛을 잃어가고 있다. 하지만 내 기억으로는 어제오늘의 일만은 아니다. 아주 짧은 기간 몇 번을 제외하고는 내가 전문 투자자의 길로 들어선 이후 한 번도 가치투자 전문 기관이 좋은 성과를 낸 적이 없다. 왜일까? 그들이 저평가 주식의 함정에 빠졌기 때문이다.

우리나라에서 가치투자가 유명해진 것은 2000년대 초반부터다. IMF 외환위기와 닷컴 버블을 겪으면서 살아남은 투자자들은 이후 근 10년간의 장기 호황에서 주식 부자들로 거듭났다. 트로이카로 불리는 에셋플러스자산운용 강방천 회장, 한국투자밸류자산운용 이채원 대표, 신영자산운용 허남권 대표 (성명 가나다 순)도 이때 일약 스타

300

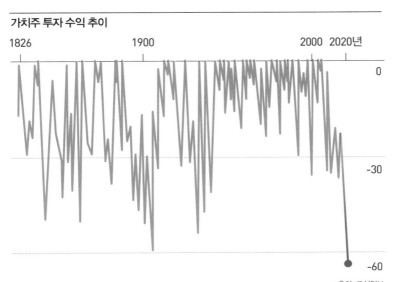

가치주 투자 수익 추이

1826   1900   2000 2020년

0

-30

-60

· 출처: 조선일보
·· 가치투자 수익이 정점을 기록했던 2007년을 기준으로 수익의 하락률을 나타낸 그래프

덤에 올랐다.

그러나 지금과 그때는 다르다. 2세대 가치투자자로 명맥을 잇고 있는 브이아이피자산운용의 최준철 대표는 투자 실력이 가장 크게 늘어난 해로 1999년을 꼽는다. 전자공시시스템이 등장한 기념비적인 해였기 때문이다. 그 전까지는 증권사에서 발간한 상장기업분석 책자를 보는 게 최선이었고, 구체적인 정보가 필요할 때는 국회도서관에 찾아가 영업보고서를 일일이 복사해야만 했다. 당연히 재무제표에 대한 인식도, 주가가 기업의 가치에 수렴한다는 진리를 아는 사람도 드물었다. 그렇기 때문에 외국인 투자자가 헐값에 우리나라의 기업들이

며 건물들을 싹쓸이할 수 있었던 것이다. 이때 진정한 투자에 먼저 눈을 뜨고 같은 방법론으로 외국인 투자자의 행렬에 동참한 것이 지금의 가치투자 대가들이다. 몇 초만 쓰면 포털 사이트 증권 정보 창에서 기업들의 재무 지표들을 한 눈에 볼 수 있고, 누구나 전자공시시스템을 통해 동등한 정보를 얻을 수 있는 지금은 롯데칠성을 PER 1배에 사는 일이 일어나지 않는다. 참고로 롯데칠성은 강력한 수익력에도 불구하고 닷컴 버블 시절 따분한 업종이라는 이유만으로 PER이 1배까지 하락하는 극도의 저평가를 받았었다. 이때 과감하게 투자하여 400%의 고수익을 낸 사람이 이채원 대표다. 이 스토리는 지금까지도 그를 수식하는 대표적 수사(修辭)다.

그러나 인간의 본성은 안전한 곳에 머무르려고 한다. 10여 년간 성공을 맛본 이들은 새로운 시대를 반가워하지 않고 도전을 꺼린다. 스스로 써내려 온 성공 공식을 안주하려고 한다. 그러다 보니 기업의 진정한 가치보다는 표면적인 밸류에이션 지표만을 신봉하거나 과거 높은 수익률을 안겨줘 좋은 기억으로 남아 있는 전통적인 산업에 매여 있다. 이미 많은 사람들이 투자의 본질에 가까워지려고 노력하고 있는 지금, 저평가라는 것은 함정일 수 있다. 자산가치가 풍부해 너무 싸다고 생각했지만 계속 돈을 까먹어 점점 비싸지거나 이익에 비해 저평가인 줄 알았으나 시대에 역행해 결국은 이익이 쪼그라드는 이른바 가치 함정(Value Trap)에 빠지는 것이다. 가치 함정에 빠지면 시간이 흐르는 것이 야속하게 느껴진다. 기다리면 오르는 것이 아니라 기다릴수록 마음이 조급해진다. 시간을 내 편으로 만들 수 없는 것이다. 쇠락하는 산업에 투자하고 있으니 훌륭한 경영진이 기업가치를 개선시키기도 어렵고, 자신이 그랬던 것처럼 표면적인 PER, PBR만 보고 돈을 넣을 다음 '바보'를 기다리는 수밖에 없다. 같은 운용업을 하는 입장에서 이해를 못 하는 바는 아니지만 "이제는 가치주가 오를 때가 되었다" "금리가 상승하면 가치주가 오른다"와 같은 말은 마케팅 구호로서도 구닥다리가 된 지 오래다. 왜 가치투자는 항상 뒤늦게 따라 올라야 하나? 꼭 모든 사람이 수익을 낼 때 의기소침해 있다가 모든 주식이 오르고 나서야 돈 벌기 시작하는 것은 지겹다. 경기가 둔화되고 주가가 떨어질 때 아웃퍼폼(Outperform, 시장 평균보다 높은 수익을 기록하는 일. 초과수익이라고도 한다. 참고로 하락장에서는 마이너스 수익률로도 아웃퍼폼할 수 있다.) 하면 무슨 소용인가? 주식투자는 돈을 벌려고 하는 일이다. 조금 잃어도 괜찮은 돈은 없다.

투자자가 현명해지는 것을 차치하더라도 애초에 기업은 생물체다. 법인(法人)이라는 단어 속에는 인격체로 인정한다는 의미가 들어있다. 기업을 운영하는 주체가 결국 사람임을 감안하면 너무 당연한 얘기다. 생물체는 성장하고 적응하고 변화하고, 결국에는 늙는다. 기업도 마찬가지다. 지금의 모습으로 미래를 예단할 수 없다. 여기에서 순진한 가치투자자의 가장 큰 문제가 생긴다. 분석 시점에서 기업의 가치를 결정하고 그보다 낮은 가격에 사면 '안전하다'는 선입견에 사로잡히는 것이다. 그리고 주가가 하락할 때마다 물타기를 반복하다 손실만 눈덩이처럼 키운다. 아무리 싸게 사더라도 기업이 경영에 실패해 가치가 하락하면 매입 가격과 관계없이 원금을 잃을 수도 있다. 가치투자자들이 숭상하는 워런 버핏도 좋은 기업은 비싸게라도 사라고 말한 적은 있어도 싸게 사라고 말한 적은 없다. 투자를 집행하기 전 기업가치를 계산하는 것은 반드시 필요한 일이지만 그보다 더 중요한 것은 기업이 예측한 방향으로 가고 있는지 지속적으로 점검하는 일이다.

전통적 안전마진의 문제점

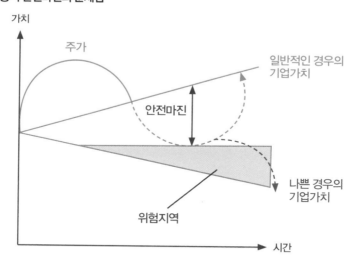

안전마진(Margin of Safety)은 벤저민 그레이엄이 《증권 분석》에서 처음 사용한 용어로 자산의 내재가치와 그보다 낮은 주가의 차(差)를 뜻한다. 자산이 가진 내재가치보다 낮은 가격에 매수할 경우 원금의 안전성을 담보할 수 있다는 의미다.

가치투자자가 기업의 가치를 <u>스스로</u> 재단할 수 있다고 착각하는 사례는 더 있다. 지주회사(자회사의 주식을 소유해 지배하는 것을 주된 사업으로 하는 회사)나 ELS에 투자하는 것이다. 스스로를 가치투자자라 칭하는 집단은 지주회사 주식에 투자하는 경우가 더러 있다. 자회사들의 가치를 다 합친 것보다 지주회사의 주가가 낮기에 저평가되어 있다고 보기 때문이다. 하지만 속사정을 들여다보면 모순이다. 미스터 마켓이 자회사들의 가치를 매길 때는 제정신이라 적정한 가격을 제시하고, 모회사의 가치를 매길 때는 조울증이 심해져 저평가 상태를 용인하는, 말하자면 선택적 조울증이다. 개인적으로는 지주회사나 복합기업에 투자하는 것을 꺼리는 편이다. 하나의 종목에 투자하기 위해서 여러 사업부를 분석해야 해서 품이 많이 들기 때문이다.

ELS와 같은 금융상품은 문제가 더 심각하다. 주가가 많이 하락해 있고, PER이나 PBR 등의 밸류에이션 지표상 저평가 상황이라는 이유로 녹인(Knock-in, 노크하고 들어간다는 의미로 투자 기간 동안 기초자산 가격이 하락하여 원금손실 조건을 충족하는 것)이 되지 않을 것이라 판단하는 것은 매우 위험한 발상이다. 주가가 떨어져 있으니 더 떨어지지 않을 것이라는 뜻은 근거 없는 차트 투자자와 같은 수준이고, 재무 지표상 저평가라고 하는 것은 '나는 맞았고, 시장이 틀렸다'고 생각하는 교만이다. 또 하나, ELS처럼 만기가 있는 금융상품에 돈을 투자한다는 것은 주가가 움직일 시기까지 맞춰야 하기 때문에 불가능에 가깝다.

특히 떨어지는 주식은 "바닥 밑에 지하실이 있다"는 말처럼 항상 모든 낙관론자의 돈까지 빼앗고 나서야 상승 반전한다.

가치주가 실패하는 또다른 시대적 흐름은 무형자산의 증가다. 오크마크 펀드(OAKMARK FUNDS)의 빌 나이그렌(Bill Nygren)은 2018년 2분기 운용보고서에서 "장부가치는 더 이상 경제적 가치의 결정적인 지표가 아니기 때문에 가치투자자들은 전략을 수정해야 한다"고 말했다. 미국의 대표 기업들이 속한 "S&P 500 지수와 유형자산과의 상관관계는 14%로 매우 작아졌다. 원래 이 숫자는 1990년대 초 71%에 달했다. 대신 지금은 시장가치의 80% 이상을 무형자산이 차지하고 있다"고도 이야기했다.

인터넷, 콘텐츠, 헬스케어처럼 우리가 주목하는 유망 산업은 노동집약적이거나 자본집약적이지 않다. 눈에 보이지 않는 창의성, 기술력, 선점효과와 같은 것이 이들 기업을 경쟁력 있게 만든다. 과거 대규모 유형자산 투자나 고용으로 생산능력을 확대시켜 경쟁자를 따돌리는 비즈니스 모델은 더 이상 유효하지 않다. 대형 마트에서만 구매할 수 있던 물품을 인터넷에서 살 수 있고, 집집마다 있었던 자동차는 카셰어링 서비스들이 대체하며, 아이들은 더 이상 놀이터가 아니라 스마트폰 앞에서 시간을 보내는 등 우리의 소비 생활은 크게 달라지고 있다. 꼭 필요한 유형의 재화들은 언제까지나 남아 있겠지만 이

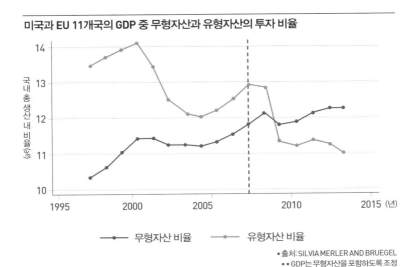

미국과 EU 11개국의 GDP 중 무형자산과 유형자산의 투자 비율

국내총생산내비율(%)

14

13

12

11

10

1995   2000   2005   2010   2015 (년)

━●━ 무형자산 비율   ━●━ 유형자산 비율

• 출처: SILVIA MERLER AND BRUEGEL
•• GDP는 무형자산을 포함하도록 조정

또한 우리가 일본에서 빼앗아왔듯 중국과 베트남 등 신흥국에 물려주어야 한다. 무형자산은 재무제표에 잘 나타나지 않고 혹여 기재되더라도 무형자산상각비라는 비용으로만 존재한다. 따라서 현재의 자산가치나 이익을 중시하는 가치주 투자자들에게는 고평가된 것처럼 보여 투자를 기피하게 만든다. 물론 그들의 시각이 무조건 틀린 것은 아니다. 실제로 높은 주가를 설명하지 못하고 무너지는 기업들도 많다. 그러나 안타깝게도 증시의 새 지평을 열어가는 훌륭한 기업들은 구글과 아마존이 그랬듯 기어코 제 가치를 증명해낸다. 그리고 투자자들을 자책하게 만든다. '과거로 돌아갈 수만 있다면….'

가치투자자들의 마지막 보루는 행동주의 투자다. 행동주의 투자는 내재가치 대비 저평가되어 있는 주식의 지분을 일정 수준 이상 매입해 경영자에게 압력을 행사하는 것을 말한다. 배당 증가, 경영 효율화 등을 요청해 결국에는 주가 상승과 같은 주주이익 증대를 목적으로 한다. 주가가 장기적으로 내재가치에 수렴한다고는 하나 그 시기를 앞당길 수 있다면 그보다 더 좋은 일이 어디 있겠는가? 선진국 주식시장에 투자하다 보면 많은 기업의 최대주주가 이름만 대면 알 만한 펀드들이다. 펀드는 경영권이나 기업이 물려줄 무형의 유산 같은 것에는 관심이 없다. 오로지 수익자들에게 돈을 잘 벌어다 주면 그만이다. 그래서 훌륭한 경영자를 선임하고 경영자의 자질이 부족할 때는 따끔하게 지적도 한다. 반면, 오너 기업가는 아무래도 경영에 사심이 들어갈 수밖에 없다. 어차피 주식을 팔 것도 아니니 주가에도 관심이 없는 경우가 많다. 심지어는 지배권 강화나 상속·증여를 위해 의도적으로 주가 부양을 막는 경우도 있다. 물론 기업을 자식처럼 생각해 끔찍이 아끼고 전문 경영인보다 훨씬 더 장기적인 안목으로 경영하는 오너 기업가도 많다. 하지만 미국, 유럽에서는 오너 기업가 또한 펀드 등 투자자의 엄격한 잣대를 통과해야만 지속해서 경영권을 행사할 수 있다. 창업자의 후손이라는 이유만으로 특혜를 받지 않는다.

미국, 유럽과 우리나라는 왜 다른가? 우리나라도 금수저가 아니라 경영 수완이 탁월한 경영자와 객관적인 시각을 가진 외부 견제자가 조화를 이루어 기업을 이끌면 안 되는가? 이것이 행동주의 투자자들의 주장이다. 그러나 안타깝게도 아직 우리나라에서는 어렵다. 자본주의가 잉태하고 고속 경제성장을 이룬 지 불과 반 백년도 지나지 않았다. 이 때문에 창업자 일가의 지분율이 압도적으로 높다. 한국기업지배구조원의 2014년 연구에 따르면, 유가증권시장 상장기업의 최대주주 및 특수관계인이 보유한 지분율 평균은 43.9%에 달한다. 아무런 꼼수를 쓰지 않고 상속세를 모두 낸다고 하면 3대째에 이르러서야 지분율이 10%대로 떨어진다. 이 정도는 되어야 주주총회에서 독자적으로 안건을 통과시키기가 어려워 다른 주주들의 눈치를 보게 된다. 이것도 아들과 손자가 경제활동을 전혀 하지 않아 추가 지분매입을 하지 않는다는 가정에서만 가능한 시나리오다. 실제로 한진 그룹 조원태 회장은 2020년 3월, 6%대의 지분율만으로도 경영권 분쟁 중인 KCGI(Korea Corporate Governance Improvement) 펀드와의 표 대결에서 승리를 거둔 바 있다. 한 세대를 20~30년으로 보면 현재 상장사들의 최대주주를 노령층으로 가정하더라도 지금으로부터 최소 30년은 지나야 창업자 일가의 힘이 빠지는 것이다. 그제서야 선진국처럼 M&A도 활성화되고 외부 주주들의 견제도 당연시되지 않을까?

아직 요원한 일임에도 불구하고 가치주 부활 또는 한국 증시 상승의 촉매로 행동주의 투자를 부르짖는 이유는 무엇일까? 투자법을 고도화하지 않는 게으른 가치투자자들의 마지막 거짓말이라고 본다.

아니, 어쩌면 슬프게도 그들은 정말 그렇게 믿고 있을 수도 있다.

  가치투자자 워런 버핏이 IT 주식을 절대 사지 않을 거라는 선입견이 팽배하던 시절도 있었다. 그러나 그 스스로 투자에 장벽은 없다는 듯이 IBM, 인텔, 삼성전자에 투자했다. 지금 가장 많이 가지고 있는 주식은 애플이다. 여러 차례 사지 못해 후회한다던 아마존을 사고 나서는 "아마존을 사기로 결정한 사람은 과거 순운전자본 이하(벤저민 그레이엄이 주창한 투자 기법으로 유동자산에서 유동부채를 차감한 금액을 순운전 자본이라 하는데, 시가총액이 순운전자본의 삼분의 이 이하로 거래될 경우 매우 저평가되어 있다고 봤다.)에서 거래되는 주식들을 찾던 나와 똑같은 가치투자자다. 아마존을 살 때의 사고방식은 PBR이나 PER이 낮다는 이유로 은행주를 살 때와 다르지 않다"고 인터뷰하기도 했다. 워런 버핏이 얘기한 능력의 범위란 자신을 작은 울타리에 가두고 밖의 세상이 바뀌기를 기도하는 것이 아니라 끝없이 노력하고 세상의 변화에 적응해 그 범위를 확장해 나가라는 뜻인지도 모른다. (이 글에는 고귀한 뜻으로 지배구조 개선에 뜻을 펼치는 분들을 폄훼하려는 의도가 없음을 밝혀 둔다.)

내가 무조건 지키는
투자 원칙

책을 집필하면서 투자자로서 가장 중요하다고 생각하는 원칙들은 본
문 속에 다 녹여내고자 노력했다. 나머지는 너무 소소해 하나의 챕터
로 구성하기에 부족하거나 부끄러운 일종의 루틴들이다. 이들을 한
데 모아 간략히 소개하고자 한다.

첫째, 주식은 추천하지도, 추천받지도 않는다. 나에게 절대 추천
종목을 묻지 마라. 단호한 거절에 아마 서로 민망한 상황이 될 것이
다. 펀드매니저가 종목을 추천하는 것, 위법일까? 그렇지 않다. 펀드
매니저도 적절한 절차만 지키면 자신이 좋아하는 기업에 대해 충분
히 말할 수 있다. 종목을 추천하지 않는 이유는 추천받는 사람들이
그 종목으로 돈을 벌 가능성이 낮기 때문이다. 돈을 벌 가능성이 낮

다면 반대로 추천한 사람은 욕을 먹을 가능성이 높다는 뜻이다. 같은 종목을 투자하더라도 위험 감수 성향, 투자 가능 기간, 투자 지식에 따라 수익률은 천차만별이다. 심지어 나는 근사한 수익을 거뒀지만, 상대방은 초기 주가 하락 구간에서 매도하거나 주가가 크게 오른 시점에서 팔지 못했다는 아쉬움에 계속 보유하다가 대부분의 수익을 반납할 수도 있다. 더 큰 문제는 내가 살 때, 팔 때, 그 주식이 변곡점에 있거나 내 투자 의견이 바뀌었을 때 추천한 사람 모두에게 연락을 취할 수 없기 때문에 이런 일이 빈번하게 발생할 것이라는 점이다. 어쩌면 누구에게 무엇을 추천했는지조차 기억하지 못할 수 있다.

같은 이유로 어떤 이에게든 주식을 추천받지도 않는다. 다른 사람의 투자 아이디어로 투자하면 주가가 오르고 떨어질 때 모두 마음이 흐트러진다. 분명 내 스타일대로 다시 분석했지만 실수를 하게 될 때 추천한 이를 탓하며 내 잘못이 아니니 쉽게 포기하게 된다. 추가로 궁금한 것이 생기더라도 쉬이 연락하기도 어렵다. "이럴 때만 연락하느냐?" "주가 떨어지니 겁나는 것이냐?"와 같은 핀잔을 들을까 부끄럽다. 하지만 사람인지라 그럴 듯한 정보를 들으면 마음이 동하는 것도 사실이다. 이 때문에 여의도의 투자자들과는 만남 자체를 꺼리는 편이다. 누군가 자신에게 특정 주식을 추천하거든 먼저 저의(底意)를 의심하라. 그리고 꼭 그 얘기를 듣고자 한다면 아무 거리낌 없이 쉽게 연락할 수 있는 상대에 한해서 듣는 것이 좋다. 차라리 그 정보와

A/S 비용을 돈으로 지불하는 것도 방법이다. 그것이 전문 투자자의 존재 이유다.

둘째, 동료들의 첫 반응이 "아닌데?" 하는 주식은 피한다. 앞에서도 적었듯 우리 회사가 주식을 거르는 1번 거름망은 메가트렌드다. 구조적으로 성장하는 산업 내에서만 선별적으로 투자 대상을 고르겠다는 의미다. 그런데 이를 구체적으로 얘기하면 "메가트렌드에 역행하는 산업에는 투자하지 않는다"이다. 시대의 흐름을 거스르는 기업이 아니라면, 현상 유지만 하는 산업에도 투자할 수 있다. 그러나 이 중 투자 아이디어를 설명했을 때 메가트렌드를 역행하는 것이 아니냐고 의심을 사는 기업에는 웬만해선 투자하지 않는다.

대표적 예로 메가스터디교육을 들 수 있다. 메가스터디교육은 중·고등학생을 대상으로 하는 온·오프라인 학원을 운영한다. 최근 연간 이용권 출시에 따른 시장 점유율 증가, 교육부의 정시 모집 비율 확대, 초등학생 부문 강화 등 각종 호재가 겹치며 매출액과 영업이익이 증가하는 추세에 있다. 그러나 이러한 내용을 설명하기도 전에 '출산율 감소에 따른 학령인구 감소는 어떡할 건데?'라는 의심의 눈초리가 따갑게 느껴진다. 사실 통계청의 조사에 의하면, 다행히 향후 10년간은 학령인구가 감소하지 않고 유지된다고 한다. 그러나 주식시장에서 알아주지 않으면 아무 소용이 없다. 그들은 계속해서 출산율과 학령인구를 들먹일 것이고 메가스터디교육에 대해서 자세히 뜯어볼 생각조차 하지 않을 것이다. 그렇게 되면 결국 학령인구 감소가 가시권에 들어오기 전까지 많은 이들이 나의 투자 아이디어에 동조해주기를 바라야 하는, 이른바 시간에 쫓기는 투자를 하게 되는 셈이다.

메가스터디교육과 같은 종목의 주가가 오르지 않는다는 것은 아니다. 자신이 주장한 종목을 투자하지 못한 채 나중에 주가가 올랐다고 "거 봐라, 내가 뭐랬냐?"고 비아냥대는 것만큼 못난 투자자도 없다. 이렇듯 메가트렌드라는 대전제에 의심이 드는 기업에 투자하기 위해 동료들을 설득할 바에는 좀더 손쉬운 투자 대안을 찾는 편이 낫다. 다시 말하지만 상장 기업은 우리나라에만 수천 개가 있다. 그중 시야를 좁혀 가장 확실하게 수익이 낼 수 있는 분야를 찾는 것이 중요하다.

셋째, 팔고 싶을 때 팔지 않고, 사고 싶을 때 사지 않는다. 나는 주식을 매매하기 전 귀마개로 귀를 틀어막고 눈을 감은 채 두 손을 합장한다. 가장 평온하고 심박수가 낮은 상태를 만들려는 것이다. (실제로 심박수를 재본 적은 없다.) 주식은 매매하기 직전이 가장 떨리는 순간이고, 매매라는 의사결정이 임박했다는 것은 그만큼 한쪽으로 마음이 치우쳐 있는 상태다. 이때 당장이라도 주식을 사고 싶어 손가락이 근질거리거나 지금 팔지 않으면 안 될 것 같다고 생각이 든다는 것은 무언가 조급하다는 뜻이다. 아직 확인이 덜된 부분이 있을 수도 있고, 그냥 군중 심리에 떠밀리고 있을 수도 있다. 이렇게 행동하면 필패다. 마음을 차분히 가라앉히고 진짜 내 속마음을 들여다본다. 정말 극단의 공포 속에서도 이겨낼 수 있는 견고한 투자 아이디어로 투자하는 것인지, 애초에 정해진 시나리오대로 매도하는 것인지 진지하게 되뇐다. 이런 습관은 매수나 매도를 결정한 상황에서도 좀더 좋은 가격에 매매할 수 있도록 돕고, 투자에 있어서 큰 실수도 줄여준다.

이를 좀더 강력하게 "위기 때 사야 한다"로 바꿔 말할 수 있다. 세계적 자산운용사인 바우포스트 그룹(BOUPOST GROUP)의 세스 클라만(Seth Klarman) 회장이 쓴 〈2008년에 얻은 20가지 투자 교훈〉 중에는 다음과 같은 내용이 담겨 있다. "여덟째, 위기 상황에서는 폭넓고 유연한 투자 접근이 필수적이다. 기회는 다양한 업종과 시장에 걸쳐 막대하게 나타나지만, 순간적으로 사라져버린다. 엄격한 잣대는 이 시기에 매우 큰 단점으로 작용한다." "아홉째, 반드시 하락할 때 사야 한다. 하락장에서는 상승장에 비해 더 많이 살 수 있고, 매수자 간의 경쟁도 훨씬 적다. 언제나 좀 이른 편이 늦는 편보다 낫다. 그러나 추가 하락을 감내할 수 있어야 한다." 이 글귀는 세스 클라만이 연차 보고서에 발표한 2010년 이후 단 한 차례도 내 책상에서 떠나지 않았다. 한때는 책상 상판 유리 아래, 한때는 책상을 둘러싼 파티션에 붙어 있었다. 종합주가지수가 반토막이 넘게 하락한 서브 프라임 모기지 사태 때 나는 신입사원이었다. 가진 돈도 별로 없고 운용하는 펀드도 없었기 때문에 큰 타격을 받을 일이 없었다. 그러나 하늘 같던 선배 펀드매니저들이 태풍 앞 초목(草木)들처럼 쓰러지는 광경과 그 시기를 잘 견뎌낸 투자자들이 큰 부를 일구는 것을 보고 다짐했다. '다음 큰 위기가 오면 반드시 그 위기 한가운데 있는 주식들을 사리라.' 그리고 그 다짐을 와신상담하기 위한 방책이 앞에서 말한 세스 클라만의 글귀였다.

그리고 12년 만에 맞이한 것이 코로나19 위기였다. 코로나19가 전 세계적으로 확산되어 모두가 "다시는 코로나 이전으로 돌아갈 수 없다" "역대 감염병과 이번 코로나19는 다르다"고 할 때 정반대로 카지노, 여행, 크루즈 등의 주식에 투자했다. 많은 투자자들이 주식을 매도하는데 바빴고, 감염병을 분석하는 데 바쁜 그 3월, 우리는 10년간 준비해온 위기였기 때문에 일사분란하게 움직일 수 있었다. 물론 실제 매수 버튼을 누를 때는 손이 벌벌 떨렸고, 포트폴리오를 대거 교체한 후에는 삼양식품 질검총국 사태 이후 처음으로 밤잠을 이루지 못했다. 그러나 시간이 지나 역시 이번에도 다르지 않다는 것을 증명해내며 위기의 시간을 높은 수익률로 바꿀 수 있었다.

직접 투자만이
답은 아니다

2015년 미국 버몬트 주의 한 작은 도시에서 로널드 리드(Ronald Read) 라는 사람이 92세의 나이로 세상을 떠났다. 그는 대학 문턱은 가본 적도 없고 평생 주유소에서 종업원으로 일했다고 한다. (직업의 귀천 에 대한 얘기가 아니다. 계속 읽어보라.) 그의 죽음이 미국 사회에 큰 반향을 불러일으킨 것은 적지 않은 돈을 동네 병원과 도서관에 기부했기 때 문이다. 그는 금고에 800만 달러(한화 약 90억 원 상당)의 주식을 보관하 고 있었다. 알고 보니 그는 생전 하루도 빠짐없이 투자 잡지《월스트 리트저널》을 읽었고 동네 도서관에서 투자 서적을 꾸준히 빌려 읽으 며, 배당수익률이 높은 우량주에 수십 년간 투자했다.

주식으로 복리의 마법을 누리는 것은 누구나 마땅히 해야 할 일이다. 로봇과 인공지능이 모든 일자리를 대체하게 되면 인간은 두 부류로 나뉠 것이다. 로봇과 인공지능을 지배하여 막대한 부와 권력을 가진 부류와 그렇지 못해 로봇조차 꺼리는 허드렛일을 도맡아 하는 부류가 그것이다. 이때 로봇과 인공지능을 지배하는 방법은 무엇일까? 로봇공학이나 컴퓨터 프로그래밍을 할 줄 아는 사람은 한정적일 수밖에 없다. 하지만 누구나 그런 회사의 주식을 가질 수는 있다. 처음부터 제프 베조스를 알아야만 아마존에 투자할 수 있는 것은 아니다. 상장한 이후 오랜 시간이 흐른 후라도 기회는 충분히 있었다. 나는 이렇게 좋은 주식에 투자하여 로봇과 인공지능, 뛰어난 경영자와 열심히 일하는 직원의 주인이 되는 것이 유일한 '부자행' 열차 티켓이라고 믿는다.

돈에 욕심 없는 사람은 없다. 그러나 세상 만사에 호기심을 갖고, 그것을 숫자로 바꾸는 것을 즐기며, 인간 본성에 거슬러 역발상 장기투자를 할 줄 아는 사람은 매우 드물다. 나에게 어린 친구들이 많이 묻는 질문 중 하나는 "펀드매니저가 되려면 어떻게 하나요?"다. 매정하게 들릴 수도 있겠지만 내 대답은 "그건 이미 태어날 때 정해져 있단다"이다. 회사의 인턴 사원들도 한두 달만 겪어보면 그 성정(性情)이 딱 드러난다. 딱 잘라 말할 수 없지만 호기심과 욕심이 많고, 계산에 밝고, 독특한 시각을 가지고 있는…. 그만큼 직접 주식투자를 하면서 지속적으로 수익을 내는 것은 어려운 일이다. 하지만 실망할 필요는 없다.

우선 주식투자자로서의 기질은 옳고 그름 또는 명석하고 둔한 것을 가리는 것이 아니다. 단순히 이러한 작업에 적합한 성격인가를 나타낼 뿐이다. 주변을 돌아봐도 각기 다른 성격의 사람들이 있지 않은가? 누구는 하나에 몰두하기를 좋아하는가 하면, 다른 누구는 많은 이들과 어울리는 것을 좋아한다. 어떤 이가 땀 흘리며 운동에 매진할 때, 또 다른 이는 퍼즐게임을 즐겨 하기도 한다.

　또 하나, 자신의 가치를 고취시키는 데 열심인 사람들을 위해서 전문 투자자가 존재하는 것이다. 대부분의 부자들이 그렇듯이 기초적인 투자 관념만 가지고 전문 투자자들을 잘 솎아낼 수 있는 눈을 기른다면 적당한 보수를 지불하는 것이 직접 투자를 하는 시간과 노력에 비해 더 싸게 먹힐 수도 있다.

　다음은 좋은 전문 투자자를 고르는 법을 소개한다. 첫째, 투자자의 이해관계를 살펴라. 투자상품을 소개하는 쪽에서 어떤 의도를 가지고 접근하는지 알아야 한다. 전문가가 방송과 강연을 많이 한다면 혹시 그곳에서 얻는 수입이 그 사람 수입의 대부분인지 확인해보는 것이 좋다. 만일 그렇다면 그는 당신의 자산보다 자신이 얼마나 유명해지는지에 대해서만 관심이 있을 것이다. PB가 어떤 금융상품을 추천한다면 그의 성과평가 지표가 판매 건수인지 해당 상품의 수익률인지 물어봐야 한다. 직접 펀드를 운용하는 이를 만났다면 그의 돈은 어디에 투자되고 있는지 물어라. 그 펀드에 정말 자신이 있다면 강남의 아파트가 아니라 그 펀드에 돈을 넣었을 것이다.

요즘은 중소기업인 우리 회사까지 사칭하여 높은 투자수익을 빌미로 사기 범죄를 일삼는 사람들이 많다. 피해자들이 수시로 회사에 전화하는 바람에 업무에도 지장이 있고, 대외적인 신뢰도 하락까지 우리도 피해가 이만저만이 아니다. 그들은 주로 투자금을 자신들의 계좌로 이체하라고 꼬드기는데 정상적인 상황에 있는 사람이라면 이를 당연히 무시하고 '누가 그런 하찮은 수에 속아넘어가겠어?'라고 생각하지만 의외로 소중한 돈을 이체하고 발을 동동 구르는 피해자들이 많다. 알고 보면 대부분 기존에 무분별한 주식투자로 손실을 보았거나, 회사 자금을 횡령하는 등 궁지에 몰려 기대수익률이 높은 사람들이다. 기대수익률을 낮추고 판매하는 쪽의 이해관계를 살핀다면 시답잖은 투자 사기에 돈을 날릴 일은 없다.

둘째, 유행하는 상품에 투자하지 않는 것이 신상에 좋다. 금융상품의 유행은 보통 은행, 증권사 등 판매사에서 만들어낸다. 많은 금액을 팔 수 있으며 그들에게 이문(利文)이 많이 남는 상품을 전략적으로 기획하여 판매한다. 그런 상품이 모두 나쁜 것은 아니다. 그러나 판매하는 과정에서 점점 안 좋은 상품으로 변질된다. 상품의 기초자산과 수익구조는 같은데 수요가 많다 보니 뒤에 가입하는 사람일수록 비싼 가격에 투자하게 되어 기대수익률이 낮아진다. 판매처 간에 경쟁이 붙고 소문만 듣고도 가입하겠다는 사람들이 늘어나면서 투자자의 상황과 무관하게 상품을 추천하고, 제대로 된 설명을 하지 않는 불완전판매가 많아진다. 여기에 '친구 따라 강남 가고 사촌이 땅을 사면 배가 아픈' 우리나라 특유의 정서까지 더해지면 잠재 손실은 눈덩이처럼 불어난다. 언론에 나올 정도로 광풍이 불었던 금융상품 치고 좋은 끝을 보였던 적은 없다. 2007년 미래에셋증권(현 미래에셋대우)의 인사이트 펀드(적립식 펀드 투자 돌풍을 일으킨, 미래에셋증권이 출시하자마자 한 달 만에 4조 원 이상의 자금을 모은 펀드다. 가입하기 위해서 1시간 넘게 창구 앞에서 기다리는 일도 허다했다. 그러나 이듬해 글로벌 금융위기로 -50% 이상의 손실을 기록하고 원금 회복까지 6년이 더 소요되었다.), 2010년 자문형 랩(증권사가 자금을 모집하고 투자자문사의 자문을 받아 운용하는 상품), 그 이후 브라질 채권, 중국과 베트남 펀드, 최근의 DLF(Derivative Linked Fund, 파생결합증권을 편입한 펀드를 말한다. 국내에서는 외국의 금리를 기초자산으로 한 DLF가 연 3~4%를 안정적으로 보장해준다는 명목 하에 대규모로 판매됐으나, 브렉시트 등 국제 금융시장 상황이 급변하면서 원금손실 가능성이 불거져 사회적으로 문제가 된 바 있다.)나 라임·옵티머스 사태까지… 한 번도 예외는 없었다.

마지막으로 좋은 펀드를 고르는 법을 소개한다. 우선 장기 수익률이 좋은 펀드를 고른다. 최소 3년 이상의 수익률이 비교 지수보다 높고, 절대 수익률 또한 자신의 기대수익률보다 높은 상품을 찾아야 한다. 단, 최근 1, 2년간의 성과가 압도적으로 좋아 누적 수익률을 좌우할 정도라면 그 기간의 수익률이 운에 의한 것은 아닌지 감안해서 봐야 한다. 투자철학이나 운용방침은 각기 다를 수 있지만 장기 수익률만큼 그 펀드의 경쟁력을 확실히 보여주는 지표는 없다.

펀드의 수익률을 볼 때 두 가지 눈속임을 조심해야 한다. 하나는 최근 수익률만을 자랑하는 펀드다. '올해 몇십 퍼센트 기록' '올해의 펀드상 수상'과 같은 문구에 현혹되기 전에 "작년에는요?"라고 물을 수 있어야 한다. 1년 동안은 수십 퍼센트인데, 작년엔 마이너스여서 2년 동안은 변변치 못한 수익률이라면 무슨 의미가 있겠는가? 다른 하나는 장기 수익률은 근사하지만 그 장기 수익률이 옛날의 영광에 기댄 것이라면 조심해야 한다. 펀드 회사에서 제시하는 기간만이 아니라 최근 3년, 최근 5년간의 성과도 함께 분석해보자. 펀드매니저도 실수할 수 있다. 또 자신의 스타일과 장세가 맞지 않을 때도 있다. 그러나 그것도 1, 2년이다. 3년 이상 계속해서 시장 평균에 훨씬 못 미치는 수익률을 낸다면 솜씨가 떨어졌거나 칼 끝이 무뎌진 것이다.

장기 수익률이 좋은 펀드를 골랐다면 투자설명서를 통해 펀드매니저가 교체되지 않았는지 알아보자. 여의도 증권가는 이직이 잦기 때문에 장기 수익률을 기록한 펀드매니저가 이미 다른 곳으로 스카우트되었을 가능성도 있다. 물론 최고투자책임자가 그대로이고 팀

운용(펀드매니저 1명이 단독으로 포트폴리오를 짜는 것이 아니라 최고투자책임자 이하 팀 단위로 운용을 하는 구조)을 하는 회사라면 별다른 문제가 없을 수 있다. 이때는 펀드매니저가 교체된 이후 편입한 종목군에 큰 변화가 있는지 보면 된다.

장기 수익률이 좋고 펀드매니저가 장기 근속 중인 펀드를 찾았다면 이제 기다리는 일만 남았다. 펀드매니저가 가벼운 실수를 하거나 펀드매니저가 좋아하는 종목군이 소외되는 시기를 맞아 최근 1년 이내의 수익률이 시장 평균보다 하회할 때 투자하면 된다. 기다리기 어렵다면 최소한 그 펀드가 동일 유형에서 상위권을 기록하고 있거나, 펀드 평가 회사에서 상을 받았다고 신문에 게재될 때만이라도 피하자.

개인 투자자, 전문 투자자 할 것 없이 수익률이 안 좋을 때는 분명 있다. 훌륭한 펀드매니저를 가르는 것은 이때 '절치부심하여 문제점을 발견하고 더 성장하며 같은 실수를 반복하지 않는가?'에 있다. 그리고 이러한 능력을 검증하기 위해 첫 단계에서 장기 수익률을 보는 것이다.

펀드매니저는 외로운 직업이다. 그렇지만 외롭기 위해 그 직업을 선택한 사람들은 아니다. 일반 투자자들은 펀드매니저를 대단히 특별한 사람들이라고 오해하는 경우가 많다. 허울 좋은 금융인 명함이 필요한 것이 아니라 정말 주식을 사랑하는 펀드매니저는 순수하기까지 하다. 자신의 투자철학에 대해 귀기울여주고 투자상품에 대한 깊은 이해를 바탕으로 문의하는 투자자들에게는 기꺼이 대답해줄 것이다. 어렵게 생각하지 말고 다가가자. 당신은 '손님' 아닌가? 아무리 이렇게 얘기해도 대부분의 사람들이 "바쁘시죠?" "바쁘실 것 같은데…"라며 펀드매니저들에게 질문하지 않을 것을 알기에 더 편하게 적어본다.

올바른 투자의
가치를 위해

전작에서 은퇴하기 전까지 다시는 책을 쓰지 않겠다고 얘기한 지 5년이 흘렀다. 책을 쓰기 어려워서가 아니라 책을 쓸 깜냥이 없음에도 불구하고 쥐뿔도 없이 창업한 탓에 뭐라도 해서 이름을 조금이나마 알리고자 한 일이 너무 부끄러웠기 때문이다. 그리고 본격적으로 고객의 돈을 맡아서 일하는 데 집중해 말이 아닌 실력으로 검증받아야 할 시기가 도래했기 때문이었다.

사실 아직도 창업하기 위해 회사를 박차고 나왔던 때가 생생하다. 그만큼 이룬 것도 없는데 시간은 빠르게만 흘렀다. 늘어난 고객분들과 회사 동료들을 건사하려면 아직도 정말 모자란 것투성이다. 그런데 우리 회사 미션은 '올바른 투자의 가치를 대중에게 제공한다'이다. 욕심이 너무 많은 것이라고 비판한다면 할 말이 없다. 그러나 tvN 〈유 퀴즈 온 더 블럭〉에 출연한 것은 그 비판을 애써 무시할 만큼 큰 기회였다. 올바른 투자를 대중에게 제공하기 위한….

본문에도 적었지만 요새는 일반 투자자에게 투자를 가르쳐주는 콘텐츠들이 워낙 많다. 정보가 없는 것이 아니라 너무 많아서 문제가 될 지경이다. 그러나 많은 콘텐츠가 전문성이 떨어지고 인기를 얻고 자 하는 것이 주된 목적이다. 이러한 물결 속에서 콘텐츠로 돈을 벌 지 않아도 되는, 부캐로서만 존재해도 되는 진짜 전문가들의 가치가 부각된다. (오해가 있을까 미리 밝혀두자면 방송, 유튜브의 주된 시청자들과 우리 회사 고객층은 전혀 겹치지 않는다. 그런 루트로 고객이 된 분은 수백 명 중에서 다섯 손가락에 꼽을 정도다.) 나는 이 기회를 놓쳐서는 안 되는 사명이라고 생 각한다.

그중에서도 위즈덤하우스의 출판 제안은 내 과거 말을 뒤집고 (주 변에 물어봐라. 김현준이 얼마나 말 바꾸는 것을 싫어하는 지독한 원칙주의자인 지….) 5개월간 주말을 몽땅 반납할 정도로 매력적이었다. 내 전작들 은 전문 투자자로서 실제 고민하고 공부하던 내용을 책으로 옮긴 것 들이다 보니 거의 전업 투자자 수준이나 되어야 읽을 수 있을 정도로 어려웠다. 위즈덤하우스는 '동학개미운동'을 적극 지지하면서도 그 들이 널리 읽을 수 있는 쉬운 책을 제안했다. 여기에 '시중에 나와 있는 내용은 쓰지 않겠다'는 내 의지가 더해져 투자 세계의 속설들을 뒤집는 얘기들을 생생한 사례와 함께 담기 시작했다. 투자에 꼭 필요한 요소이지만 전공자가 아니고서는 접근하기가 까다로운 회계 파트를 경제 소설 형태로 쓴 것도 같은 맥락이다.

현재 대한민국은 코로나19 우수 방역 국가로서 전 세계의 주목을 받고 있다. 이 기세가 우리나라의 저력을 방방곡곡에 알리는 계기가 되어 지긋지긋한 코리아 디스카운트를 극복했으면 한다. 그러나 공부하지 않고 요행에 기대는 투자 문화가 바뀌지 않고는 불가능한 일이다. 부디 이 졸저(拙著)가 제멋대로인 우리나라 투자 문화를 개선하는 데 작은 보탬이 되기를 바란다. 또한 이 책을 읽는 모든 독자들이 각자 나름대로의 성공 공식을 써내려 가기를 희망한다.

마지막으로 지면을 빌어 주변의 몇몇 분들께 감사 인사를 전한다. 주말에 책 쓴답시고 모든 일정 취소하고 침대에 누워 유튜브 보고 있어도 그러려니 하며 이해해주고, 챕터마다 제일 먼저 읽어보고 조언을 아끼지 않았던 부인 김현영. 사랑한다!

부모님, 평소에는 이곳저곳 잘 놀러 다니면서 (사실 항상 노트북을 끼고 가서 실제 놀지는 않았습니다만) 부모님께는 바쁘다는 핑계로 자주 못 찾아뵈어서 죄송합니다. 앞으로 더 잘하겠습니다.

겉멋 들어 밖으로 나도는 나를 이해해주고 그간에도 계속해서 최고의 성과로 지지해주는 우리 더퍼블릭자산운용 정호성 대표, 이준요한 이사, 김민아 차장, 이찬규 과장, 김연수 대리, 김영한 주임, 송영채 주임, 조연수 주임. 모두 정말 훌륭하다!

저를 부캐의 세계로 이끌어주신 〈유 퀴즈 온 더 블럭〉 유재석, 조세호님 외 많은 미디어 관계자 분들께도 진심으로 감사드립니다. 이 기회를 계속해서 좋은 투자 문화 전파를 위해 쓰겠습니다.

또한 독선적인 주식쟁이일 뿐인 저에게 큰 기회를 주신 위즈덤하우스의 류혜정 부서장님과 임경은 대리님. 힘드셨죠? 고맙습니다.

여기에서 이름 부르지 못한 많은 가족·친지, 친구, 동료, 선·후배, 고객, 주주님들께도 감사드립니다.